Theodor Storm

Theodor Storm

North American Studies in Nineteenth-Century German Literature

Jeffrey L. Sammons
General Editor

Vol. 30

PETER LANG
New York • Washington, D.C./Baltimore • Bern
Frankfurt am Main • Berlin • Brussels • Vienna • Oxford

Christine Geffers Browne

Theodor Storm

Das Spannungsverhältnis zwischen Glauben und Aberglauben in seinen Novellen

PETER LANG
New York • Washington, D.C./Baltimore • Bern
Frankfurt am Main • Berlin • Brussels • Vienna • Oxford

Library of Congress Cataloging-in-Publication Data

Browne, Christine Geffers.
Theodor Storm: das Spannungsverhältnis zwischen Glauben
und Aberglauben in seinen Novellen / Christine Geffers Browne.
p. cm. — (North American studies in nineteenth-
century German literature; vol. 30)
Includes bibliographical references.
1. Storm, Theodor, 1817–1888—Religion. 2. Faith in literature.
3. Superstition in literature. I. Title. II. Series.
PT2528.Z6 B76   833'.7—dc21   00-056778
ISBN 0-8204-5153-3
ISSN 0891-4095

Die Deutsche Bibliothek-CIP-Einheitsaufnahme

Browne, Christine Geffers:
Theodor Storm: das Spannungsverhältnis zwischen Glauben
und Aberglauben in seinen Novellen / Christine Geffers Browne.
–New York; Washington, D.C./Baltimore; Bern;
Frankfurt am Main; Berlin; Brussels; Vienna; Oxford: Lang.
(North American studies in nineteenth-
century German literature; Vol. 30)
ISBN 0-8204-5153-3

The paper in this book meets the guidelines for permanence and durability
of the Committee on Production Guidelines for Book Longevity
of the Council of Library Resources.

© 2002 Peter Lang Publishing, Inc., New York

Printed in the United States of America

für meinen Vater
und
für Marlene und Erich Rockenbach

Im Stil des echten Dichters ist nichts Schmuck,
alles notwendige Hieroglyphe.
                              —Friedrich Schlegel

Inhalt

~~

Dank

Beim Schreiben dieses Buches wie auch bei der Fertigstellung des Manuskripts haben mich zahlreiche Personen begleitet, denen ich großen Dank schulde und hier erstatten möchte.

Ich danke Prof. Dr. Jochen Richter vom Allegheny College für seinen Glauben an mich, wie auch Prof. Dr. Karl Obrath von der University of Cincinnati für seine stete Ermutigung und Rückenstärkung.

Ich danke Dr. Angelika von Bonin-Brumbaugh und Gerda Bender für sorgfältiges Korrekturlesen und kritische Begleitung.

Ich danke Dr. Polly Ellerbe für ihre schier unschätzbare Hilfe beim Kampf mit der Technik auf dem Weg zur Veröffentlichung.

Für ihre Überzeugungskraft in mutloser Zeit danke ich meiner Herausgeberin bei P. Lang, Dr. Heidi Burns.

Und bei weitem nicht zuletzt danke ich meinem Herausgeber Prof. Dr. Jeffrey L. Sammons von der Yale University für seine Weitsicht, seine Einsicht, seine unendliche Kenntnis und Hilfe bei der Überarbeitung des Manuskripts.

Einleitung

Die Stormforschung hat vor etwas mehr als zwanzig Jahren damit begonnen, die verbreitete und überwiegende Meinung zu widerlegen, es handele sich bei Storm um einen 'Heimatschriftsteller', dessen begrenztes schriftstellerisches Talent keine sonderliche Herausforderung darstelle für den Literaturwissenschaftler. Diese Auffassung, zuerst von Fontane geäußert, hat sich nahezu ein Jahrhundert zäh gehalten, obgleich Thomas Mann ihr schon in den zwanziger und dreißiger Jahren entschieden widersprochen hat. Seit den siebziger Jahren hat die Forschung angefangen zu erkennen, in welch vielfältiger Art und Weise das Werk Storms die ursprünglich von Fontane geäußerte Meinung widerlegt. Eine radikale Neubewertung wurde in diesem Zusammenhang 1973 von Vinçon vorgenommen. In jüngerer Zeit hat namentlich Jacksons unschätzbare Arbeit dazu beigetragen, die Vielschichtigkeit der Stormschen dichterischen Fähigkeiten auch und im Besonderen vor dem Hintergrund der historischen Gegebenheiten ans Licht zu bringen. Jedoch kann dieser Erkenntnisprozeß noch keineswegs als abgeschlossen betrachtet werden. Die vorliegende Arbeit ist in den Rahmen dieses Prozesses einzuordnen als ein Versuch, die Arbeiten Storms in ihrer sorgfältig durchkomponierten schriftstellerischen Meisterschaft näher zu erforschen.

Hinsichtlich des Gegenstandes dieser Arbeit ist anzumerken, daß das religiöse Moment in Gestalt des Christentums wie auch des Aberglaubens sowohl in den Werken Storms als auch in seiner persönlichen Lebensführung in der Forschung ausführlich behandelt wurde.[1] Jedoch sind diese beiden Aspekte, der Glaube und der Aberglaube, immer getrennt voneinander untersucht worden. In der vorliegenden Arbeit wird zum ersten Mal der Versuch unternommen, die beiden

Glaubensrichtungen in Beziehung zueinander zu setzen und Storms Werk daraufhin zu untersuchen, in welchem Verhältnis sie zueinander stehen. Die Arbeit beschränkt sich dabei auf die Novellen Storms und läßt sein übriges Erzählwerk wie auch seine Lyrik außer acht.

Storms Novellen weisen eine Vielfalt an Erscheinungsformen des Verhältnisses zwischen Glauben und Aberglauben auf. Die überwiegende Mehrzahl zeigt eine konfliktfreie Koexistenz der beiden Glaubenshaltungen. Bei einer kleinen Anzahl der Novellen dagegen treten Glaube und Aberglaube in eine spannungsreiche Beziehung zueinander. Diesen Werken gilt das Augenmerk der vorliegenden Arbeit; der Schwerpunkt liegt dabei auf der Novelle *Renate,* die im Hinblick auf den zu untersuchenden Gegenstand am reichhaltigsten ist und daher auch bezüglich ihres Umfangs den Mittelpunkt der vorliegenden Untersuchungen darstellt.

Im Interesse eines fundierteren Verständnisses der Persönlichkeit des Autoren Storm im Bereich von Religiosität und Aberglauben setzt sich das zweite Kapitel mit diesem Problembereich auseinander. Das erste Kapitel versucht daher zunächst, eine Definition der Begriffe Glaube und Aberglaube zu leisten. Diese Definition erhebt keinerlei Anspruch auf Vollständigkeit, sondern es liegt im Gegenteil eine strikte Beschränkung auf nur die Facetten der Begriffe Glaube und Aberglaube vor, die im Rahmen der vorliegenden Arbeit von Interesse sind. Dabei wird dem Aberglauben insofern mehr Raum gegeben, als viele seiner mannigfaltigen Erscheinungsformen dem heutigen Leser nicht mehr ohne weiteres zugänglich sind und daher der Erhellung bedürfen. Der Begriff des Glaubens, so wie er sich im deutschen Kulturraum darstellt, wird dagegen als weitgehend bekannt vorausgesetzt; daher wird lediglich ein kurzer Überblick geboten über die theologische und die historische Komponente des christlichen Glaubens in seiner Haltung dem Aberglauben gegenüber. Dieser kurze Überblick beschränkt sich im Hinblick auf die zu untersuchenden Novellen naturgemäß auf den europäischen Kulturkreis und läßt alles außer acht, was nicht in Beziehung dazu steht. Einer ähnlich strengen Selbstbeschränkung unterliegt die im dritten Kapitel vorgenommene Analyse und Interpretation der Novellen. Sie erhebt keinen Anspruch auf Vollständigkeit, sondern hat ausschließlich das Verhältnis von Glauben und Aberglauben im Blick. Das letzte Kapitel faßt die Ergebnisse der Untersuchungen zusammen und versucht in einem Vergleich der fünf Novellen nachzuweisen, daß es sich bei dem spezifischen Verhältnis von Glauben und Aberglauben, so wie es sich hier darstellt, um ein destruktives Strukturelement handelt, das Storm sowohl bei

der Darstellung seiner Charaktere als auch dem Aufbau der Gesamtstruktur als solches eingesetzt hat.

Damit möchte die vorliegende Arbeit im Bereich der Novellendichtung zu dem Versuch der jüngeren Stormforschung beitragen, die ganze
Komplexität des schriftstellerischen Vermögens von Theodor Storm
darzustellen und der Literaturwissenschaft zur Kenntnis zu bringen.
Die im Verlauf des Buches zitierten Textstellen beziehen sich, soweit
sie das Werk Storms betreffen, auf die vierbändige Ausgabe des Aufbau
Verlages von 1982 und folgen dabei dem Modus: (Storm, 1982, Bd.4, S.
347) = (4 : 347)

KAPITEL I

Definitionen
der Begriffe Glaube und Aberglaube

Glaube

Etymologie und Begriff

Der allgemeine Sprachgebrauch verwendet das Verb *glauben*[2] im Sinne von "annehmen", "vermuten", "für wahr halten" wie auch "eine religiöse Überzeugung haben". Schon in vorchristlicher Zeit bezieht sich *glauben* auf das vertrauensvolle Verhältnis zwischen Mensch und Gott und wird dann mit diesem Bedeutungsinhalt weitergetragen in die christliche Zeit und das Verhältnis zwischen Gott und den Anhängern der christlichen Religion. Das Substantiv *Glaube* oder *Glauben* (seit dem 15. Jahrhundert mit dem –n aus dem flektierten Kasus) steht für "Vertrauen", "Zuversicht", "religiöse Überzeugung", "Bekenntnis" oder "innere Gewißheit vor Gott". Das Adjektiv *gläubig* wie auch dessen substantivierte Form *Gläubiger*[3] sind dann nur noch in der Verengung des Begriffs auf den Bereich der Religion anzutreffen im Sinne von "an Gott und die Lehre der Kirche glaubend, fromm "bzw. "Bekenner einer Religion", "frommer, religiöser Mensch".

Für den Gegenstand der vorliegenden Arbeit ist das Wort *Glaube* im Sinne von "religiöse Überzeugung", "religiöses Bekenntnis" oder "innere Gewißheit von Gott" von Interesse. Dieser auf den Bereich der Religion beschränkte Bedeutungsinhalt kann dann weiter eingegrenzt werden auf den des Christentums und dann, vor dem Hintergrund der zu untersuchenden Novellen Storms, auf dessen protestantische Variante.

Storms Novellen sind zeitlich alle zwischen dem 17. und dem 19. Jahrhundert angesiedelt und spielen nahezu ausschließlich in Schleswig-Holstein. Daraus folgt, daß die übrige Geschichte des christlichen

Glaubens mit seinen zahllosen Facetten im Hinblick auf den Gegenstand der vorliegenden Arbeit außer acht gelassen werden kann. Für die Analyse und Interpretation der Novellen Storms ist lediglich der lutherische Protestantismus, wie er im äußersten Norden Deutschlands zwischen ca. 1650 und ca. 1880 auftritt, von Interesse. Dieser kann dann im Rahmen der vorliegenden Arbeit noch weiter eingeschränkt werden auf die Bereiche, die sich mit dem Aberglauben auseinandersetzen, so wie er in dieser Zeit und in dieser Region auftritt. Im Interesse eines besseren Verständnisses dieses spezifischen Verhältnisses zwischen Protestantismus und Aberglauben scheint jedoch ein kurzer Überblick über seine theologische und historische Entwicklung wichtig.

Theologischer Überblick

Zunächst ist daran zu erinnern, daß es sich bei der christlichen Religion um eine monotheistische handelt, wenn auch hier in der Version des Glaubens an einen Gott, der als dreieiniger oder dreifaltiger Gott gedacht wird. Aus dem Monotheismus, der aus der jüdischen Tradition und dem Alten Testament kommend ins Christentum übernommen wurde, ergibt sich der Anspruch Gottes, "keine anderen Götter neben sich" zu dulden, wie es im ersten Gebot heißt[4]. Inwiefern sich damit beispielsweise der Glaube an einen Teufel oder Satan als Gegenspieler Gottes vereinbaren läßt, dem ähnliche Macht zuerkannt wird wie Gott, ist für Christentum und Kirche in ihrer Auseinandersetzung mit dem Aberglauben ein immerwährendes Problem gewesen.

Grundsätzlich weiß der gläubige Christ sich in seinem Glauben an Gott aufgehoben und erlöst; allein daraus könnte sich bei konsequenter Denkweise die schlichte Eliminierung einer Figur wie der des Teufels ergeben. Der lutherische Protestantismus vertritt die Theologie der "sola fide" und der "sola sriptura". Die Idee der "sola scriptura" meint die Exklusivität der Heiligen Schrift als Offenbarungs- oder Glaubensgrundlage für den Christen. "Sola fide" bezeichnet die "Rechtfertigung allein aus dem Glauben" an Christus.[5] Nach dieser Auffassung ist es ausschließlich Gott, der den Menschen "annimmt". Auf Seiten des Menschen ist sein Glaube an diesen Gnadenakt Gottes die alleinige Voraussetzung für seine "Annahme" durch Gott, d.h. daß selbst sogenannte gute Werke, Gesetzestreue im Sinne der Zehn Gebote und auch Für-wahr-halten bzw. Befolgung spezifischer Dogmen nicht als Vorbedingungen für die Erlösung und Annahme durch Gott betrachtet werden.

Daraus folgt, daß beispielsweise für den Teufelsglauben die im Neuen Testament dargelegte Auffassung richtungweisend ist. Diese betrachtet den Teufel als durch Christus überwunden, wonach dann folgerichtig der Christ durch seinen Glauben an Christus dem Machtbereich des Teufels entronnen ist. Insofern müßte die Frage des Teufels oder daraus u.a. abgeleitet die der mit ihm verbündeten Hexen für einen Christen wie auch für die Amtskirche völlig belanglos sein. "Die Geschichte der Christenheit zeigt jedoch, daß das Verhalten der Christen dieser Grundaussage des Neuen Testaments nicht entspricht. Teufelsangst wird für viele Gläubige und für gewisse Epochen der Kirchengeschichte bestimmend."[6]

Historischer Überblick

Der Beginn dieses spezifischen Aspekts der Geschichte des Christentums geht zurück auf Augustin (354 – 430), der das Verhältnis des Christentums zum Aberglauben und hier besonders zum Teufels- und Dämonenglauben zur theologischen Doktrin erhebt. Nach Augustin sind Magie und Zauberei prinzipiell möglich, allerdings nicht aus eigener Kraft, sondern ausschließlich mittels eines Paktes mit dem Teufel bzw. Dämonen. Dabei ist unwesentlich, ob dieser Pakt ausdrücklich geschlossen oder nur implizit vorausgesetzt wird.

Eine Verfeinerung und Verschärfung dieser Doktrin vom "Dämonenpakt" nimmt dann Thomas von Aquin (1225 – 1274) vor mit seiner expliziten Unterscheidung dieses Paktes in "pacta expressa" und "pacta tacita". Diese Ausformung der "Lehre vom Dämonenpakt" stellt insofern eine Verschärfung dar, als von nun an aus Sicht der Kirche jede noch so kleine oder unerhebliche abergläubische Handlung auf einem Pakt mit dem Teufel basiert. Paradoxe, jedoch unvermeidliche Folge dieser Doktrin ist die Ausbreitung und Vertiefung des Aberglaubens innerhalb der Kirche und da besonders innerhalb ihrer Theologenschaft[7].

Reformation und Aufklärung bringen keine prinzipiellen Veränderungen dieser Situation. Die Aufklärung verlagert die Frage des Aberglaubens aus dem Bereich der Religionskritik in den der Vernunftkritik. Dennoch und parallel dazu werden die Inhalte des Glaubens auch weiterhin von der Kirche bestimmt, woraus folgt, daß auch der Aberglaube seine in dieser Hinsicht maßgebliche Definition aus der Sicht der Kirche erfährt.

"Dies gilt auch für die protestantische Kirche während des 17. Jahrhunderts, als die Orthodoxie im Kampf um den 'rechten Glauben' alle

Abweichungen vom Dogma mit geradezu fanatischem Eifer bekriegte. Dabei war die orthodoxe Geistlichkeit selbst dem verhängnisvollen Aberglauben des Zauber- und Hexenwahns weitgehend verfallen. Die tragischen Folgen dieser Verblendung, die sich in zahlreichen Hexenverbrennungen niederschlugen, sind sattsam bekannt. Einerseits hatte man sich die Aufgabe gestellt, den Aberglauben mit Stumpf und Stil auszurotten, andererseits hing man ihm in unvorstellbarem Maße an."[8]

Dieses Phänomen findet seinen Niederschlag auch in den Novellen Theodor Storms, ganz besonders in *Renate* und *Aquis submersus*, die in der vorliegenden Arbeit unter diesem Aspekt analysiert werden. Neben der spezifischen Variante des Teufels- und Hexenglaubens als Erscheinungsform des Aberglaubens spielt in Storms Novellen auch die sogenannte "weiße Magie" oder der "Sympathiezauber" eine konfliktverursachende Rolle. In diesem Zusammenhang sind besonders *In St. Jürgen* und *Im Brauerhause* zu nennen. Aus christlicher Sicht ist prinzipiell jede Art der Magie als mit dem Glauben unvereinbar abzulehnen. Dennoch unterscheidet die Kirche in "weiße Magie" und "schwarze Magie" , wobei sie die "weiße Magie" als tolerierbar betrachtet, da diese, *deo concendente,* den Menschen helfen wolle, wogegen die "schwarze Magie" selbstsüchtig sei und zum Unheil anderer Menschen angewendet werde. Diese Unterscheidung macht deutlich, daß die Kirche selbst wesentlich dazu beiträgt, die Grenzen zwischen Glauben und Aberglauben, zwischen Erlaubtem und Unerlaubtem, fließend zu halten. Das führt dann zum einen dazu, daß die Anhänger des Christentums in ihrer Haltung dem Aberglauben gegenüber ständig verunsichert sind, weil sie außerstande sind, eine klare Einordnung vorzunehmen. Zum anderen hat diese Praxis genau das Gegenteil zur Folge, nämlich die naive Annahme, daß Glaube und Aberglaube durchaus konfliktlos mit- und nebeneinander existieren können. Beide Erscheinungen lassen sich in Storms Novellen nachweisen.

Aberglaube

Etymologie und Begriff

Die Grundanschauungen des Aberglaubens sind im wesentlichen geschichtslos, ebenso wie sie nicht an bestimmte Völker gebunden oder auf diese beschränkt sind. Von oberflächlichen Veränderungen abgesehen bleiben sie, zeitlich wie räumlich, in ihrer Grundsubstanz durch viele Jahrhunderte hindurch dieselben. Auch daß die herrschende Religion oder Amtskirche in einem Spannungsverhältnis steht zum Aberglauben

ist eine Erscheinung, die als geschichts- und kulturübergreifend nachgewiesen werden kann. Dieses Phänomen läßt sich für die vorchrist-
liche Zeit in Europa sowohl im hellenistischen als auch im römischen
Kulturkreis nachweisen: mit der Ausbreitung des Christentums
verschwindet der antike Aberglaube nicht, sondern wird vielmehr
christlichen Anschauungen angeglichen. In Deutschland gehen
anläßlich des Vordringens des Christentums Reste des griechischen
und römischen Aberglaubens mit solchen aus dem germanischen
Götterglauben die unterschiedlichsten Verbindungen ein.

Der Kampf der institutionalisierten christlichen Kirche gegen den
Aberglauben läßt sich zurückverfolgen bis ins vierte Jahrhundert. In
den Konzils- und Synodalprotokollen dieser Zeit finden sich Angaben
von Kirchenstrafen für bestimmte Praktiken des Aberglaubens. Aus der
Zeit Karls des Großen, dem die Christianisierung Nordeuropas ein
besonderes Anliegen war, stammt dann das *Indiculus superstitionum*,
ein umfangreiches Verzeichnis abergläubischer Praktiken.

Das Wort *Aberglaube* findet sich erstmals im 15. Jahrhundert, jedoch
bedeutet es zu dieser Zeit nicht mehr "Überglaube", entsprechend des lateinischen "superstitio".[9] Das niederdeutsche "overgeloof "und das
dänische "overtro", die das nahelegen könnten, sind jüngere Über-
setzungen. Die im 15. und 16. Jahrhundert in Deutschland verbreiteten
Begriffe sind "abergloube", "missegloube", "bigelove" und "bijgeloof"
und reflektieren die Bedeutung von aber = wider, gegen, verkehrt, abweichend. Andere Worte dieser Herkunft sind beispielsweise "Aberwitz"
(Unverstand, Wahnsinn, Unklugheit, folgend der ursprünglichen Bedeutung von Witz = Klugheit, Vernunft) oder "Aberwille" (Widerwille). Es
liegt also eine Substantivierung der adversiven Konjunktion "aber" vor,
die das Gegenteil von dem im Grundwort genannten Begriff bezeichnet.
Im Bereich des Glaubens wäre das demzufolge ein "Gegenglaube", ein in
falschen Vorstellungen wurzelnder Glaube, eine trügerische Vorstellung
oder dergleichen. Die Bezeichnung "Aberglaube" beinhaltet also eine
Kritik, die sich über jede als solche bezeichnete Erscheinung erhebt, entweder aus der Position einer religiösen Überzeugung heraus oder aus der
einer aufgeklärt- wissenschaftlichen Haltung.

Im Bereich der christlichen Religionen trägt der Begriff eine sehr
deutliche Komponente des Negativen mit einem Beigeschmack der
Ketzerei. Diese Sicht gründet sich auf eine Glaubenshaltung, die sich
als die einzig legitime betrachtet und im Aberglauben dann folgerichtig einen falschen Glauben sieht, der dem richtigen Glauben, zu dem
der Urteilende sich bekennt, zuwiderläuft. Abhängend von der Art
und "Schwere"der abergläubischen Erscheinungen wird dann von der

institutionalisierten Religion, der Kirche, zum Kampf dagegen aufgerufen. Dabei ist die Abgrenzung von christlichen und abergläubischen Praktiken im Einzelfall durchaus willkürlich bzw. ausschließlich abhängig vom Standpunkt des Urteilenden. So werden innerhalb der beiden großen christlichen Kirchen durchaus nicht die gleichen Praktiken als abergläubisch kategorisiert. Die katholische Kirche war im Laufe ihrer Geschichte weitaus offener bezüglich der Integration abergläubischer Praktiken als die evangelische. Darauf ist zurückzuführen, daß beispielsweise das Weihwasser, das Sich-bekreuzigen, die Anfangbuchstaben C.M.B. der heiligen drei Könige am Hauseingang u.ä. als Gepflogenheiten der katholischen Kirche aus Sicht der evangelischen magische Abwehrmittel sind, die sowohl dem Geist als auch den Inhalten der christlichen Religion widersprechen.

Im Gegensatz zur kirchlichen Haltung sieht die rationale oder wissenschaftliche Kritik im Aberglauben einen Glauben an Geschehnisse paranormaler Art, die mit den Naturgesetzen unvereinbar sind und den gewohnten Erfahrungen des Menschen widersprechen. Diese Sicht kann in der radikalen Konsequenz alles Übernatürliche als Aberglauben klassifizieren, weil es mit den Mitteln der Naturwissenschaften weder bestätigt noch kontrolliert werden kann. Dazu gehören unter Umständen dann auch gewisse Praktiken der christlichen Kirchen.

Die Volkskunde, die sich u.a. mit der wissenschaftlichen Erforschung des Aberglaubens beschäftigt, versucht, dessen Inhalte zu erfassen ohne religiöse Wertung oder naturwissenschaftliche Skepsis und bevorzugt daher den Begriff "Volksglauben". Sie sieht sich als geisteswissenschaftlich-historisch-soziologische Disziplin, der es darum zu tun ist, die Inhalte, Formen und Praktiken des Aberglaubens aus der jeweiligen Bewußtseinslage heraus zu verstehen, in der sie entstanden sind. Die Volkskunde untersucht darüberhinaus die Frage, ob es sich bei Praktiken des Aberglaubens nicht auch um Kenntnisse und Fähigkeiten handeln könnte, die dem zeitgenössischen, modernen Menschen in seiner Naturferne verlorengegangen sind. In diesem Zusammenhang einzuordnen ist dann u.a. auch die unlängst als Wissenschaft etablierte Parapsychologie.

Erscheinungsformen des Aberglaubens

Der Aberglaube ist anzutreffen als geistige Haltung und/oder in spezifischen Verhaltensweisen. Seine Erscheinungsformen sind überaus mannigfaltig. Auffallend viele abergläubische Haltungen oder Praktiken sind festgemacht an Höhe- oder Krisenpunkte im menschlichen Leben wie Geburt, Hochzeit, Krankheit, Liebe, Tod und Leben nach dem Tod. Abergläubisches Verhalten erstreckt sich schon auf die Zeit vor der Geburt eines Menschen, was sich ablesen läßt an den zahllosen Verhaltensregeln, von denen sich die schwangere Frau betroffen sieht. Zeitpunkt und Umstände der Geburt spielen eine Rolle, da sich aus ihnen das künftige Schicksal des Kindes ablesen läßt. Abergläubische Bräuche bezüglich Heirat und Ehe beginnen bereits mit den Vorbereitungen für die Hochzeit und setzen sich nach der Eheschließung fort in der Beachtung bestimmter Rituale betreffs der künftigen Fruchtbarkeit der Eheleute. Todes- und Trauerbräuche sind besonders reich an abergläubischen Elementen und auch die Zeit nach dem Tod wird im Aberglauben erfaßt mit den unterschiedlichen Phänomenen der Seelenepiphanie oder dem des Wiedergängers.

Weiterhin verfügt der Aberglaube über verschiedene dämonische Gestalten wie Hexen, Magier, Hellseher, Besprecher, Wahrsager oder Dämonenbanner, die als "Professionelle" über die Kenntnis und die Macht verfügen, die nötig sind, um die im Übersinnlichen angesiedelten Kräfte und Mächte zu beeinflussen bzw. dem Menschen nutzbar zu machen. Darüberhinaus gibt es eine Reihe von Erd-, Wasser-, Luft-, oder Druckgeistern sowie von Hausgeistern wie den Kobold oder den Puk, oder, im Zwischenbereich von Mensch und Tier, beispielsweise die Gestalt des Werwolfes. Alle diese Erscheinungen stellen für den Menschen eine Bedrohung dar, die abgewehrt werden muß.

In den Bereich von Abwehr oder Antun von Unheil sowie des Herbeiführens oder Verhinderns von Heil gehören Erscheinungen wie in Schwelle oder Türbalken geritzte Zeichen oder Sprüche wie das Pentagramm, der Drudenfuß oder das Sator-Arepo-Kryptogramm. Ebenso hilfreich sind Amulette oder Hufeisen. Auch bestimmte Handlungen zur Abwendung des bösen Blickes oder zum Schutz des Eigentums oder zum Fernhalten von Dieben fallen in diese Kategorie. Die umgekehrte Version, der Schadenszauber, der dem Feind böse Geister, Hexen oder alle Arten von Unheil auf den Hals schicken kann, gehört ebenfalls hierher.

Dann gibt es eine Reihe von Praktiken zur Erforschung des Unbekannten und der Zukunft. Hierzu ist nicht immer ein professioneller Wahrsager oder Kartenleger nötig, es gibt traditionelle Wahrsagekünste, derer sich der Durchschnittsmensch bedienen kann. Dazu gehört der sogenannte "Angangsglaube", der dem Menschen z.B. in der Gestalt einer schwarzen Katze oder eines Schornsteinfegers vorhersagen kann, wie eine geplante Unternehmung ausgehen wird bzw. ob sie besser unterlassen werden sollte. In Norddeutschland gibt es die Figur des "Spökenkiekers" oder des Menschen mit einem "Zweiten Gesicht", der u.a. Zukünftiges wahrzunehmen vermag. Aus Naturerscheinungen wie Sonnenfinsternis, Regenbogen oder Sternschnuppe kann ebenfalls eine Vorausdeutung auf die Zukunft entnommen werden. Auch Traumdeutung aus der Perspektive des Aberglaubens gehört in den Bereich der Zukunftserforschung.

Abergläubische Praktiken und deren Vollzug

Der Vollzug abergläubischer Praktiken ist meistens an bestimmte Regeln gebunden. Viele Handlungen dürfen nur in nüchternem Zustand durchgeführt werden, oft sind sie mit einem Arbeitsverbot verbunden. Einer ganzen Reihe von abergläubischen Praktiken liegt der Analogiegedanke zugrunde. So muß beim Tanzen beispielsweise besonders hoch gesprungen werden, damit das Getreide hoch wächst. Oder es wird zur Heilung eines gebrochenen Beines eines Tieres das Bein eines Stuhles verbunden. Krankheiten müssen bei abnehmendem Mond besprochen werden, damit sie abnehmen. Körner des Stechapfels helfen gegen Seitenstechen. Diese Praktiken gehen von der Vorstellung aus, daß zwischen ähnlichen Dingen geheime, dem Menschen unsichtbare Verbindungen bestehen (similia similibus).[10]

Im Bereich der sympathetischen Magie dagegen gibt es den Namenglauben oder die Akzeptanz des "pars pro toto", hier genügt entweder die Kenntnis des Namens einer Person oder Teile derselben wie ihre Fußspur, ihr Schatten oder ihre Maske, um Macht über diesen Menschen zu gewinnen. Das Märchen *Rumpelstilzchen* beispielsweise ist hier anzusiedeln, ebenso wie der Glaube an kraftgeladene Bestandteile des menschlichen Organismus wie Schädel, Blut, Speichel, Kot oder Fingernägel, wie er sich u.a. in Storms Novelle *Im Brauerhause* findet.

Verschmelzungen von Inhalten des christlichen Glaubens mit solchen des Aberglaubens

Wie zu allen Orten und Zeiten, an denen eine Religion eine andere verdrängt und schließlich ablöst, wird dieser Prozeß nicht mit aller Konsequenz und Radikalität durchgeführt. So geschieht es auch bei der Ausbreitung des Christentums, daß sich Reste der alten Religion in die neue hinüberretten. Zum Teil verschmelzen diese Elemente in der Art, daß sie auf Zeit oder auf Dauer in den Glaubensinhalten oder –praktiken der neuen Religion aufgehen. Zu einem anderen Teil werden sie, früher oder später, Inhalte der neuen Religion, die deren Anhänger nicht mehr als Derivate der alten identifizierbar sind. In diesen Bereich fallen beispielsweise Sommer- und Wintersonnenwenden, die anfänglich von der christlichen Kirche als Relikte der alten germanischen, keltischen und slawischen Religionen bekämpft wurden, dann aber in christlichem Sinn umgedeutet und in den Kreis der kirchlichen Feiertage eingegliedert wurden. Andere Elemente dagegen werden abgesondert und als falscher Gegenglaube, d.h. als Aberglaube bekämpft.

Auch der Aberglaube in Regionen, in denen das Christentum als die vorherrschende Religion anerkannt ist, verfügt über derartige Phänomene. Zu diesen gehört das Gebet, das, aus christlicher Praktik übernommen, zur Zauberformel werden kann, wenn es, dem Aberglauben entsprechend, etwa so und so oft wiederholt, unfehlbar wirken soll und ausAnlaß des Gesundbetens oder auch des Totbetens praktiziert wird. Heiligenbilder, die im katholischen Christentum verehrt und angebetet werden, können im Aberglauben als sogenannte Schluckbilder oder Eßzettel verzehrt werden und dienen dann der Krankheitsbekämpfung. Die Hostie der christlichen Eucharistiefeier wird auch im Aberglauben verwandt, hier wird sie beispielsweise im Stall aufbewahrt, um die Tiere vor Seuchen zu schützen. Oder aber die Bibel dient dem Aberglauben als Orakel, wenn sie an beliebiger Stelle aufgeschlagen, zur Beantwortung von Zukunftsfragen eingesetzt wird. Eine andere Möglichkeit ist ein Blatt aus der Bibel oder dem Katechismus, das, dem Kranken unter das Kopfkissen gelegt, zu dessen Heilung beitragen soll.

Anwender dieser und ähnlicher Praktiken handeln gewöhnlich in der Überzeugung, sich in christlichen Gewässern zu befinden, da die äußeren Zeichen ihrer magischen Handlungen christlichen Ursprungs sind. Auf den Hintergrund einer solchen Bewußtseinslage muß die Herkunft und Anwendung der Begriffe "buigläuwe"oder "bigelove"oder "bijgeloof" zurückzuführen sein, die im Aberglauben keine mit dem christlichen Glauben konkurrierende Glaubenshaltung sehen, sondern eine wertneutrale Ergänzung. Die meisten abergläubischen Elemente in den Novellen Storms fallen in diese Kategorie. Die vorliegende Arbeit untersucht u.a. die Novelle *Im Brauerhause,* in der dies exemplarisch nachgewiesen werden kann. Insofern wäre es wichtig, Unterscheidungskriterien festzulegen für eine Bewertung abergläubischer oder christlicher Verhaltensweisen. Obgleich sich dies als schwierig erweist, kann als Unterscheidungsmerkmal vielleicht ein solches der Sittlichkeit herangezogen werden: der abergläubische Mensch sucht in aller Regel Vorteile für sich selbst, er versucht, in der jeweils konkreten Situation, Unheil von sich abzuwenden oder Sicherung für seine Vorhaben zu garantieren, er ist also egozentrisch und subjektbezogen. Im Aberglauben äußert sich, verstärkt in Regionen der unmittelbaren Bedrohung durch die Natur, ein tiefes Sicherheitsbedürfnis des Menschen, dem mit dem Versuch Rechnung getragen wird, die drohenden Gefährdungen zu bannen. Aus diesem Grund ist der Aberglaube auch keine Dauerhaltung, sondern tritt nur auf in ganz konkreten Situationen. Das Christentum dagegen strebt eine selbstlose, nächstenliebende Haltung des Gläubigen an, die dieser als Grund- und Dauerhaltung seiner Lebensführung zugrunde legen soll. In diesem Zusammenhang sind dann beispielsweise sonntägliche Kirchgänge zur steten Bekräftigung dieser Glaubenshaltung einzuordnen.

Wie erwähnt, kann in den alten Begriffen "buigläuwe", bigelove" oder "bijgcloof" ein Indiz dafür gesehen werden, daß diese Glaubenshaltung bzw. deren praktische Anwendung nicht in einem konkurrierenden oder einander ausschließenden Verhältnis stehen muß zum Christentum. Die überwiegende Anzahl der Novellen Storms, in denen Christentum und Aberglaube in friedlichem Einverständnis und Nebeneinander geschildert werden, kann als Beweis dafür herangezogen werden. Gelegentlich kommt es aber durchaus zu Spannungen und Konflikten. Die vorliegende Arbeit versucht herauszuarbeiten, in welcher Art und Weise Storm sich dieser Spannungen bedient hat, um Handlung und Charaktere seiner Novellen zu entwickeln.

KAPITEL II

Der Religiöse Hintergrund Theodor Storms im Hinblick auf Glauben und Aberglauben

~~

Glaube

Kindheit und Jugend

Storm wächst auf in einem Elternhaus mit sehr losem bzw. ohne Kontakt zur Kirche. Seine Familie ist protestantisch, nimmt am Leben der Kirchengemeinde jedoch nicht teil. "[. . .] von Religion oder Christentum habe ich nie reden hören; ein einziges Mal gingen meine Mutter oder Großmutter wohl zur Kirche, oft war es nicht; mein Vater ging gar nicht, auch von mir wurde es nicht verlangt. So stehe ich dem sehr unbefangen gegenüber; ich habe durchaus keinen Glauben aus der Kindheit her [. . .]."[11] Mit diesen Worten beschreibt Storm sein Verhältnis zu Religion und Kirche in seiner Kindheit.

Neben seinem Elternhaus, das in diesem Zusammenhang naturgemäß den größten Einfluß hat auf die seelische und religiöse Entwicklung des jungen Menschen, erinnert Storm jedoch eine weitere Person, die ihn nachhaltig geformt hat. In seiner kurzen Erzählung "Lena Wies" schildert er die "[. . .] liebreiche Freundin meiner Jugend, die du wie Scheherezade einen unerschöpflichen Born der Erzählung in dir trugst."[12] Storm sucht als Kind und wohl auch noch als Jugendlicher nahezu jeden Abend die Familie Wies auf, um mit größter Aufmerksamkeit den Erzählungen, Sagen und Märchen Lenas zuzuhören. Lena ist, und das ist im Zusammenhang der Frage nach Storms Religiosität von Interesse, bewußt und sehr entschieden a n t i k i r c h l i c h eingestellt. Storm berichtet von einer Episode an ihrem Sterbebett: "[. . .] mitunter während ihrer Krankheit empfing sie auch den Besuch des

Ortsgeistlichen; aber Lena Wics hatte über Leben und Tod ihre eigenen Gedanken, und es lag nicht in ihrer Art, was sich durch lange Jahre in ihr aufgebaut hatte, auf Zureden eines Dritten in einer Stunde wieder abzutragen. Still und aufmerksam folgte sie den Auseinandersetzungen des Seelsorgers; dann, mit einem klugen Lächeln zu ihm aufschauend, legte sie sanft die Hand auf seinen Arm: "Hm, Herr Propst! Se kriegen mi nich!"[13] Gleichzeitig beobachtet der junge Storm, wie dieselbe Lena Wies, die das Werben der Kirche so ruhig und entschieden zurückweist, ebenso bestimmt und entschlossen und auch noch auf ihrem Sterbelager, tätige Nächstenliebe übt, indem sie einen behinderten Nachbarjungen vor den gedankenlosen Grobheiten seiner gesunden Altersgenossen schützt, als sie diese zurechtweist und beschämt.

Es muß daher davon ausgegangen werden, daß Storm in Lena Wies ein frühes Modell findet, das ihn in mehrfacher Beziehung ganz entscheidend prägt. Im Bereich der Religiosität zeigt Storm durch sein ganzes Leben hindurch eine Grundhaltung, die er in seinen frühen Jahren an ihr beobachtet hat: eine Lebensführung, die—bei äußerer Kirchenferne und bei Ablehnung jeder Mittlertätigkeit eines Geistlichen-Grundsätzen christlicher Moral und Ethik folgt.

Auf Storms Verhältnis zu den Inhalten der christlichen Religion soll hier noch nicht eingegangen werden. Diese werden für ihn erst in späteren Jahren zu einer Schwierigkeit, mit der er sich bewußt auseinandersetzen muß. Die bisher gemachten Beobachtungen wie auch sein Selbstzeugnis über die religiöse Erziehung in seinem Elternhaus beschränken sich auf seine Kindheit.

Seine Jugendjahre scheinen in dieser Beziehung eine Veränderung mit sich zu bringen, denn Storm besucht den Konfirmandenunterricht und wird am Palmsonntag des Jahres 1833 vom Husumer Propst konfirmiert. Auch finden sich Nachweise dessen, daß er in seinen Jahren an der "Gelehrtenschule" in Husum am Religionsunterricht teilnimmt. Dieser Unterricht umfaßt drei Wochenstunden und orientiert sich am Hamburger Katechismus. Wooley vermutet von diesen Jahren der religiösen Unterweisung, daß sie "[. . .] must have furnished young Theodor with religious knowledge[. . .]"[14], das dann später in seine Werke einfließt. Ob bzw. wie oft der Konfirmandenschüler den sonntäglichen Gottesdienst besucht, ist nicht bekannt. Die Gepflogenheiten der lutherischen Landeskirchen sind in der Regel dergestalt, daß der Besuch des sonntäglichen Gottesdienstes während des zweijährigen Konfirmandenunterrichts für die Konfirmanden obligatorisch ist. Es ist anzunehmen, daß auch Storm hier keine Ausnahme bildet. In diesem Zusammenhang ist eine Bemerkung aus *Zwei Kuchenesser der alten*

Zeit von Interesse, von der vermutet werden kann, daß sie autobiographischen Hintergrund hat: "Ich selbst entsinne mich des Herrn Ratsverwandten besonders aus der Kirche, wo er seinen Stuhl neben dem unsrigen hatte, und wo er an keinem Tag fehlte."[15] Diese Erinnerung Storms steht in Widerspruch zu seiner generellen Erinnerung an sein Verhältnis zu Religion und Kirche, die, wie oben zitiert, davon ausgeht, daß er wie auch seine Familie nahezu nie in die Kirche ging. Nur angesehene Bürgerfamilien–zu denen die der Woldsen – Storm zweifelsohne gehörte- verfügten über feste Plätze im Kirchengestühl. Inwieweit daraus abgeleitet werden kann, daß diese auch regelmäßig belegt wurden oder gar werden mußten, soll hier dahingestellt bleiben. Jedoch deutet die Stelle in *Zwei Kuchenesser der alten Zeit* darauf hin, daß dies in der Tat der Fall war, wenn auch, was den jungen Theodor selbst betrifft, möglicherweise nur für die begrenzte Zeit seines Konfirmandenunterrichts.

Seine nächste Lebensphase, die der formellen Ausbildung, verbringt Storm außerhalb seines Elternhauses und des gewohnten Kreises. Schon als Gymnasiast wohnt er in Lübeck, als Student bezieht er die Landesuniversität Kiel. Seine Einstellung zur Religion wird durch diesen Wechsel und die vielfältige Stimulation einer Universitätsstadt nicht berührt. Er belegt keine Vorlesung, die über sein Fach Jura hinausgeht und beschränkt sich auch in der Wahl seiner Freunde auf solche, die seine Interessen teilen. Es scheint, als habe er weder Professoren noch Kommilitonen getroffen, die ihn intellektuell herausgefordert hätten. Seine bereits erwähnte Erinnerung an die religiöse Atmosphäre in seinem Elternhaus stammt aus dem Jahre 1873 und endet mit den Worten: "So stehe ich dem sehr unbefangen gegenüber; ich habe durchaus keinen Glauben aus der Kindheit her, ich weiß also auch in dieser Beziehung nichts von Entwicklungskämpfen; ich staune nur mitunter, wie man Wert darauf legen kann, ob jemand über Urgrund und Endzweck der Dinge dies oder jenes glaubt oder nicht glaubt."[16] Dieser Rückblick des älteren Storm, den er gegenüber dem Freund und Literaturkritiker Emil Kuh äußert, klingt, als sei er stolz darauf, keine größeren geistigen Konflikte durchgestanden zu haben und als betrachte er dies als Gewinn bzw. Vorteil im Hinblick auf seine innere Entwicklung.

Eine wirkliche Krise, die ihn zwingt, seine religiöse Einstellung zu überprüfen, erlebt er in der Tat erst relativ spät, in den Heiligenstädter Jahren und dann, verstärkt, anläßlich des Todes seiner Frau Constanze, kurz nach der Rückkehr nach Husum. Bis dahin bleibt er weitgehend unberührt von den herausfordernden geistigen Auseinandersetzungen seines Jahrhunderts. Er erlebt daher keinen wirklichen Entwicklungs-kampf, wie ihn der Bruch zwischen Kinderglauben und Man-nesüberzeugung voraussetzt. Möglicherweise ist eben dadurch keine wirkliche Vertiefung seiner religiösen Überzeugung in der einen oder anderen Richtung eingetreten.

Der erwachsene Storm

Über seine Studienjahre hinaus und bis weit hinein in seine jungen und mittleren Erwachsenenjahre hält Storm an dem Glauben fest, der ihm vermutlich im Religions- und Konfirmandenunterricht nahege-bracht worden war: er glaubt an einen Gott, der ein "guter" und ein "lieber" Gott ist, der die Geschicke der Menschen und der Welt kon-trollierend in seinen Händen hält und es gut mit den Menschen meint. In seiner ersten Liebesbeziehung findet er in Bertha von Buchan ein junges Mädchen, das tief religiös ist und im christlichen Glauben sowie der Zugehörigkeit zur evangelischen Kirche die entscheidenden Grundlagen jeder Lebensführung sieht. "[. . .] his life might have moved in the direction of religion, had Bertha looked with favor on his proposal of marriage."[17] Bertha lehnt seinen Antrag jedoch ab und Storm erlebt in späteren Jahren, als er sie wiedersieht, ihre Religiosität nahezu als abschreckend.[18]

Bald nach dem Bruch mit Bertha von Buchan verlobt sich Storm mit Constanze Esmarch. Aus den folgenden Verlobungsjahren sind zahllose Briefe erhalten, die ein Licht auf seine Gottesvorstellung werfen. Er glaubt an den Gott, der ihm in Kindheit und Jugend vermittelt worden ist und ohne eine kritische Hinterfragung dieser Überlieferung. Ganz anders verhält es sich mit seinem Verhältnis zur institutionalisierten Religion, der Kirche und ihren Vertretern. Als er die zu planenden Hochzeitsfeierlichkeiten mit Constanze erörtert, lehnt er dafür die Mitwirkung eines Geistlichen ab. Dies geschieht nicht unbedingt aus Gegnerschaft zur Pfarrerschaft, – Storm pflegt Zeit seines Lebens gute und freundschaftliche Beziehungen zu einzelnen Pastoren[19] – sondern weil er, aus seiner Ehe- und Gottesvorstellung heraus die Mittlertätigkeit eines Geistlichen für überflüssig hält: "Der Segen, den Gott auf das Verhältnis zwischen Mann und Weib gelegt hat, das ist ja die Liebe: aber sie wollen mehr, sie wollen etwas Mystisches, Unbegreifliches: da haben sie den Segen erfunden, der durch den Ausspruch eines Priesters kommen soll, ein Ding, unter dem sich bei dem besten Willen nichts Bestimmtes denken oder fühlen läßt, ein Auswuchs schwärmerischer

Phantasie, ohne Wirklichkeit, ohne Bedeutung, ohne Folgen, eine ne-
belnde Lüge. Nein, der Gottheit Segen ruht gewiß und schon lange auf
uns und wird mit unserem innigen Bestreben wachsen in alle Ewig-
keit."[20] Diese Haltung erinnert an die, die der junge Storm an Lena Wies
beobachtet und bewundert hat. Sie reflektiert das Gedankengebäude,
das Feuerbach in *Das Wesen des Christentums* entwickelt und 1841
unter großem Aufsehen der Öffentlichkeit vorstellt.[21] Ein direkter
Einfluß Feuerbachs auf Storm läßt sich jedoch nicht nachweisen, noch
weniger kann -schon aus chronologischen Gründen- angenommen
werden, daß Lena Wies mit dessen religionsphilosophischer Kritik vertraut war. Es liegt daher nahe, Stuckert[22] zu folgen in seiner Annahme,
die christliche Religion und verstärkt deren institutionalisierte und ri-
tualisierte Phänomene, wie sie in der Erscheinung der Kirche manifest
sind, habe sich in Schleswig – Holstein und dem Geistesleben seiner
Bewohner zum einen ohnehin nur sehr spät -nach der Reformation-
und zum anderen nie w i r k l i c h durchsetzen können. Wie gezeigt
werden konnte, leben heidnische und abergläubische Elemente in
Überlieferung, Bewußtsein und Handlungsweise der Friesen fort. Darin
kann eine Erklärung liegen für die Haltung von Menschen wie Storm
oder Lena Wies, die den Anspruch der Kirche auf Mitgestaltung ihrer
Rituale wie Hochzeit oder Beerdigung so entschieden zurückweisen.[23]

Heiligenstadt und der Tod Constanzes

Eine Verschärfung dieser Einstellung bezüglich der Stellung des Geistlichen als Mittler zwischen Mensch und Gott bringen später die
Heiligenstädter Jahre der Verbannung. Storm findet sich hier unversehens in einer katholisch geprägten Umgebung. Er fühlt sich befremdet
und abgestoßen von dem allumfassenden Anspruch, den die katholische
Kirche auf das Geistes- und Seelenleben ihrer Mitglieder erhebt. Seine
diesbezüglichen Kommentare in den Briefen an seine Eltern und
Freunde machen seine entschiedene Ablehnung der katholischen
Kirche und ihrer starken Präsenz im Alltagsleben der Heiligenstädter
sehr deutlich. Anläßlich des bevorstehenden Eintritts seiner Söhne ins
–katholische– Gymnasium schreibt er beispielsweise an Brinkmann:
"[. . .] beim Gymnasium soll der katholische Charakter am übelsten in
den Geschichtsvorträgen hervortreten. So muß denn nun die sittliche
Atmosphäre des Hauses Gegenhalt bieten, wenn unsere Jungen erst
soweit sind."[24] Als er seiner Tochter Lisbeth erlaubt, in eine katholische
Schule einzutreten, kommentiert er diese Entscheidung seinen Eltern

gegenüber mit den Worten : "Ich denke, ich kann, was sie bieten, ohne Gefahr benutzen; meine Kinder werden der Propaganda wohl nicht anheimfallen."[25]

Mit seiner Rückkehr nach Husum 1864 erledigen sich diese "Gefahren" von selbst. Storms Kinder kehren zurück in die evangelische Umgebung, in der auch ihr Vater aufgewachsen ist. Sie nehmen am Religionsunterricht teil und werden wie ihr Vater konfirmiert. Mit seinen kleineren Kindern spricht Storm regelmäßig Abendgebete, eines verfaßt er sogar selbst.[26] Dies ist jedoch die Haltung, die er seinen Kindern gegenüber zeigt. Es mögen pädagogische Erwägungen sein, die ihn dazu veranlassen. Denn Storm selbst hat bei seiner Rückkehr nach Husum eine Veränderung seiner Glaubensvorstellungen erfahren.

Während seiner Jahre in Heiligenstadt gibt er seinen Glauben an einen persönlichen Gott auf und neigt stattdessen einer eher pantheistischen Gottesvorstellung zu. Inwieweit dabei die Entschiedenheit seiner Ablehnung des Katholizismus eine ursächliche Rolle spielt, läßt sich nicht feststellen. Ein anderes mögliches auslösendes Moment ist Storms Freundschaft mit Wussow, den er in Heiligenstadt kennen- und schätzen lernt. Wussow ist ein hochintelligenter und, im Gegensatz zu Storm, von rationalem Denken bestimmter Mann. Von den beiden Männern ist bekannt, daß sie lange und zum Teil sehr erregte Gespräche führen. Bedauerlicherweise ist deren Inhalt nicht überliefert. Unter anderem anhand der erhaltenen Briefe an seine Frau kann die Veränderung jedoch nachvollzogen werden, auch wenn deren Ursache nicht eindeutig ausgemacht werden kann. So schreibt Storm 1858 anläßlich eines neu erschienenen Buches seines Landsmannes Matthias Claudius an Constanze: "Das Buch ist übrigens vom christlichen Standpunkt aus geschrieben, aber durchaus im Geist der höchsten Bildung, so dass es uns Andersdenkende in keiner Weise stört."[27]

Storm und Feuerbach

In die Heiligenstädter Jahre fällt auch die Entstehung der Novelle *Im Schloß*, die ebenfalls als Indiz für Storms veränderte Gottesvorstellung herangezogen werden kann. Die Protagonistin Anna erfährt darin eine Wandlung ihrer Gottesvorstellung von der des "lieben Gottes" ihrer Kindheit zu einem Gott, der, wie ihr von zwei aufgeklärteren Personen, ihrem Onkel und dem Hauslehrer ihres Bruders, nahegebracht wird, in der Natur greif- und nachweisbar sei. Es wird jedoch nicht deutlich, ob die Betonung auf einem Konzept einer Evolution Darwinistischer

Prägung liegt oder eher auf einem anthropomorphistisch bestimmten Gedankengang, wie ihn Feuerbach in seinen *Gedanken über Unsterblichkeit und Tod*[28] entwickelt hat. Den starken Einfluß Feuerbachs auf Storm meint Westra nachweisen zu können, obgleich auch er einräumt, daß nicht bekannt ist, in welchem Umfang, wenn überhaupt, Storm mit Feuerbachs Thesen vertraut war.[29] Das Gleiche muß in Beziehung auf Darwin gesagt werden. Storm ist kein passionierter Leser und wenn er liest, bevorzugt er neben Werken seiner Zeitgenossen wie Keller, Mörike, Fontane, Hebbel oder Heine solche aus der Sagen-, Märchen-, und Geisterwelt, die sich mit den lokalen Vorkommnissen heidnischer und abergläubischer Elemente in Schleswig—Holstein befassen.[30] Er ist kein philosophischer Kopf und ist darüberhinaus ganz allgemein wenig interessiert an dem, was jenseits seiner engeren Heimat an geistesgeschichtlichen Kämpfen sich zutragen mag. So ist es zweifelhaft, daß er von den Ereignissen an den Universitäten Heidelberg oder Berlin überhaupt Kenntnis nimmt. Daß er sich darüberhinaus sogar bewußt geistig auseinandersetzt mit den Theorien Darwins oder Feuerbachs, kann daher kaum angenommen werden. Weder Storms Briefwechsel noch die Erinnerung seiner Familie und Freunde lassen Rückschlüsse in der einen oder anderen Richtung zu.

Ein unmittelbarer Einfluß Feuerbachs auf die sich verändernde Geisteshaltung Storms in diesen Jahren darf also nicht behauptet werden. Auch schlägt sich diese Veränderung nahezu ausschließlich in den Resultaten seiner literarischen Arbeit nieder. Dem Vorbehalt, daß es nur sehr begrenzt legitim sei, aus den Werken Schlüsse zu ziehen auf die persönlichen Anschauungen eines Dichters, kann in diesem konkreten Fall begegnet werden mit Storms eigener Beurteilung von *Im Schloß*, die er seinen Eltern mitteilt: "Diese Arbeit bin ich selbst, mehr als irgend etwas, das ich sonst in Prosa schon geschrieben habe."[31]

Auch anhand von Storms Gedichten aus dieser Zeit[32] läßt sich nachweisen, daß die Inhalte seiner Glaubensvorstellungen sich gewandelt haben. Hat er in seinen Brautbriefen noch seinen Glauben an ein Weiterleben nach dem Tode, in der Vereinigung mit dem geliebten Menschen, Ausdruck verliehen, so zeigen seine Gedichte aus den Heiligenstädter Jahren, daß sich auch in diesem Bereich eine Wandlung vollzogen hat. Der Glaube an Auferstehung und Leben nach dem Tode ist der Überzeugung gewichen, daß das menschliche Leben auf das Diesseits begrenzt sei.

Mit dieser Frage scheint Storm jedoch viele Jahre hindurch gerungen und während dieses Prozesses immer wieder wechselnde, einander entgegengesetzte Haltungen eingenommen zu haben. So schreibt er 1863 an seine Eltern, den Tod seiner Schwester Cäcilie betreffend: "Hoffen wir, daß der Schöpfer dieser wunderbaren Welt uns eine Fortdauer bestimmt habe und ein Wiederfinden für die, die sich geliebt, daß auch meine Schwestern -sie sind ja nun alle dort- nicht für immer in der alten Familiengruft begraben bleiben."[33] Nach dem Tode seiner Frau dagegen bedauert er in einem Brief an Mörike, daß er dessen "glücklichen Glauben"[34] nicht teilen könne und seine Haushälterin Mary Pyl berichtet aus dieser Zeit von einem ruhelos im Haus umherwandernden Storm, der immer wieder sagt: "[. . .] wenn ich doch glauben könnte [. . .]!"[35] Bei anderer Gelegenheit ist er jedoch überzeugt, daß seine verstorbene Frau zu seiner kleinen Tochter Ebbe gesprochen habe, und auch er selbst hat verschiedentlich das Gefühl, seine tote Frau flüstere ihm etwas ins Ohr, was er zwar nicht verstehen könne, was ihm aber ein Jucken des Ohres verursache.

Diese Empfänglichkeit für die Auffassung, die Toten seien ungeachtet ihrer Abwesenheit aus dem physischen Leben der Lebenden imstande, mit diesen in Kontakt zu treten, ihnen Zeichen zu geben oder Warnungen vor drohendem Unheil, kann Storm jedoch auch übernommen haben aus dem Bereich des Aber- oder Volksglaubens. Darauf wird im folgenden Kapitel noch näher eingegangen werden. Im hier untersuchten Zusammenhang des Stormschen Verhältnisses zu Inhalten der christlichen Religion muß festgestellt werden, daß er deren essentielles Moment des Glaubens an Auferstehung und Weiterleben nach dem Tode für sich selbst ablehnt. Sosehr ihn der Gedanke auch quält, daß er Constanze für immer verloren haben soll und kein Wiedersehen, in welcher Form auch immer, möglich sei, so entschieden weigert er sich doch auch, dem Bedürfnis nach einem solchen Glauben nachzugeben. Seine intellektuelle Redlichkeit wie auch seine konsequente Ehrlichkeit[36] verwehren ihm das. Auf diesen Zwiespalt zwischen seelischer Befindlichkeit und emotionalem Bedürfnis einerseits und verstandesgemäßer Entscheidung und Haltung andererseits verweist Storms Neffe Ernst Esmarch, wenn er sagt: "[. . .] mit dem Kopf ein Heide, mit dem Herzen ein Christ [. . .]."[37]

Aus der Konsequenz dieser Haltung heraus lehnt Storm dann auch die Mitwirkung eines Geistlichen beim Begräbnis seiner Frau Constanze ab. Auch seine eigene Beerdigung wird später ohne Pastoren vollzogen werden. Seine zweite Frau Dorothea, eine gläubige Christin, ist damit nicht einverstanden, sie respektiert aber Storms Haltung und Wunsch bezüglich seines eigenen Begräbnisses.

Zusammenfassung

Zusammenfassend kann festgehalten werden, daß Storm seine Glaubenshaltung und die Veränderungen, die diese erfährt im Verlauf seines Lebens, nicht in einem Prozeß der intellektuellen Auseinandersetzung erwirbt. Soweit nachvollziehbar, finden geistige Kämpfe für Storm kaum statt. Abgesehen von seinem Ringen um eine ihm gemäße Haltung in bezug auf ein mögliches Leben nach dem Tod, das ihn besonders nach Constanzes Tod beschäftigt, setzt er sich nicht auseinander mit der bewußten Verarbeitung oder Erörterung philosophischer und religiöser Ideen. Obgleich die Mitte des 19. Jahrhunderts ihm dazu mannigfaltige Gelegenheit böte, bleibt seine religiöse und geistige Entwicklung im wesentlichen unberührt von den "[. . .] großen Bildungsmächten und Bildungskämpfen seiner Zeit. Es entspricht seiner geringen Geistigkeit und dem pflanzenartig sicheren Wachstum seiner Seele, daß er kaum in bewußtem Ringen um geistige und religiöse Entscheidungen gekämpft hat. Ihm stellten sich bestimmte Fragen im Fortgange seines Lebens von selbst und wurden aus der klaren Sicherheit seiner Natur gelöst. Dabei ergab es sich, daß die nicht wesenseigenen Bestandteile seiner Bildung, die ihm durch Tradition und Erziehung übermittelt worden waren, immer mehr von ihm abfielen und daß mit steigendem Alter seine eingeborene Art immer reiner und klarer zur Entfaltung kam. Dies gilt ebenso wie von seinem geistigen und künstlerischen Wachstum auch von seiner religiösen Entwicklung. Diese läuft zwar der allgemeinen Zeitbewegung, die sich in einer liberalen Kritik an Kirche und christlichem Offenbarungsglauben ausdrückt, gleich, läßt sich aber keineswegs, wie etwa bei Keller, aus ihr begreifen, sondern vollzieht sich als Durchbruch eigener, ursprünglicher Kräfte. Ebenso wie Storms Dichtung auf das engste an die Heimat und ihr nordisches Menschentum gebunden ist, so ist auch seine religiöse Entwicklung nur aus der geistesgeschichtlichen Überlieferung und der seelischen Haltung seines Stammes zu verstehen."[38]

Diese Auffassung Stuckerts scheint den Kern der Stormschen Persönlichkeit zu treffen. Sie findet sich bestätigt in seinen persönlichen Briefen und Äußerungen, in seinen Novellen und Gedichten. Es spricht nichts dafür, daß Storm, wie Westra nachzuweisen versucht, sich in der Ausformung seiner religiösen Überzeugung hätte leiten lassen von Philosophen wie beispielsweise Feuerbach. Westra räumt ein, daß Storm Feuerbach nicht gekannt hat, sich mit großer Wahrscheinlichkeit auch nicht mit seinen Theorien beschäftigt oder auseinandergesetzt hat, wie er sich auch sonst "[. . .] van iedere philosophie afzejdig hield [. . .]"[39] , weist aber gleichzeitig in seiner ausgezeichneten Arbeit sorgfältig nach, wo und wie sich Feuerbachsches Gedankengut in Storms Novellen und Gedichten findet. Daß es einen direkten Zusammenhang gibt zwischen Feuerbach und Storm läßt sich nicht nachweisen, wie auch Westra bekennt. Die einleuchtendste Erklärung wird daher wohl die sein, daß Storm während seiner intensiven Begegnung mit Wussow in Heiligenstadt von diesem in Feuerbachs Philosophie eingeführt wurde und diese dann, im Stuckertschen Sinn eher unbewußt als auf dem Wege einer klaren gedanklichen Abklärung und Stellungnahme, übernommen und in sein Werk hat einfließen lassen.

Aberglaube

Selbstzeugnisse und Einschätzungen anderer

Storms Verhältnis zum Aberglauben ist schwieriger zu fassen als das zum christlichen Glauben und seinen Inhalten. Bis auf eine Ausnahme liegen keine Briefe oder andere überlieferte direkte Aussagen von ihm vor, die sein persönliches Fürwahrhalten der Inhalte des Aberglaubens bezeugen könnten. Auch das Gegenteil, seine persönliche Ablehnung dieser Glaubenshaltung kann nicht auf direktem Wege nachgewiesen werden. Seine Tochter Gertrud[40] erinnert sich, daß ihr Vater in bezug auf gewisse Dinge abergläubisch gewesen sei: zum einen mit seinem Glauben daran, daß er als "Sonntagskind", also an einem Sonntag Geborener über besondere Gaben und Talente verfüge, im besonderen über die der Geister- und Hellsichtigkeit; zum anderen mit seiner Überzeugung , daß großes Glück unweigerlich großes Unglück nach sich ziehe. Diese Vorstellung wird besonders manifest in der Zeit seiner Rückkehr aus der Verbannung, als er davon überzeugt ist, dieses überwältigende Glück müsse -das fordere der Neid der Götter- bezahlt werden mit dem Tod eines geliebten Menschen. Als kurz darauf seine Frau Constanze am Kindbettfieber stirbt, sieht er diesen Glauben auf tragische Weise bestätigt. Demnach gibt es Elemente des Aberglaubens, die Storm in seinem persönlichen Leben für vorhanden und wirksam hielt. Andererseits weist Moser darauf hin, daß "[. . .]selbst nichtabergläubische Menschen [. . .] irgendwie und irgendwo dem Aberglauben verhaftet sein [können]."[41]

Die Sicht Mosers überzeugt und wird von der allgemeinen Erfahrung gestützt. In Bezug auf Storm wird sie bestätigt durch seine sonstige Neutralität in dieser Frage. Storms einzige überlieferte Äußerung in diesem Zusammenhang findet sich in einem Brief an Keller: "Ich stehe diesen Dingen im einzelnen Falle zwar zweifelnd oder ungläubig, im allgemeinen aber sehr anheimstellend gegenüber; nicht daß ich Un- oder Übernatürliches glaubte, wohl aber, daß das Natürliche, was nicht unter die alltägliche Wahrnehmung fällt, bei weitem noch nicht erkannt ist."[42] Diese Äußerung ist höchst ungenau und schwer zu fassen, kann sie doch einfach bedeuten, daß Storm all das, was gemeinhin als Un- oder Übernatürliches begriffen und erfahren wird, schlechterdings zum im Grunde Natürlichen erklärt, das nur noch für begrenzte Zeit, nämlich solange es noch nicht erforscht ist, als un- oder übernatürlich einzuorden ist. Das ist rein empirisch ohne Zweifel möglich, hilft jedoch im hier gegebenen Zusammenhang von Storms Verhältnis zum Aberglauben nicht viel weiter. Das Entscheidende an dieser Aussage scheint daher das "sehr anheimstellend" zu sein und dies erweist sich, vor allem auf dem Hintergrund seiner Novellen, in der Tat als Storms Grundhaltung in dieser Frage.

Die Novellen

Wenn festgehalten werden muß, daß, von einer Ausnahme abgesehen, nahezu kein Selbstzeugnis Storms vorliegt bezüglich seiner Haltung gegenüber dem Aberglauben, so kann demzufolge nur sein Werk herangezogen werden bei dem Versuch, Klarheit zu gewinnen über diese Frage. Die Arbeit von Stapelberg[43] ist in diesem Zusammenhang wegweisend. War bislang lediglich bekannt, daß die Novellen Storms verschiedene Elemente des Aberglaubens enthalten und daß er selbst diesem, wie erwähnt, "sehr anheimstellend" gegenübersteht , so weist Stapelberg nach, daß Storm ein äußerst genauer Kenner des Aberglaubens und seiner Erscheinungsformen ist. Es war bekannt, daß Storm sich während seines ganzen Lebens mit den Überlieferungen, Sagen und Märchen seiner nordischen Heimat beschäftigt und alles in diesem Zusammenhang Interessante gesammelt hat, zum Teil im Hinblick auf eine eigene mögliche Verwendung, zum Teil stellte er seine Sammlungen auch für die Veröffentlichungen anderer zur Verfügung.[44] Die sorgfältige Untersuchung Stapelbergs macht jedoch darüberhinausgehend offenbar, in welch breitem Ausmaß Storm vertraut ist mit den unterschiedlichsten Erscheinungsformen des Aberglaubens, ja daß er tatsächlich a l l e Varianten des "Volksglaubens" – wie er ihn nennt – literarisch verwendet. Einige Beispiele – sie folgen Stapelbergs Ausführungen- seien zur Verdeutlichung herangezogen.

ABERGLAUBE IN DER NATUR
Pflanzen

Die Charaktere Storms stehen stets in enger Verbindung mit der sie umgebenden Natur. Als Teil dieser Natur finden sich, durch sein ganzes Erzählwerk hindurch, Bäume, die in Beziehung stehen zu den Menschen. Die Wahl der Baumart und die Plazierung des spezifischen Baumes im Text machen deutlich, daß Storm die Bedeutung, die der Aberglaube diesen Bäumen beilegt, kennt.

So ist der Holunder beispielsweise ein Baum, der Unglück oder Tod ankündigt bzw. bringt. In *Aquis submersus* wächst der Holunder an dem Teich, in dem der kleine Johannes ertrinkt. Der Baum wird kurz vor dem Tod des Kindes in Zusammenhang mit dessen Eltern erwähnt, die es für Augenblicke unbeaufsichtigt lassen. Für Leser, die die Bedeutung des Holunders im Volksglauben kennen, stellt er eindeutig eine Vorausdeutung dar.

In *In St. Jürgen* wird der Holunder in die Situation gestellt, in der Agnes und Harre sich verloben. Der Holunder wächst an dem Brunnen, der im Verlauf der Geschichte dem Vater zum Verhängnis werden soll. Auch wird die Verbindung der beiden jungen Leute trotz ihrer beständigen Liebe zueinander nicht zu einer Ehe führen. Somit kann der kundige Leser auch hier im Holunder eine Vorausdeutung erkennen.

In *Draußen im Heidedorf* liegt das Elternhaus der Margret von Holunderhecken umrahmt. Margret, von den Dorfbewohnern mit verschiedenen abergläubischen Elementen ausgestattet, wird für den jungen Bauern Hinrich zum Verhängnis. Auch hier hat Storm den Holunder entsprechend seiner Bedeutung im Volksglauben verwendet und plaziert.

Obstbäume dagegen werden im Aberglauben als Symbole der Fruchtbarkeit betrachtet. Dementsprechend läßt Storm sie in *Carsten Curator* und *Draußen im Heidedorf* der Sitte gemäß in der Geburtsstunde eines Kindes pflanzen.

Die Linde gilt im Aberglauben als Schutzbaum, sie schützt vor Blitzschlag und Zauber, Hexen und bösen Geistern. Sie schützt die ganze Gemeinde und wird vorwiegend auf Kirch- oder Friedhöfen gepflanzt. Storm erwähnt sie in *Renate*, in *In St. Jürgen* und in *Bötjer Basch*, jedesmal dem Aberglauben gemäß auf oder in unmittelbarer Nähe von Kirch- und Friedhöfen.

Die Immortelle oder Strohblume stellt für den Aberglauben eine Verbindung mit dem Tode dar. Storm erwähnt diese Blume in den Novellen

Abseits, Ein stiller Musikant und *Ein Doppelgänger.* In allen drei Fällen sind es Bilder von geliebten Toten, die von einem Immortellenkranz umrahmt werden. Binse und Schachtelhalm dagegen werden in Zusammenhang gebracht mit umgehenden Geistern; auf diese Variante des Aberglaubens verweist Storm in *Aquis Submersus.* In *Ein grünes Blatt* wird die Melisse erwähnt, ein Kraut, das im Aberglauben ausschließlich in Verbindung mit Bienen eine Rolle spielt. Storm zeigt sein Wissen darum, wenn in der Novelle der Großvater einen Melissezweig in der Hand hält, der von Bienen umschwärmt wird. Die Myrthe wiederum gilt dem Aberglauben als Brautpflanze und wird in dieser Entsprechung in *Eekenhof* erwähnt.

Tiere

Neben Bäumen spielen Vögel eine große Rolle im Aberglauben, gewöhnlich wird in ihnen ein unheilvolles Vorzeichen gesehen. Storm benutzt sie daher in der Regel, um den Leser auf etwas Negatives vorzubereiten.

Der Ruf einer Eule beispielsweise kündigt meistens einen Todesfall, mindestens aber Unglück, an. In *Auf der Universität* beendet das Schreien der Eulen die letzte Unterredung des Erzählers mit Lore, unmittelbar vor deren Selbstmord. In *Waldwinkel* ängstigt ein Eulenschrei Richard, kurz bevor er seine Geliebte verliert. In *Zur Chronik von Grieshuus* schreit eine Eule mehrere Nächte lang so durchdringend, daß Rolf sie schließlich erschießt. Das Töten eines Kauzes führt, dem Aberglauben entsprechend, den eigenen Tod herbei. Folgerichtig stirbt Rolf kurz darauf. Weitere Erwähnung von Eulen, immer im Zusammenhang der Ankündigung von Unheil oder Tod, finden sich u.a. in *Ein Fest auf Haderslevhuus, Schweigen, Hans und Heinz Kirch, Draußen im Heidedorf.*

Auch Krähen, Raben und Elstern, im Aberglauben bekannt als Unglücksvögel, verwendet Storm ausschließlich, um kommendes Unheil anzudeuten, wie in *Auf dem Staatshof, Renate, Zur Chronik von Grieshuus, Eekenhof* u.a.

Die Katze wird vom Aberglauben stets mit Scheu behandelt. Sie kann u.a. Zukünftiges andeuten oder als Wetterprophet dienen. Wenn Storm den jungen Hauke in *Der Schimmelreiter* einen weißen Kater töten läßt, schwingt dabei die Auffassung des Aberglaubens mit, daß jemand, der eine Katze tötet, fürderhin dem Unglück nicht entkommen kann. Ebenfalls in *Der Schimmelreiter* finden sich Referenzen auf ein anderes Tier, den Schimmel, der vom Aberglauben mit mannigfaltigen, überwiegend negativen Konnotationen belegt wird. Weitere Tiere wie Kröten, Echsen, Mäuse finden sich bei Storm in Zusammenhang mit der Seelenepiphanie, auf die im folgenden Abschnitt eingegangen wird.

Seelenepiphanie

Eine weitere Erscheinungsform des Aberglaubens ist die Seelenepiphanie, die Auffassung von der Erscheinung der Seele, gewöhnlich der eines jüngst Verstorbenen, in Tiergestalt. In Übereinstimmung mit dem christlichen Glauben besagt der Aberglaube, daß der Tod eines Menschen dessen Körper und Seele trenne. Abweichend vom Christentum jedoch ist die Vorstellung des Aberglaubens, die Seele erscheine in Gestalt eines Vogels, eines Schmetterlings oder eines kriechenden oder in Erdlöchern hausenden Tieres wie Eidechse, Schlange, Käfer, Maus oder Kröte. Über das Christentum hinausgehend ist auch die Vorstellung, dieses Entweichen der Seele eines Menschen könne auch beim Gähnen, Niesen oder Schlafen geschehen. Aus diesem Grunde dürfe beispielsweise ein Schlafender nach Möglichkeit nicht geweckt werden.

Storm macht in seinen Novellen vielfach Gebrauch von diesen Vorstellungen der Seelenepiphanie. Spezifisch benannt finden sie sich zweimal. In *Ein Doppelgänger* wird, unter Hinzufügung der Erklärung, daß es sich um einen alten Volksglauben handele, gesagt: "Stört ihn nicht, seine Maus ist ihm aus dem Mund gesprungen!"[45]

In *Ein Bekenntnis* bittet Elsi ihren Mann, der "[. . .] ungeheuren Kröte,die in unserem Garten ihre Höhle hatte, doch kein Leids geschehen zu lassen, denn wer wisse, was hinter jenen goldenen Augen stecke [. . .]!"[46] Diesen Worten liegt die Vorstellung des Aberglaubens zugrunde, man solle Kröten mit Barmherzigkeit begegnen und sie keinesfalls abends oder an Allerseelen töten, da man sich sonst versündige an den ihnen innewohnenden armen Seelen, die eine Schuld abzubüßen haben. Die Kröte tritt bei Storm auch noch in anderen Bereichen des Aberglaubens auf.

Ebenso wie Kriech- oder Erdhöhlentiere gelten auch Vögel, bereits erwähnt als Vorboten von Tod oder Unglück, im Aberglauben als Verkörperung menschlicher Seelen von Verstorbenen. Auch dieser Erscheinung des Aberglaubens trägt Storm in seinen Novellen Rechnung. In *Eekenhof* ist es der Stieglitz auf dem Ahnenbild, in dessen Vogelgestalt die Seele der Verstorbenen versucht, die lebende Nachfahrin, Heilwig, in das Totenreich nachzuziehen. In *Bötjer Basch* hört der alte

Daniel nach dem Tode seiner Frau ein Geräusch in der Küche, in der er sie vor ihrem Tode immer hatte wirken hören. Als er, von der Vorstellung befallen, es sei seine Frau, die er höre, in die Küche eilt, findet er diese gänzlich leer und totenstill – bis auf die Spatzenstimmen vor dem Fenster.

Stärker noch als Vögel gelten Schmetterlinge dem Aberglauben als Verkörperung der Seele, Vorankündiger des Todes oder auch als Bild der Unsterblichkeit. Alle diese Erscheinungsformen finden sich bei Storm. In *Auf dem Staatshof* wird die Schlußszene des tragischen Todes von Anne Lene durch das Surren der Nachtschmetterlinge eingeleitet. In *Im Schloß* sammelt der kleine, dem Tod geweihte Kuno Schmetterlinge. In *Auf der Universität* sind es zwei dunkle Schmetterlinge, die auf Lenores plötzlichen Tod hinweisen. In *Viola tricolor* fliegt in dem Augenblick, als Rudolf und Ines von der toten Maria sprechen, ein großer Nachtschmetterling über deren verschlossenen Garten. Nachtfalter, im besonderen solche, die Grabstätten umflattern, verkörpern im Aberglauben die Seelen des hier bestatteten Toten. Auch in *Im Nachbarhause links* ist es ein Nachtfalter, der den Tod der alten Frau ankündigt. In *Ein Doppelgänger* gibt Storm sogar die Gattung des Schmetterlings an: den Totenkopf, den der junge Schmetterlingsjäger fangen will, als er den Todesschrei John Hansens aus dem Brunnen hört. In *Ein Bekenntnis* wiederum tritt der Schmetterling, der auf dem Scheitel der jungen Elsi sitzt, als deren Todesbote auf.

Über die hier erwähnten Beispiele hinaus sind in Storms Erzählwerk zahllose andere zu finden, die seine breite Kenntnis dieser Variante des Aberglaubens belegen.

Geister, Feuer- und Fruchtbarkeitswesen, Irrwische

Neben der Seelenepiphanie sind die unterschiedlichsten Elementarwesen wie Erd-, Wasser- und Druckgeister zu finden wie auch Feuer- und Fruchtbarkeitswesen. Der Klabautermann und auch der Neck treten in *Eine Halligfahrt* auf, der Puk in *Ein Bekenntnis*. In *John Riew'* wird von einem Kobold erzählt und in *Aquis submersus* erinnert der Schreckensruf "Der Buhz, der Buhz !" an den Butzemann oder Bußemann. In *Im Nachbarhause links* gibt es einen Alraunen und in *Waldwinkel* das Erntekind, den Korndämonen, der im Kornfeld schläft und nicht ohne böse Folgen aufgeweckt werden darf.

In *Draußen im Heidedorf* werden Irrlichter erwähnt und in *Renate* Irrwische. Auch in *Der Herr Etatsrat* finden sich Irrlichter, hier jedoch werden sie als Willis bezeichnet. Werden in den Irrlichtern oder Irrwischen allgemein die Seelen Verstorbener gesehen, so sind die Willis im besonderen Geister junger Bräute, die noch vor ihrer Hochzeit starben. Ihre Tanzlust läßt ihnen im Grabe keine Ruhe, daher steigen sie nach Mitternacht aus ihren Gräbern und tanzen jeden, der ihnen begegnet, zu Tode. Auch Wetterhexen, wie in *John Riew'*, und Wassergeister, wie in *Hans und Heinz Kirch* oder *Der Schimmelreiter* werden von Storm angeführt. In *Auf der Universität* gibt es den Sargfisch, der als Todesvorzeichen gilt. Auch der Alp oder Nachtmahr, entweder in Tier- oder Menschengestalt oder aber als weißer Faden, vorwiegend über einer Moorlandschaft, kommt bei Storm vor. In *Draußen im Heidedorf* wie auch in *Renate, Zur Chronik von Grieshuus* und *Der Schimmelreiter* finden sich diese Erscheinungen. Sie werden jeweils genau übereinstimmend mit den Eigenschaften, die der Aberglaube ihnen beilegt, beschrieben.

Naturgemäß werden zahllose abergläubische Elemente verbunden mit dem Sterben, dem Tod und dem anschließenden Verbleib der Toten, wie auch mit der Macht, die die Toten nach ihrem Tod auf die Lebenden ausüben können. In diesem Zusammenhang sind besonders *John Riew'*, *Eekenhof* und *Hans und Heinz Kirch* zu erwähnen.

Spuk, Vorspuk, und Orakel

Weiterhin finden sich Spuk und Vorspuk, Orakel, Abwehrhandlungen, Teufelsglaube und Hexenwahn, wie auch Andeutungen des Werwolfglaubens in Storms Novellen. Seine Verwendung dieser Elemente des Aberglaubens umspannt die ganze Bandbreite von verdeckter Andeutung über direkte Benennung des betreffenden Volksglaubens, häufig einschließlich einer Schilderung der Praktiken bis hin zu einer Kommentierung durch den Erzähler.

Finden sich diese Kommentare der Erzählerfigur, so sind sie durchweg negativ. Der Aberglaube wird als "Schwäche"bezeichnet, wie in *Abseits* oder *In St. Jürgen*, oder aber es wird eine zerstörerische Gefahr in ihm gesehen und geschildert, die die Gemeinschaft und das harmonische Zusammenleben bedroht oder zerstört, wie in *Im Brauerhause* und *Draußen im Heidedorf*. Keineswegs ist es jedoch so, daß Storm den Aberglauben in seinen Novellen an Gestalten von Außenseitern oder Randfiguren einer Gemeinschaft festmacht. Es sind im Gegenteil vorwiegend Figuren des etablierten Bürgertums, die ihr Verhalten entsprechend abergläubischer Vorstellungen ausrichten. Auch da, wo es vordergründig Außenseiter sind, wie das Slowakenmädchen Margret in *Draußen im Heidedorf* oder die am Rande der Dorfgemeinschaft lebende Bauerntochter Renate in *Renate,* die vom Aberglauben betroffen sind, sind es interessanterweise nicht diese selbst, die abergläubisch sind, sondern es ist die Dorfgemeinschaft, also die in der Regel christlich gesinnten Menschen, die diesen Vorstellungen anhängen und dadurch das Unheil heraufbeschwören. Diese Feststellung trifft auch auf *Der Schimmelreiter* zu, wenngleich in modifizierter Form. Hier sind es zwar zum Teil Außenseiter oder Angehörige der Unterschicht, die dem Aberglauben anhängen und ihn verbreiten, sie sind jedoch gleichzeitig die Mitglieder der Konventikel, die sich ihrer christlichen Rechtgläubigkeit rühmen.

Das soziale Umfeld des heranwachsenden Storm

Nur andeutungsweise konnte aufgezeigt werden, in welchem Ausmaß Storm Elemente und Inhalte des Aberglaubens in seinen Novellen verwendet. Das tatsächliche Ausmaß übertrifft bei weitem die hier aufgeführten Beispiele.[47] Jedoch zeigen schon diese wenigen, daß Storm wesentlich tiefer vertraut ist mit dem Volks- und Aberglauben als bisher angenommen. Offen bleibt die Frage, ob diese Erscheinungen tatsächlich zu Storms persönlichem Weltbild gehören oder lediglich Stilmittel seines literarischen Schaffens sind. Möglicherweise sind dies aber auch keine zwei getrennt voneinander zu betrachtenden Seiten des Menschen und des Dichters Storm. Selbstredend ist der Dichter Storm ein Produkt dessen, was den Menschen Storm geprägt hat. In diesem Zusammenhang müßte dann die Frage aufgeworfen werden nach prägenden Eindrücken aus dem Bereich des Aberglaubens, denen Storm vor allem als junger Mensch ausgesetzt war.

Stapelberg geht dieser Frage nach. Sie untersucht, in welcher Weise der junge, der heranwachsende und auch der erwachsene Storm mit dem Aberglauben seines sozialen Umfeldes zu tun hat. Sie weist nach, wie mannigfaltig die Erscheinungsformen des Aberglaubens sind, denen Storm in allen Lebensphasen begegnet:

In Husum wächst Storm auf in einer Umgebung, die auf Schritt und Tritt von abergläubischen Elementen und Praktiken durchsetzt ist. Seine Heimatstadt ist umgeben von Heide, Moor und Meer, also Bereichen, die traditionell reich an abergläubischen Praktiken sind. In Regionen, die den Elementen besonders schutzlos ausgesetzt sind wie beispielsweise Küstenregionen, ist der Aberglaube stärker und vielschichtiger vertreten als in solchen, in denen das nicht der Fall ist. Es ist wohl im allgemeinen so, daß Menschen, die den Mächten und Kräften der Natur stark ausgesetzt sind, diese notgedrungen und zwangsläufig in den Mittelpunkt ihres Lebens stellen. Ein tieferes Bewußtsein von Bedrohung hat ein erhöhtes Sicherheitsbedürfnis zur Folge, das, wie die Definition des Begriffes Aberglaube nahelegt, diesem breiteren Raum zugesteht als anderswo. Nordische Küstengebiete in ihrer besonderen Gefährdung durch das unberechenbare Meer sind daher traditionelle Hochburgen des Aberglaubens. Storm ist dies bewußt, wenn er an Keller schreibt: ". . . nicht zu vergessen, daß wir hier an der Grenze Nordfrieslands, wie in Schottland, uns in der Heimath des Zweiten Gesichts befinden."[48] Diese Auffassung wird unterstützt durch die Forschungen von Schmeing,[49] der die lokale Verbreitung des "Zweiten Gesichts" untersucht und nachweist, daß dies in den Küstengebieten Deutschland wesentlich gehäufter auftritt als im Inland. So liegt demnach die Heimatstadt Storms zweifellos in einer Gegend, die dem Aberglauben gegenüber ganz besonders aufgeschlossen ist.

In der Stadt selbst finden sich in den ärmeren Wohnvierteln mit Knoblauch bepflanzte Strohdächer, in den wohlhabenderen Vierteln dagegen stehen Myrthenpflanzen in den Fenstern. Knoblauch wie auch Myrthe dienen dazu, Hexen und Dämonen fernzuhalten. Die gleiche Aufgabe haben die Koboldgesichter und -grimassen an den Giebeln der Patrizierhäuser. Die Gestalten des Scharfrichters und des Spökenkiekers wie auch der Ort des Hexenberges in Husum sind Storm von Jugend an vertraut. Im Elternhaus selbst wächst der junge Theodor auf mit mehreren Ausdrucksformen des Aberglaubens. Da ist zum einen die dreibeinige Totenlade, die normalerweise auf dem Dachboden steht, aber unmittelbar vor dem Tod eines Hausbewohners nachts mit Getöse die Treppen hinunterwackelt. Dann gibt es die Uhr des Großvaters, die gemäß der Erwartung des Aberglaubens in dessen Todesstunde stehengeblieben ist und nie mehr aufgezogen werden darf. Oder aber die vertrocknete alte Kröte auf dem Dachboden regt die Phantasie des kindlichen Storm an, da ihr allerlei magische Kräfte zugeschrieben werden.

Hinausgehend über diese direkten Begegnungen mit dem Aberglauben erfährt der junge Theodor auf indirektem Wege, aus den Erzählungen von Mutter, Großmutter und vertrauten Menschen wie Claas Räuber und vor allem Lena Wies von unzähligen abergläubischen Gebräuchen und Praktiken.

Der erwachsene Storm steht später als Richter und Landvogt in ständigem und bewußt gesuchtem Kontakt mit allen Bevölkerungsschichten. Seine Sammelleidenschaft in diesem Bereich ist Anlaß und Auslöser dafür, daß seine Kenntnis auf dem Gebiet des Aberglaubens schier unerschöpflich wird. Dies beschränkt sich nicht auf die Regionen Schleswig und Holstein, sondern umfaßt nahezu alle Gebiete Deutschlands. So schreibt er in Heiligenstadt einen Artikel für die Gartenlaube "Volksglauben im katholischen Deutschland", der dann allerdings nicht veröffentlicht wird.

Aus diesen Ausführungen ist ersichtlich, daß Storm von Kindheit an auf unterschiedlichste Art und Weise erfährt, daß der Aberglaube ein integraler Bestandteil des norddeutschen Lebens ist und daß dies in seiner Alltäglichkeit durchsetzt ist mit zahllosen abergläubischen Vorstellungen. Er lernt schon als Kind und Heranwachsender, daß hinausgehend über die enge Naturverbundenheit wie auch des Bewußtseins des Ausgeliefertseins an die Natur für den norddeutschen Menschen seines unmittelbaren Umfeldes diese Nähe zur Natur nicht zu denken ist ohne unmittelbare Verflochtenheit mit dem Aberglauben. Storms eigenes enges Verhältnis zur Natur wird also ergänzt und bereichert durch die Kenntnis der abergläubischen Vorstellungen seiner Zeitgenossen in diesem Bereich.

Der Einfluß des Aberglaubens auf
Storms literarisches Werk

Storms umfassende Kenntnis des Aberglaubens ist eingeflossen in sein Werk, das läßt sich an im wörtlichen Sinn zahllosen Beispielen nachweisen. Nur einige davon wurden vorstehend erwähnt. Es bleibt die Frage, ob die Verwendung der unzähligen Variationen des Aberglaubens in den Novellen eher unbewußt oder bewußt geschehen ist. Da Storm selbst sich hierzu nie geäußert hat, wird eine letztgültige Antwort nicht gegeben werden können. Es ist durchaus möglich, daß all die in seinem Werk nachweisbaren abergläubischen Elemente unbewußt eingeflossen sind. Für diese Annahme spricht, daß Storm, wie gezeigt wurde, aufwächst in einer Umgebung, in der der Aberglaube ein ganz natürlicher Bestandteil des Alltags ist und daher den meisten Menschen und so wohl auch Storm, nicht bewußt oder als solcher identifizierbar ist. Für diese Annahme könnte auch sprechen, daß Storm in seinem Erzählwerk die verschiedenen Elemente des Aberglaubens immer an richtiger Stelle und im richtigen Zusammenhang erwähnt, wie schon Stapelberg deutlich macht. Er macht hier keine Fehler, woraus geschlossen werden könnte, daß er in solch hohem Maße mit dem

Aberglauben vetraut war, daß dieser ihm praktisch zweite Natur, jedenfalls unbewußt war.

Das gleiche Argument könnte jedoch ebensogut für die gegenteilige Annahme angeführt werden. Es ist inzwischen nachgewiesen und bekannt, daß Storm seine Werke in wesentlich höherem Maße als bisher angenommen durchkomponiert und bewußt und tektonisch planend gestaltet hat. Insofern abergläubische Elemente darin vorkommen, muß festgestellt werden, daß zahllose wiederholt erscheinen, daß sie nie in falschem Zusammenhang gebraucht werden, sondern ohne Ausnahme immer richtig, d.h. den abergläubischen Konnotationen ihres sozialen Umfeldes gemäß. Hier sei nur kurz und willkürlich auf das bereits angeführte Beispiel des Holunderbaumes oder der Eulenschreie verwiesen. Ein einmaliges Auftreten im richtigen, dem Aberglauben entsprechenden Zusammenhang könnte zufällig sein. Wenn aber als gesichert gelten kann, daß Storm bei seiner in vielen Wiederholungen auftretenden Verwendung aller möglichen Varianten des Aberglaubens keine Fehler unterlaufen, muß davon ausgegangen werden, daß es sich nicht um zufällige Einfügungen handelt sondern um bewußte Plazierungen.

Auch dem möglichen Einwand einer Überinterpretation der betreffenden Textstellen kann mit diesem Argument begegnet werden. Allerdings bleibt der Eindruck, daß Storm sich dem unbefangenen und unkundigen Leser durchaus anders darstellt als dem Volkskundler oder dem auf Aberglauben spezialisierten Soziologen. Dem kundigen Leser entfaltet sich gewissermaßen eine Geschichte hinter der Geschichte oder ein Text in mehreren Schichten. Die beim ersten Lesen zugängliche Geschichte ist eine meistens sehr einfache. Die dahinter liegende und nur dem des Aberglaubens kundigen Leser zutage tretende Geschichte ist es keineswegs. Sie hat wesentlich mehr Schattierungen, wesentlich mehr zu analysierende Facetten als zunächst sichtbar. Storms Verhältnis zum Aberglauben ist dementsprechend ein entschieden Engeres als bisher bekannt. Die Frage, ob er persönlich dem Aberglauben anhängt, wird davon nicht berührt. Sie ist möglicherweise auch nicht von großem Belang. Eine weitere Frage wird jedoch durch das bisher Festgehaltene aufgeworfen. Diese betrifft Storms Stellung als Repräsentant des Bürgerlichen Realismus. Angesichts eines Werkes, daß derartig tief in Bereichen des Irrationalen verankert ist, scheint diese Frage berechtigt. Möglicherweise könnte er aufgrund eben dieses Phänomens daher auch dem Magischen Realismus zugerechnet werden. Andererseits beruht die Schilderung der Menschen in seinen Novellen weitgehend auf seiner genauen

Beobachtung und seiner getreuen Wiedergabe der Menschen, die ihn in seinem Alltagsleben tatsächlich umgeben und zu diesem gehört, wie gezeigt werden konnte, der Aberglaube als integraler Bestandteil. Somit erweist sich Storm in dieser Beziehung durchaus als literarischer Realist.[50]

KAPITEL III

Die Novellen

~⸻

Kategorisierung der Novellen

Zwischen 1847 und 1888 schreibt und veröffentlicht Theodor Storm 47 Novellen, einige Märchen, Spukgeschichten und Erzählungen sowie "Zerstreute Kapitel" mit überwiegend Lebenserinnerungen wie auch 586 Gedichte.

Die vorliegende Arbeit wird sich auf eine Untersuchung der Novellen beschränken. Von diesen weist die überwiegende Zahl sowohl christliche als auch abergläubische Elemente auf. Nur sehr wenige verfügen über entweder das eine oder das andere oder aber keines von beiden.

Novellen ohne christliche oder abergläubische Elemente

Es sind nur zwei Novellen, in denen weder christliche noch abergläubische Komponenten zu finden sind. Dies sind

Wenn die Äpfel reif sind (1856)
Späte Rosen (1859)

Novellen mit nur christlichen Elementen

Vier der Stormschen Novellen weisen christliche, aber keine abergläubischen Elemente auf. Dies sind

Die Söhne des Senators (1880/81)
Es waren zwei Königskinder (1884)
Im Saal (1848)
Psyche (1875)

Novellen mit nur abergläubischen Elementen

Abergläubische, jedoch keine christlichen Elemente finden sich dagegen in den Novellen

Im Sonnenschein (1854)
Angelika (1855)
Von Jenseits des Meeres (1863/64)
Waldwinkel (1874)

Novellen mit sowohl christlichen als auch abergläubischen Elementen

Aus der vorstehenden Auflistung ist ersichtlich, daß 37 der 47 Novellen Storms Erwähnungen von sowohl christlichem als auch abergläubichem Verhalten aufweisen. Jedoch finden sich diese beiden Glaubenshaltungen ganz überwiegend in friedlicher Koexistenz. Dies entspricht offensichtlich den Beobachtungen, die Storm in seinem sozialen Umfeld anstellt. Unzählige abergläubische Verhaltensweisen werden, wie bereits erwähnt, durch eine christliche Glaubenshaltung keineswegs eliminiert. Die Phänomene, die Storm in seinen Novellen schildert, sind jedoch in den meisten Fällen äußerst subtil in den Handlungsstrang eingeflochten und werden in sehr vielen Fällen von einem unkundigen Leser sicher übersehen. Diese Feststellung bezieht sich auf beide Seiten, die christliche wie auch die abergläubische.

Auf der christlichen Seite finden sich alltägliche Erwähnungen, die gewöhnlich mehr oder weniger gedankenlos, jedenfalls ohne den vormals vorhandenen direkten Bezug zu Glaubensinhalten des Christentums in die Sprache des Alltags eingedrungen sind. Zu diesen gehören beispielsweise Ausrufe wie "um Gottes willen !", "das walte Gott !", "bei Gott !"oder "Gott sei Dank !"Auch christliche Feste und Rituale werden häufig erwähnt, ohne daß sie einen direkten Einfluß auf die Entwicklung der Handlung oder der Charaktere haben. Hierzu gehören Weihnachtsfeste, Konfirmationen, Hochzeiten, Kindtaufen und Beerdigungen.

Auf Seiten des Aberglaubens dagegen werden zumeist subtilere Andeutungen gemacht, oft, wie bereits erwähnt, nicht einmal zu erkennen für den mit dem Aberglauben nicht allzu vertrauten Leser. Hier finden sich dann Bäume und andere Pflanzen, Eulenschreie, Schmetterlinge und Kröten, Erd-, Wasser-und Luftgeister usw., die der Novelle einen anderen, tieferen Bedeutungsgehalt geben können, wenn man sie zu erkennen und zu deuten weiß.

Novellen, in denen die beiden Glaubenshaltungen nicht in einem Spannungsverhältnis stehen

Bei der überwiegenden Anzahl der Novellen, in denen sowohl christliche wie abergläubische Elemente nachzuweisen sind, bewegen diese sich nicht in einem Konfliktfeld, das durch die Konkurrenz dieser Glaubenshaltungen entweder ausgelöst oder aber wesentlich mitbestimmt wird. Die Novellen, in denen dies der Fall ist, sind

Marthe und die Uhr (1847)
Immensee (1849)
Posthuma (1849)
Ein grünes Blatt (1850)
Auf dem Staatshof (1857/58)
Drüben am Markt (1860)
Im Schloß (1861)
Veronika (1861)
Auf der Universität (1862)
Unter dem Tannenbaum (1862)
Abseits (1863)
Eine Malerarbeit (1867)
Eine Halligfahrt (1871)
Draußen im Heidedorf (1871/72)
Viola tricolor (1873)
Beim Vetter Christian (1873)
Pole Poppenspäler (1873/74)
Ein stiller Musikant (1874/75)
Im Nachbarhause links (1875)
Carsten Curator (1877)
Zur Wald- und Wasserfreude (1878)
Eekenhof (1879)
Der Herr Etatsrat (1880/81)
Hans und Heinz Kirch (1881/82)
Zur Chronik von Grieshuus (1883/84)
Schweigen (1882/83)
Ein Fest auf Haderslevhuus (1885)
Böttjer Basch (1885/86)

John Riew' (1884/85)
Ein Bekenntnis (1886)
Ein Doppelgänger (1886)
Die Armesünderglocke (unvollendete letzte Arbeit)

Unter diesen Novellen bilden *Im Schloß* und *Veronika* insofern eine Ausnahme, als sie die christliche Religion zum Thema machen. Beide Novellen schreibt Storm 1861 in Heiligenstadt, es ist daher anzunehmen, daß sie seine Auseinandersetzung mit dem Katholizismus bzw. seine religionsphilosophischen Erörterungen mit Wussow reflektieren. Ersteres ist ganz offensichtlich der Fall in *Veronika*. Diese Novelle stellt eine Absage dar an den Mittleranspruch der katholischen Kirche, wie er sich in Beichte, Absolution und der damit verbundenen Macht des Geistlichen und der Institution Kirche manifestiert. Es ist das einzige Zeugnis im Bereich seiner Prosa[51,] das Storm in einer direkten Konfrontation mit der Kirche zeigt. Etwas anders liegt der Fall in seiner Novelle *Im Schloß*. Hier wird nicht offen Stellung bezogen gegen die Institution Kirche und deren Anspruch, sondern es wird auf subtile Weise geschildert, wie die Heldin Anna schrittweise zu einer Änderung ihrer Glaubenshaltung gelangt. Diese bewegt sich von einer althergebrachten, christlich-konformen zu einer eher philosophisch geprägten pantheistischen Gottes- und Weltvorstellung.

Eine Ausnahmestellung nimmt auch *Draußen im Heidedorf* ein. In dieser Erzählung liegt das Schwergewicht auf der Schilderung abergläubischer Vorstellungen, mit denen sich das Slowakenmädchen Margret konfrontiert sieht. Das Christentum tritt hier dagegen jedoch weitgehend in den Hintergrund, sodaß kein Konfliktfeld entsteht.

Abgesehen von diesen drei erwähnten Novellen, spielt in den übrigen 29 weder das Christentum noch der Aberglaube in struktureller Hinsicht eine vorherrschende Rolle noch auch entsteht ein Konflikt aus einer möglichen Konkurrenz dieser beiden Haltungen.

Novellen, die ein Spannungsverhältnis aufweisen zwischen Glauben und Aberglauben

Bei einer kleineren Zahl der Novellen findet sich ein wirkliches Spannungsverhältnis zwischen den beiden Glaubenshaltungen. In diesen entsteht ein Konflikt durch die miteinander konkurrierenden Positionen von Christentum und Aberglauben. Auf diesen Novellen liegt der Schwerpunkt der vorliegenden Arbeit. Es sind dies:

In St. Jürgen (1867)
Aquis submersus (1875/76)
Renate (1877/78)
Im Brauerhause (1878/79)
Der Schimmelreiter (1888)

Analyse der Novellen
1. IN ST. JÜRGEN
Die Personen
Agnes

Der Name kommt aus dem Griechischen und wird abgeleitet von hagnos = rein, keusch, heilig. Storm hat ihn offenbar bewußt gewählt, denn Persönlichkeit und Charakter der Agnes in der Novelle entsprechen den Vorstellungen oder Erwartungen, die mit diesem Namen verknüpft sind. Agnes ist ein durch und durch reiner und guter Mensch, der nicht nur selbst ein gradliniges und fehlerloses Leben führt, sondern der darüberhinaus durch seine Charakterstärke und seine Fähigkeit zur Vergebung anderen Menschen die Kraft gibt, die Konsequenzen ihrer Fehlentscheidungen zu tragen. Sie kommt dem Bild einer 'Heiligen' daher sehr nah. Pfister[52] weist darauf hin, daß das deutsche Wort "heilig"zu den altisländischen 'heill' und 'heilagr' gehört und auf das urgermanische 'heila' zurückgeht. Mit diesem Wort wird Kraft, Tüchtigkeit, Vermögen bezeichnet, das sich in Klugheit und gutem Gedeihen, in Gesundheit und körperlicher Kraft niederschlägt. Diese Bedeutung im Sinn von 'stark' oder 'kraftvoll' ist älter als die später christlich besetzten Konnotationen von im weiteren Sinn 'besonders gottgefällig' oder 'vorbildhaft religiös'. Auf die Person der Agnes in der Novelle treffen jedoch beide Bedeutungen gleichermaßen zu.

Der Erzähler der Rahmenerzählung erwähnt allerdings gleich zu Anfang, daß Agnes von ihm nur bei ihrem Nachnamen gerufen wurde: " 'Guten Morgen, Hansen ', rief ich dann; denn nur bei diesem, ihrem Familiennamen, nannten wir Kinder unsere alte Freundin; wir wußten kaum, daß sie auch noch den wohlklingenden Namen ´Agnes´ führte [. . .]. "(2 : 222). Diese Besonderheit kann mehrere Ursachen haben, auf die im Text aber nicht eingegangen wird. Zum einen ist es möglich, daß Agnes, da sie ursprünglich aus einer angesehenen Bürgerfamilie stammt, nicht wie die übrigen Dienstmädchen behandelt wird, die mit ihrem Vornamen angesprochen werden. Oder aber sie möchte den Namen ihres Vaters erhalten und respektvoll behandelt wissen und zieht deshalb vor, mit diesem angesprochen zu werden. Eine weitere Möglichkeit liegt darin, daß es entweder ihre Bescheidenheit oder aber ihre Treue zu Harre ist, die den Gebrauch ihres Vornamens auf diesen beschränkt wissen möchte.

Bei Einsetzen der Rahmenhandlung ist Agnes eine fünfundsechzigjährige Frau, die ihren Lebensabend in dem Stift St. Jürgen in Husum verbringt. Sie wird als fromme und gottesfürchtige Frau geschildert, die ihren sonntäglichen Gottesdienstbesuch niemals versäumt und anschließend sogar gelegentlich ihren jugendlichen Begleiter einer peinlichen Befragung unterzieht: " – Freilich, wenn dann plötzlich die Orgel das 'Unsern Ausgang segne Gott' einsetzte, so schlich ich mich meist verstohlen wieder ins Freie; denn es war kein Spaß, dem Examen meiner alten Freundin über die gehörte Predigt standhalten zu müssen." (2 : 225) Auch hat Agnes die Angewohnheit, sich auf dem Weg zur Kirche zu sammeln und innerlich auf den Gottesdienst vorzubereiten: "Gern hätte ich dann dies oder jenes gefragt; aber auf dem Wege zur Kirche war von Hansen keine Antwort zu erwarten." (2 : 225)

Diesen Schilderungen entsprechend ist Agnes daher eine Frau, die ihren christlichen Glauben sehr ernst nimmt. Dies geht so weit, daß sie sich weigert, den Kindern ihrer Herrschaft Sagen oder Märchen zu erzählen: "[. . .] niemals hat sie uns ein Märchen oder eine Sage erzählt, an welchen beiden doch unsere Gegend so reich ist; sie schien es vielmehr als etwas Unnützes oder gar Schädliches zu unterdrücken, wenn ein anderer von solchen Dingen anheben wollte. "(2 : 223) Mit dieser Beobachtung des Erzählers, die diesem allerdings erst rückblickend auffällt, wird schon im Rahmen angedeutet, wie Agnes zu jeder möglichen Erscheinungsform des Aberglaubens steht, der ohne Zweifel einen wesentlichen Bestandteil der Märchen und Sagen ausmacht: sie hält sich ganz entschieden fern davon und versucht, auch andere daran zu hindern, ihn zu verbreiten.

Die Erklärung für dieses Verhalten gibt Agnes dann selbst, wenn sie in der Binnenerzählung als Erzählerin auftritt. Hier beginnt sie mit einer Schilderung ihrer häuslichen Verhältnisse und ihres Vaters. Sie charakterisiert ihn als guten Menschen, der aus ihrer Sicht aber nicht tief genug in seinem christlichen Glauben verankert war: "Mein guter Vater hatte eine Schwäche; er war abergläubig. Diese Schwäche brachte ihn dahin, daß er in den Tagen der äußersten Not etwas beging, das ihm das Herz brach; denn er konnte seitdem die Geschichte von dem frommen Kaufmann [ein Nachbar, der seine tiefe Gläubigkeit und Gottesfurcht öffentlich unter Beweis gestellt hatte] nicht mehr erzählen." (2 : 228)

Als Agnes später bemerkt, daß ihr Vater geschäftliche Sorgen hat, beobachtet sie ihn beim Kartenlegen, das ihm offenbar zu einem Einblick in die Zukunft verhelfen soll. Agnes wird jedoch von ihm zurückgewiesen, als sie ihn nach dem Grund seines Verhaltens befragt. Das

junge Mädchen kann auch im Folgenden nichts Näheres von ihrem
Vater erfahren und ist auf düstere Vermutungen angewiesen. Diese
werden bestärkt durch die häufige Anwesenheit des Spökenkiekers im
Haus, von dem erzählt wird: "Der Goldmacher war ein herab-
gekommener Trödler; er konnte segnen und raten, Menschen und Vieh
besprechen und alle die anderen Geheimnisse, womit derzeit noch bei
den Leichtgläubigen ein einträgliches Geschäft zu machen war." (2 :
231/232) Mit diesen Worten gibt Agnes offenbar die öffentliche Meinung Husums über den Spökenkieker wieder. Inwieweit sie selbst sich
dieser Sicht anschließt, d.h. an seine Fähigkeit zu 'segnen und raten,
Menschen und Vieh zu besprechen' glaubt, bleibt unklar. Jedoch sagt
sie in diesem Zusammenhang auch von ihm, daß er den Namen Spökenkieker zu Recht trägt. Diese Bezeichnung ist eine Art Spitzname, der in
Norddeutschland Menschen mit dem 'Zweiten Gesicht´ verliehen
wird, das heißt mit der Fähigkeit, anläßlich bestimmter Vorfälle in die
Zukunft zu sehen. Wenn Agnes daher sagt, der Spökenkieker habe
seinen Namen verdient, drückt sie damit aus, daß auch sie an seine
Fähigkeit des 'Zweiten Gesichts´ glaubt, d.h. in diesem Punkt
abergläubisch ist. Sie begründet ihre Abneigung gegen diesen Mann
aber nicht mit seiner Gabe des 'Zweiten Gesichts´, sondern mit dem
Hinweis darauf, daß er sie zum Schaden vieler Leute, zu denen auch ihr
Vater gehört, eingesetzt hat. Am Ende ihres Lebens jedoch ist sie fähig,
ihm zu vergeben und sieht auch seine Hellseherei in abgeschwächter
Form: "Das sind auch nur Schatten, mein Kind; er tut nichts Arges
mehr."(2 : 226)

In den Tagen vor der Katastrophe jedoch sieht Agnes durchaus eine
Gefahr im Spökenkieker oder Goldmacher, wie er damals, auch zu
Recht, wie Agnes meint, genannt wird, denn dieser geht plötzlich in
ihrem Elternhaus ein und aus, um offensichtlich Geld von ihrem Vater
einzutreiben. Der Vater, wie erwähnt, weigert sich, Agnes ins Vertrauen zu ziehen und ihr zu sagen, warum er den übel beleumdeten
Mann trifft. Auch der Spökenkieker gibt ebensowenig wie der Vater
Agnes eine Erklärung bezüglich der Natur ihrer Zusammenkünfte.
Auch er versucht, dem Mädchen aus dem Weg zu gehen: "Er [der
Spökenkieker] war in den letzten Tagen, da ich eben auf der Außendiele
zu tun hatte, ein paarmal in meines Vaters Schreibstube gegangen und
hatte sich dann, ohne auf sein demütig gesprochenes "Herr Hansen bei
der Hand ?" meine Antwort abzuwarten, mit scheuem Blick an mir
vorbeigeschoben." (2 : 232)

Es scheint, als hätten sowohl Agnes' Vater als auch der Spökenkieker

Angst vor Agnes und ihrer aufrechten Haltung in bezug auf Christentum und Aberglauben. Diese Vermutung wird verstärkt durch die Tatsache, daß die beiden Männer ihr Vorhaben erst dann durchführen, als sie wissen, daß Agnes sicher außer Haus und weit weg ist. Offenbar fürchten sie, daß Agnes, die dem Aberglauben so entschieden ablehnend gegenüber steht, sie daran hindern könnte. Der Text verstärkt eine Vermutung in dieser Richtung, denn es ist ausgerechnet eine ´Predigerfrau´ (2 : 232), zu der Agnes gefahren ist, als ihr Vater und der Spökenkieker ihre Grabungen im Brunnen vornehmen.

Als Agnes dann nachts die beiden Männer überrascht, wird aber sogar sie für einen Moment zum Opfer abergläubischer Vorstellungen: "Mich überfiel eine abergläubige Furcht; denn ich dachte an die Kerze des grauen Männleins, das drunten auf dem Grunde hocken sollte. Als ich aber schärfer hinblickte, bemerkte ich eine Leiter an der Brunnenwand [. . .]"(2 : 233). Dieser Schreck dauert allerdings nur sehr kurz und nur solange Agnes nicht genau sehen kann. Nur einen Augenblick später und sobald sie wieder, in der doppelten Bedeutung des Wortes, 'klar sieht' , sagt sie: "Die Gespensterfurcht verließ mich; aber statt dessen beschlich mich eine unklare Angst um meinen Vater."(2 :234)

Daß sie sich zu Recht gesorgt hat um ihren Vater, beweisen dann die darauffolgenden Enthüllungen bezüglich seiner finanziellen Situation. In dieser dunklen Lage ist deutlich Agnes diejenige, die einen klaren Kopf behält, die ihrem Vater ohne Klage oder Vorwürfe zur Seite steht und ihm damit die Kraft gibt, die Folgen seiner Fehlentscheidungen auf sich zu nehmen. Agnes wird von diesen Fehlentscheidungen ihres Vaters zutiefst betroffen und um ihr Lebensglück gebracht, dennoch hegt sie keine Bitterkeit gegen ihn oder ihr Schicksal. Es ist zweifellos ihre tiefe Verwurzelung im christlichen Glauben, die ihr diese Haltung möglich macht.

Auch gegen ihren Verlobten Harre, der entgegen seinem Versprechen nie zu ihr zurückkehrt, hegt sie keine bitteren oder vorwurfsvollen Gefühle. Ganz im Gegenteil vergibt sie ihm, auch ohne zu wissen, was genau ihn zurückgehalten hat und in dem sicheren Vertrauen, daß dies jenseits seiner Macht lag: "' Weißt du, Hansen' , sagte ich, 'dein Harre gefällt mir nicht, er war kein Mann von Wort!' Sie legte die Hand auf meinen Arm. 'So darfst du nicht sprechen, Kind. Ich habe ihn gekannt, es gibt noch andere Dinge als den Tod, die des Menschen Willen zwingen.- "(2 : 242)

In diesem instinktiven Wissen verbringt Agnes ihr Leben und stirbt als ungefähr Siebzigjährige, ohne Harre jemals wiedergesehen zu haben.

Ihre Religiosität bewahrt sie Zeit ihres Lebens vor Verzweiflung und Hoffnungslosigkeit.

Harre

Der Name kommt entweder aus dem Dänischen als eine Kurzform von Harald/Harold = 'der im Heer Waltende' oder aber aus dem Althochdeutschen àls Variation von Harro = 'der Krieger'. Diese Namenswahl Storms befremdet insofern, als der Harre der Novelle nichts Kriegerisches oder Aggressives an sich hat, sondern ganz im Gegenteil eine äußerst friedfertige Natur ist, der alles Kämpferische fremd ist. Die einzig mögliche Beziehung zwischen der ursprünglichen Bedeutung des Namens und der Person der Novelle liegt darin, daß 'der im Heer Waltende' in aller Regel abwesend ist, d.h. fern von der Heimat. Dies ist in der Tat der Fall bei dem Harre der Novelle, der, mit Ausnahme von einigen Tagen am Anfang und einem Tag am Ende der Erzählung, nahezu fünfzig Jahre in der Fremde verbringt.

Gleich Agnes ist auch Harre ein sehr gläubiger Mensch, der Sicherheit und Fundament seines Lebens in seiner Religiosität findet. Nicht umsonst führt Storm ihn, nachdem er mit dem Erzähler zusammengetroffen ist, mit den folgenden Worten ein: " 'Das hat der liebe Gott gut gemacht ', sagte er, 'so reisen wir, wenn es Ihnen recht ist, zusammen. Auch mein Ziel ist unsere Vaterstadt: ich hoffe auf ein Wiedersehen dort -- wenn Gott es zuläßt.' " (2 : 244)

Im Folgenden macht dann der Text bei mehreren anderen Gelegenheiten deutlich, wie tief und umfassend Harres christlicher Glaube ist. Da ist zum einen die Sterbeszene im Haus seines Meisters, in der er zu dem Sterbenden sagt: "Wirf deine Sorgen auf den Herrn, Martin !" (2 : 253) mit der offenbaren Absicht, diesem das Sterben leichter zu machen.

Weiterhin betrachtet Harre die Versuchung, seine Frau in die Tiefe stürzen zu lassen und sie nicht zu retten, als Fingerzeig Gottes : "Da führte Gott zu meinem Heil mich in Versuchung." (2 : 256). Dies sagt er rückblickend in seinen einführenden Worten in die Begebenheit. Als er sie dann im Einzelnen schildert, bekräftigt er diese Sicht: "Ich stand wie gelähmt. Es brauste mir in den Ohren: 'Bleib; laß sie stürzen; du bist frei !' Aber Gott half mir. Nur einen Sekundenschlag, da war ich bei ihr; und mich über den Rand des Felsens werfend, ergriff ich ihre Hand und hatte sie glücklich zu mir heraufgezogen." (2 : 256)

Auch seine Hoffnung, Agnes am Ende seines Lebens noch einmal zu sehen, gründet Harre auf Gott: " 'Großer, gnädiger Gott!' sagte er, 'so lebt sie noch und kann mir noch vergeben!' " (2 : 258) Und sogar als diese Hoffnung sich dann nicht erfüllt, kann er auch das als Gottes Willen akzeptieren, wenn er die tote Agnes betrachtet: " 'Könnte ich nur einmal noch die Augen sehen !' murmelte er. 'Aber Gott hat sie zugedeckt.' " (2 : 261)

Harre ist demnach wie Agnes ein zutiefst gläubiger Mensch, der während seines ganzen Lebens nie durch Zweifel an seinem Glauben erschüttert wird.

Hansen

Agnes Vater ist gleich seiner Tochter ein guter Christ, der tief in seinem Glauben verwurzelt ist. Gleichwohl unterscheidet er sich von ihr. "Mein guter Vater hatte eine Schwäche; er war abergläubig ." (2 : 228), sagt Agnes von ihm, wie überhaupt einschränkend angemerkt werden muß, daß die Charakterisierung des Vaters aus der Sicht der Erzählerin Agnes erfolgt. Dieser entsprechend wendet sich der Vater in großer Not und aus Schwäche dem Aberglauben zu und nicht etwa aus Überzeugung. Auch meint er, Aberglauben und Glauben ohne Schwierigkeiten miteinander kombinieren zu können, wenn er sagt:

" 'Ich meinte, es sei keine Sünde', sprach er vor sich hin; 'es ist kein gottloses Wesen dabei [. . .].' " (2 : 235). Er bekräftigt diese Auffassung dann noch einmal : "Es ist nichts Gottloses mit dem Rutenschlagen, mein Kind." (ebd). Agnes weist ihn in ihrer Entgegnung darauf hin, daß es nicht unbedingt das Rutenschlagen an sich sei, daß gottlos sei, sondern daß es vielmehr die sind, die es betreiben. Sie sieht deutlich, daß nicht ihr Vater der aktive und treibende Teil bei den Brunnengrabungen ist sondern der Spökenkieker. Ihrem Vater attestiert sie, wie erwähnt, lediglich eine Schwäche, die ihn in einer bestimmten Situation anfällig machte für das 'gottlose Treiben' des Spökenkiekers. Sie geht daher zu Recht davon aus, daß nun sie die Stärkere sein muß, die ihren Vater führt und für sie heißt das zurück auf den Weg des Glaubens. Das ist nicht schwer, denn wirklich verlassen hat ihr Vater diesen Weg ohnehin nicht und so kann er schon am Ende ihres langen nächtlichen Gespräches gestehen: "[. . .] denn ich bedarf der Barmherzigkeit Gottes und der Menschen."(2 : 237) Diese Haltung eines tiefen Gottvertrauens behält er dann bis zu seinem Lebensende bei. Agnes sagt abschließend von ihm : "Dann aber ist er in fester Hoffnung auf die Barmherzigkeit Gottes in meinen Armen sanft verschieden." (2 : 242)

Trotz dieser liebevollen und vergebenden Sichtweise Agnes' ist es jedoch möglich, daß der Vater tiefer mit dem Aberglauben verbunden war, als sie es sich eingestehen möchte. Diese Annahme wird nahegelegt durch seine Schilderung der nächtlichen Vorgänge im Brunnen. Der Vater ist überzeugt davon, daß das Vorhaben nur deshalb nicht gelungen ist, weil er die Regeln des Aberglaubens, in seinem Fall das Schweigegebot, nicht beachtet hat: " ' Man darf nicht sprechen bei solchem Werk; aber mir war, als schnitte das Eisen in deiner toten Mutter Herz. – Ich schrie laut auf, da erlosch die Lampe, und – siehst du', setzte er dumpf hinzu, 'deshalb ist alles wieder verschwunden.' "(2 : 236) Das 'deshalb' in dieser Äußerung macht deutlich, daß der Vater das Mißlingen der Grabungen auf sein Fehlverhalten zurückführt, nicht darauf, daß der Spökenkieker ihn vielleicht in die Irre geführt hat und gar kein Schatz im Brunnen vergraben war. Dieses Fehlverhalten sieht der Vater, jedenfalls in diesem engeren Zusammenhang der Situation im Brunnen, auch nicht in seinem Verhältnis mit dem Spökenkieker, sondern darin, daß er aufgeschrien und damit das Schweigegebot nicht beachtet hat. In dieser Hinsicht erweist er sich also als zutiefst abergläubisch.

Ein weiterer Hinweis darauf, daß er vielleicht abergläubischer ist als seine Tochter wahrhaben möchte, liegt in seinem Kartenlegen. In den Tagen der Not und Unsicherheit greift der alte Hansen zu diesem traditionellen Mittel des Aberglaubens, um etwas über seine Zukunft in Erfahrung zu bringen.

Zusammenfassend muß also festgehalten werden, daß Agnes' Vater bei zwei verschiedenen Gelegenheiten Praktiken des Aberglaubens vollzieht, die sich aus christlicher Sicht nicht mit seinem Glauben vereinbaren lassen. Es sind dies das Schlagen der Wünschelrute und das Kartenlegen.

Dies ist jedoch für sein weiteres Leben nach seinem geschäftlichen und gesundheitlichen Zusammenbruch vollständig ohne Belang. Sein christlicher Glaube fängt ihn auf und trägt ihn zunächst durch die Stunde der öffentlichen Demütigung, die er "[. . .] mit gefalteten Händen am offenen Fenster [. . .]" (2 : 241) erträgt, wie auch durch die dann folgenden Jahre der Krankheit, Schmach und Armut.

Der Aberglaube aber ist verantwortlich dafür, daß dieser Mann in einem schweren Konflikt die falsche Entscheidung fällt, wofür er, aber auch Agnes und Harre, den Rest ihres Lebens in mehrfacher Hinsicht bezahlen müssen.

Die Umwelt

DAS SOZIALE UMFELD
Der Spökenkieker

Auch diese Novelle Storms weist wie die Mehrzahl seiner anderen Novellen nur eine sehr beschränkte Anzahl von Personen auf. Im Bereich
des sozialen Umfeldes der drei Hauptfiguren ist es im wesentlichen der
Spökenkieker, der eine nennenswerte Rolle spielt. Diese beschränkt
sich auf ein Agieren im Hintergrund, aus dem er dann allerdings wirkungsvoll seine Fäden zieht. Nur zweimal tritt er mit wörtlicher Rede
auf, beide Male sind die Äußerungen sehr kurz gehalten. Das erste Mal
fragt er: "Herr Hansen bei der Hand ?" (2 : 232) Diese etwas seltsame
Formulierung wirft ein bezeichnendes Licht auf das Verhältnis des
Spökenkiekers zu dem alten Hansen, denn dieser ist in der Tat 'bei der
Hand' , als es darum geht, ihm, dem Goldmacher, dazu zu verhelfen,
seinen Wohlstand unrechtmäßig zu vergrößern.

   Bei diesem Unterfangen kommen dem Spökenkieker offensichtlich
all die Eigenschaften zugute, die das Gerede der Leute ihm andichten,
in erster Linie natürlich die Hellseherei. Er schafft es, den alten Hansen
davon zu überzeugen, daß ein Schatz im Brunnen vergraben liegen und
man ihn heben könne. Dadurch geht eine außerordentliche Macht von
ihm aus, denn sowohl das Scheitern des Unternehmens wie auch das
zerstörte Lebensglück dreier Personen lassen sich hierauf zurückführen.
Damit hat der Aberglaube in der sehr kleinen Rolle des Antagonisten
eine starke Stellung in dieser Erzählung, wenngleich bzw. besonders da
die drei Protagonisten alle überzeugte Christen sind.

   Der Spökenkieker zeichnet sich rein äußerlich durch stechende oder
verglaste Augen aus, einem Merkmal, das der Aberglaube den mit dem
Teufel im Bunde Stehenden beilegt wie auch durch einen 'unheimlich
nackten Kopf' (2 : 226) und einen schlurfenden Schritt. Am Ende der
Erzählung ist er ein uralter Mann, 'den der Tod zu verschmähen schien'
(2 : 259) und der versucht, die Schwalben, den Vogel, der dem Aberglauben als Glücksbringer gilt, zu vertreiben. Bei dieser Gelegenheit findet
sich die zweite Äußerung des Spökenkiekers: " 'Husch !' lallte er, 'fort
mit euch, ihr Sakermenters!' " (2 : 260) Dieses plattdeutsche Schimpfwort rührt vermutlich her aus einer Verbindung mit dem Wort Sakrament und wäre im Munde des Spökenkiekers damit eines der zahllosen
Beispiele, wie eng und problemlos Aberglaube und Christentum häufig
zusammen gesehen werden.

   In den Augen der älteren Agnes hat der Spökenkieker fünfzig Jahre
nach den Vorfällen um den Brunnen aber offenbar seine Wirksamkeit

eingebüßt, denn sie hält ihren Mitbewohner im Stift für unschädlich, wenngleich sie anmerkt, daß er die Voraussetzung dafür, seinen Lebensabend im Kloster verbringen zu dürfen, eigentlich nicht aufweist: " 'Freilich,' setzte sie hinzu, 'ins Stift gehörte er nicht und hat auch nur auf eine der Freistellen des Amtmanns hineinschlüpfen können; denn wir anderen müssen unsere bürgerliche Reputation nachweisen, ehe wir hier angenommen werden.' "(2 : 226)

Die Funktion dieser nicht sonderlich eingehend geschilderten Figur liegt darin, daß durch sie der Stein ins Rollen gebracht wird, der alles weitere Geschehen in Katastrophe, Zusammenbruch und Trennung der Liebenden enden läßt. Der Spökenkieker und die mit ihm verbundene Handlung nehmen eine strukturbestimmende Bedeutung ein, durch sein Eingreifen mündet das Geschehen in die Katastrophe.

Das plattdeutsche Wort Spökenkieker setzt sich zuammen aus kieken = sehen oder gucken und Spök = Spuk , bezeichnet also jemanden, der einen Spuk sehen kann. Insofern das, was der Spökenkieker nach Auffassung des Aberglaubens sehen kann, dann entweder wertneutral als Zukunft bzw. als etwas, das gleichzeitig an anderem Ort geschieht betrachtet wird oder aber abwertend als Spuk, drückt dann wohl die eigene Stellung des Sprechers zu diesen spezifischen Inhalten des Aberglauben aus. Der Erzähler scheint in dieser Frage eine ambivalente Haltung einzunehmen. Hinsichtlich der Frage nach Schuld oder Verursacher des Unglücks kommt hier der Vater sicher ebenso in Betracht wie der Spökenkieker. Diesem aber mißt die Erzählerin Agnes den größeren Teil der Schuld zu, wogegen sie ihrem Vater lediglich eine "Schwäche" nachsagt. Am Ende ihres Lebens dagegen hält Agnes auch den Spökenkieker für im Grunde machtlos.

Harres Frau

In der zweiten Binnenerzählung aus der Perspektive des Harre wird von der Frau berichtet, die er nach dem Tode ihres ersten Mannes und seines Meisters heiratet. Sie ist für den Gang der Geschichte insofern wichtig, als sie der Grund ist, der Harre an einer Rückkehr nach Husum und zu Agnes hindert. Sie tut dies unwissentlich und ist, nachdem sie von Agnes erfahren hat, der Antrieb Harres für seine Rückkehr. Ihre Funktion liegt also darin, die ursprünglich durch den Spökenkieker ausgelöste Katastrophe und Trennung der beiden Liebenden zu verlängern. Im Hinblick auf das Verhältnis von Glauben und Aberglauben ist Harres Frau jedoch nicht von Interesse. Sie ist eine durchschnittlich christliche Frau, deren Liebe und Dankbarkeit ihrem Mann gegenüber sie dazu bringt, ihn zu einer Begegnung mit seiner Jugendliebe zu ermuntern. Abergläubisch ist sie allem Anschein nach nicht, und sie spielt keine Rolle in dem Spannungsfeld der Glaubenshaltungen, das hier analysiert wird.

DIE NATÜRLICHE UMWELT
Bäume und Büsche

Auffallend im Bereich der Natur ist die wiederholte Erwähnung des Holunders in der Novelle. Der Holunder hat, wie bereits erwähnt, im Aberglauben die Stellung eines bösen oder gar teuflischen Baumes;[53] er ist eine der volkstümlichsten Pflanzen und gilt als Baum des Todes oder mindestens des Unglücks. Entsprechend dieser Bedeutung verwendet Storm den Holunder in dieser Novelle mehrfach als Vorausdeutung auf kommendes Unheil. Nur in zwei weiteren seiner 47 Novellen erwähnt Storm den Holunder, entweder als Baum oder als Busch;[54,] in beiden bestätigt der Kontext ebenfalls die abergläubische Befrachtung dieser Pflanze.

In der Novelle *In St. Jürgen* wächst im Garten der Hansens, ganz in der Nähe des verhängnisvollen Brunnens, ein Holunderbusch. Dieser wird im Verlauf der Novelle fünfmal erwähnt. Das erste Mal wird gesagt, daß Agnes und Harre am Morgen ihrer inoffiziellen Verlobung beim Spaziergang durch den Garten 'unmerklich' (2 : 231) an den Brunnen an der Holunderwand kommen. Dem kundigen Leser wird dadurch klar, daß die beiden jungen Menschen, die soeben ihre gemeinsame Zukunft geplant haben, von einem Unheil bedroht sind. Die nächste Erwähnung des Holunders fällt in die Nacht der Grabungen im Brunnen, als deutlich wird, daß Agnes vor einer schlimmen Entdeckung steht. Noch dreimal im Verlauf dieser Unglücksnacht taucht der Holunder auf, immer als Ausdruck einer unheimlichen Bedrohung: "Ich war ans Fenster getreten und sah hinaus. Es war alles tot und stille; nur die Holunderzweige schlugen, vom Nachtwinde bewegt, gegeneinander." (2 : 235)

Wie den Holunder in der negativen, so verwendet Strom andere Bäume in der positiven Konnotation des Aberglaubens. Hier sind die Linde, der Kirschbaum und der Buchsbaum zu nennen. Die Linde ist ein unheil- oder dämonenabwehrender Baum, der auch als Schutzbaum der ganzen Gemeinde gilt und daher oft in der Nähe von Kirchen, Gemeindeplätzen und Friedhöfen angepflanzt wird. Dem entsprechen die 'mächtigen Linden' (2 : 222) in der Novelle, die auf dem Kirchhof von St. Jürgens wachsen. Der Kirschbaum ist wie andere Obstbäume ein Symbol der Fruchtbarkeit und des blühenden Lebens. In der Novelle sieht Harre bei seinem Abschied aus Husum auf die Stadt mit den blühenden Kirschbäumen zurück und damit auf ein Leben, das ihm nicht beschieden sein wird. Der Buchsbaum wird oft als Familien- und Geschlechterbaum betrachtet und symbolisiert die Geschicke der Familie. Entsprechend hat Agnes in ihrer Kindheit und Jugend, also in den Tagen des Wohlstands, oft mit Harre unter diesem großen Baum im Garten ihres Elternhauses gesessen.

Vögel

Storm erwähnt die Schwalbe vierundzwanzigmal im Verlauf der Novelle, sie bekommt dadurch leitmotivischen Charakter. Das Motiv entnimmt er Rückerts Gedicht "Aus der Jugendzeit"[55]. Die letzte Zeile der Novelle:

> Als ich wiederkam, als ich wiederkam,
> War alles leer

stammt aus dem gleichen Gedicht, die vollständige Strophe lautet:

> Als ich Abschied nahm, als ich Abschied nahm
> War die Welt mir voll so sehr
> Als ich wieder kam, als ich wieder kam
> War alles leer.

Die Schwalbe wird, zusammen mit dem Storch, eingangs der Novelle eingeführt als 'heiliger Vogel' (2 : 221) und gilt dem Aberglauben als Vogel des Glücks und der Harmonie. Entsprechend finden sich Schwalben nahezu ausschließlich im Zusammenhang mit Agnes. Dies gilt auch für die zweite Binnenerzählung, die aus der Perspektive Harres erzählt wird und nicht in Husum sondern in Schwaben spielt. Da ist es die Schwalbe, die ihn immer wieder an Agnes erinnert und schließlich zum letzten Anlaß wird für seine Reise nach Husum.

Als Harre sich von Agnes trennt, sitzt eine erste Frühlingsschwalbe auf dem Turmgeländer, die aber dann davonfliegt. In seinen Tagträumen später in der Fremde sieht Harre immer wieder Agnes auf dem Turm stehen und rufen: "Wann kommen die Schwalben wieder?" (2 : 255) Beide Szenen machen deutlich, daß entsprechend dem Aberglauben die Abwesenheit der Schwalben mit der Abwesenheit von

Glück gleichzusetzen ist. Dieser abergläubischen Bedeutung der Schwalbe folgt auch die letzte Szene der Novelle, in der der Spökenkieker die Schwalben vom Dach des Stifts St. Jürgen verscheucht, als Agnes gestorben ist. Ebenso findet der Erzähler des Rahmens das Schwalbennest an Agnes' Fenster dann nur noch leer vor, als er der Verstorbenen die letzte Ehre erweist.

Dieses leere Schwalbennest steht darüberhinaus für ein anderes Element des Aberglaubens, das der Seelenepiphanie. Ihr zufolge kann die Seele eines Verstorbenen sich in mancherlei Tiergestalt manifestieren, unter anderem der des Vogels. Dementsprechend kann in dem davongeflogenen Schwalbenpaar auch ein zweites Element des Aberglaubens, das der Seelenepiphanie, gesehen werden.

Weitere Elemente des Glaubens und Aberglaubens

Auf Seiten des Aberglaubens finden sich des weiteren die bereits erwähnten Hilfsmittel der Wünschelrute und der Spielkarten. Sie dienen dazu, die Zukunft zu erfahren bzw. Kenntnis über etwas zu erlangen, das sonst allgemein im Dunkeln liegt. Im Fall der Novelle werden sie von dem alten Hansen herangezogen zum Zwecke der Aufklärung über den angeblichen Schatz im Brunnen. Dabei wird ihm bewußt sein, daß sein Kartenlegen aus christlicher Sicht nicht gebilligt würde. Auch wenn er hinsichtlich der Wünschelrute in einer Art Verteidigung seiner Tochter gegenüber beteuert, daß das Rutenschlagen nichts Gottloses sei, wird dadurch eigentlich eher seine eigene Unsicherheit in dieser Frage deutlich.

Auf Seiten des Christentums sind die atmosphärischen Schilderungen hervorzuheben, mit denen Storm die Umgebung von Agnes im Stift beschreibt. Zunächst einmal lebt sie in einem christlichen Hospiz, das nach dem katholischen Heiligen St. Georg genannt ist. Dieser erlitt unter Diokletian den Märtyrertod und wurde dann zu einem der wichtigsten Heiligen der frühen christlichen Kirche. Auch nach der Reformation wurde dieser Name für die Gebäude mit der Kapelle und dem Altenwohnsitz beibehalten. Agnes verlebt hier ihren Lebensabend und ist umgeben von den Requisiten eines christlichen Altersheimes. Sie werden ausführlich beschrieben vom Erzähler des Rahmens, der die alte Frau auf mehreren ihrer sonntäglichen Kirchenbesuche begleitet. Darüberhinaus liebt Agnes es, ihrem jugendlichen Begleiter "—und das war ihr Lieblingsthema—von der Bilder- und Altarpracht der alten Kirche"(2 : 224) zu erzählen. Diese Schilderungen haben ihren Ursprung in Agnes' Jugend, als sie noch die große, alte Kirche St. Marien besucht hat, die zu Lebzeiten des Rahmenerzählers schon abgerissen ist. Auf dem Turm dieser Kirche spielt die Abschiedsszene zwischen Agnes und Harre, und dieser Turm ist es, an den Harre in der Fremde so oft denken muß. Daher ist seine Enttäuschung groß, als er ihn bei seiner Rückkehr in die Heimat nicht mehr vorfindet. Möglicherweise muß darin eine Vorausdeutung gesehen werden. Historisch gesehen wurde diese Kirche 1807 abgebrochen und nicht wieder ersetzt. Die Gottesdienste wurden von da an in der wesentlich kleineren Kapelle von St. Jürgen abgehalten, die jedoch den räumlichen Ansprüchen der Husumer Protestanten vollauf genügte. Es ist dies wohl ein Zeichen der fortschreitenden Säkularisierung in Husum und Schleswig-Holstein.

Aus den Erinnerungen des Rahmenerzählers hebt sich bezüglich seiner Schilderungen der kirchlichen Atmosphäre ein interessantes Detail besonders ab. Während er mit Agnes im Gottesdienst sitzt, schweifen seine Augen umher und er sieht "[. . .] das lebensgroße Porträt eines alten Predigers mit langen, schwarzgrauen Haaren und seltsam geschorenem Schnurrbart [. . .]. Mit den melancholischen schwarzen Augen blickte es so recht wie aus der dumpfen Welt des Wunder- und Hexenglaubens in die neue Zeit hinauf [. . .]"(2 : 225) Eine Deutung dieser Textstelle ist in zweifacher Richtung möglich. Zum einen wäre es denkbar, daß der Erzähler durch die Verbindung eines Pastoren mit der Welt des Aberglaubens andeuten will, daß es diese Verbindungen tatsächlich gegeben hat. Beispiele hierfür finden sich auch in anderen Novellen Storms, wie *Renate* und *Aquis submersus*. Oder aber er macht seine Äußerung aus der Sicht eines aufgeklärten Atheisten, der die Pastoren als Teil der Welt des Aberglaubens betrachtet und damit auch das Christentum als eine Variante des "Wunder- und Hexenglaubens" einordnet.

Der allgemeine Duktus der Novelle legt eine Auslegung im Sinne der ersten Möglichkeit nahe. Diese Sicht wird unterstützt durch das Verhalten des alten Hansen, der Christentum und abergläubische Praktiken ohne große Probleme miteinander verbinden kann, wie auch mit dem Hinweis auf die obengenannten anderen Novellen Storms, in denen dies in ähnlicher Weise auch der Fall ist. Jedoch zeigt die Interpretation, daß dies unter Umständen eine doch konfliktvolle Verbindung sein kann.

In dieser vordergründig problemlosen Verbindung von Glauben und Aberglauben liegt dann das eigentlich Destruktive, das bezüglich der Komposition und des Aufbaus dieser Novelle eine Schlüsselrolle innehat.

Die Dynamik zwischen Glauben und Aberglauben als destruktives Instrument

Ausgangspunkt des Unglücks in dieser Novelle ist der fatale Irrtum des alten Hansen, der meint, sein Vertrauen in den Spökenkieker und dessen Fähigkeiten ließen sich vereinbaren mit seinen christlichen Überzeugungen. Aus dieser Fehleinschätzung resultiert dann die freiwillige Übergabe seines Vermögens wie auch die Veruntreuung der Gelder seines Mündels. Das hat dann seinen geschäftlichen, gesellschaftlichen und gesundheitlichen Ruin zur Folge wie auch den finanziellen Ruin seines Mündels, dem er damit die berufliche Basis entzieht. Das wiederum führt zu dessen Weggang aus Husum und damit zur Trennung von Agnes. Es handelt sich demnach um eine Art Kettenreaktion, an deren Anfang der alte Hansen und der Spökenkieker stehen und an dessen Ende Harre und Agnes sich um ihr Lebensglück gebracht sehen.

Es ist nicht so, daß der Aberglaube an sich die destruktive Macht in dieser Geschichte ist. Erst in der Verbindung mit dem christlichen Glauben wird er für den alten Hansen gefährlich. Der Spökenkieker mit seinem besonderen Ruf der Hellseherei hat schon immer in der Stadt gelebt, ohne daß er mit der Familie Hansen etwas zu tun gehabt hätte oder ihr gar zur Bedrohung geworden wäre. Es ist zum einen die finanzielle Not, dann aber vor allem die Überzeugung, nichts Unchristliches zu tun, die Hansen veranlassen, sich in die Hände des Goldmachers zu geben. Diese Sicht wird in der Novelle bestätigt durch zwei Vorkommnisse.

Zum einen warten die beiden Männer mit ihrem Vorhaben, bis Agnes das Haus für längere Zeit verläßt. Sie ist die Vertreterin eines aufrechten, unangefochtenen und auch kompromißlosen Christentums. Nur in ihrer Abwesenheit können daher die Grabungen vorgenommen werden, zu denen die angeblichen hellseherischen Fähigkeiten des Spökenkiekers der ausschlaggebende Anlaß waren. Es ist anzunehmen, daß Agnes, wäre sie zu Hause gewesen, die Männer daran gehindert hätte. Auch finden sämtliche Vorbereitungen für die Grabungen ohne Wissen und hinter dem Rücken von Agnes statt.

Zum anderen beteuert der Vater Hansen gegenüber seiner Tochter wiederholt, daß er der Auffassung war, nichts Gottloses unternommen zu haben, wenn er eine abergläubische Handlung wie das Rutenschlagen praktiziert hat. Diese Beteuerungen des alten Mannes legen die Annahme nahe, daß nur seine Überzeugung, Christentum und Aberglaube seien in diesem Punkt vereinbar, es ihm möglich gemacht hat, mit dem Spökenkieker zu kooperieren: hätte er geglaubt, daß das Rutenschlagen gottlos oder unchristlich sei, hätte er es vermutlich nicht durchgeführt.

Die vorstehenden Ausführungen machen deutlich, daß erst in der Kombination Christentum/Aberglaube das destruktive Potential freigesetzt wird, das der Novelle den entscheidenden Anstoß gibt, von dem aus dann alles weitere Geschehen seinen Anfang nimmt.

Diese Beobachtung wird nicht berührt von späteren Zweifeln Storms bezüglich der Darstellung seiner Personen. So äußert er sich in mehreren Briefen im Nachhinein unzufrieden mit seiner Gestaltung der Figur des Harre.[56] Er glaubt nach der Veröffentlichung der Novelle und der Rezeption seiner Leser, daß er einen Fehler gemacht hat und ". . . den Harre lieber mit einer Schuld der Leidenschaft als mit einer gutmütigen Schwäche hätte belasten sollen."[57] Die Überlegungen Storms in Bezug auf eine modifizierte Gestaltung der Person oder des Verhaltens der Figur des Harre haben keine Bedeutung für die erwähnte Schlüsselrolle des Verhältnisses von Aberglauben und Christentum. Wenn Harre, wie Storm erwägt, wirklich schuldig würde und selbst wenn er, bei anderem denkbaren Ausgang der Novelle zurückkehrte zu Agnes, so änderte das doch nichts an der Feststellung, daß es das Verhalten des Vaters bezüglich Christentum und Aberglauben ist, das den Beginn der Destruktivität in einer Art Kettenreaktion darstellt.

Es ist die einzigartige Verflochtenheit dieser beiden im Grunde einander ausschließenden Glaubenshaltungen, die zu wesentlichen Teilen die Struktur dieser Novelle bestimmt.

2. AQUIS SUBMERSUS
DIE PERSONEN
Johannes

Der Name geht zurück auf das hebräische jochanan = Jahwe ist gnädig und kommt nach der Etablierung des Christentums als spezifisch christlicher Name sehr häufig vor. Dies mag zurück gehen auf die beiden herausragenden Gestalten des Neuen Testaments, zum einen den Lieblingsjünger Jesu, Johannes, und zum anderen den Vorläufer Jesu, Johannes den Täufer.

Auch der Johannes der Novelle ist ein Vertreter des Christentums. Er glaubt an ein Leben nach dem Tode im Sinne des Christentums, was sich in einer Äußerung über seinen verstorbenen Vater niederschlägt: "Er [Herr Gerardus] hatte einst mit meinem lieben, ach, gar zu früh in die ewige Herrlichkeit genommenen Vater zu Jena die Rechte studiert." (2 : 636) Von seiner Schwester sagt er: "[. . .] auch unseres einzigen lieben Schwesterleins gedachten wir, das im ersten Kindbette verstorben und nun seit lange schon mit Vater und Mutter einer fröhlichen Auferstehung entgegenharrete." (2 : 689) Ein weiterer Hinweis auf seine spezifisch christliche Vorstellungswelt liegt in seinen Gedanken anläßlich der Nachricht vom Tode des Junkers Wulf: "Mir war's bei dieser Schreckenspost, als sprängen des Paradieses Pforten vor mir auf; aber schon sahe ich am Eingange den Engel mit dem Feuerschwerte stehen, und aus meinem Herzen schrie es wieder: O Hüter, Hüter, war dein Ruf so fern ! "(2 : 700)

Auch betet Johannes und dankt Gott für die glücklichen Fügungen in seinem Leben: "Meinte ich doch zu wissen, daß der verehrte Mann unversehrt auf seinem Herrenhofe sitze, wofür dem Allmächtigen nicht genug zu danken [ist]." (2 : 637) Ebenso scheinen seine Vorstellungen von der Welt und ihrer Entstehung den christlichen Vorstellungen, wie sie in der Schöpfungsgeschichte dargelegt sind, zu folgen : " 'Grüß dich Gott !' sagte ich leis, gedachte dabei aber weniger des Baumes, als vielmehr des holden Gottesgeschöpfes, in dem, wie es sich nachmals fügen mußte, [. . .] all Glück und Leid beschlossen sein sollte [. . .]" (2 : 638) Johannes teilt auch die christliche Auffassung von der Allwissenheit Gottes, wenn er sich an diesen wendet: "O du mein Gott und mein Erlöser, der du die Barmherzigkeit bist, wo war sie in dieser Stunde, wo hatte meine Seele sie zu suchen ?—"(2 : 638)

Wichtig wird diese christliche Haltung des Johannes, als es zu der Hexenverbrennung im Nachbardorf kommt. Zunächst einmal ist er überzeugt, daß der unerwartete Tod der als Hexe beschuldigten Frau in der Nacht vor der vorgesehenen Verbrennung auf einen Gnadenakt Gottes zurückzuführen ist: "Ich aber, und mit mir mein viellieber Bruder, hatte so meine eigenen Gedanken von dem Hexenwesen und freuete mich, daß unser Herrgott -denn der war es doch wohl gewesen- das arme junge Mensch so gnädiglich in seinen Schoß genommen hatte." (2 : 691) Des weiteren verbieten diese 'eigenen Gedanken über das Hexenwesen' dem Johannes, mit nahezu der gesamten übrigen Bevölkerung als Zuschauer an der Hexenverbrennung teilzunehmen. Diese Haltung auf Seiten des Johannes, verbunden mit der davon sehr abweichenden des Pastors, der aus "christlicher"Überzeugung der Hexenverbrennung beiwohnt, machen die Katastrophe möglich, die der Tod des kleinen Johannes darstellt.

Katharina

Dieser Name kommt aus dem Griechischen und bedeutet "die Reine", abgeleitet von katheros = rein, unschuldig. Damit stellt diese Namenswahl Storms in mehrfacher Hinsicht eine Schwierigkeit dar. Zum einen wird die Katharina der Novelle gemäß der christlichen Moralvorstellungen ihrer Zeit schuldig, indem sie außerhalb der schützenden Institution der Ehe eine Nacht mit Johannes verbringt. Zum anderen begeht sie später Ehebruch und entspricht auch damit nicht der christlichen Vorstellung von rein oder unschuldig.

Aber auch ihre allgemeine Stellung zu Christentum und Aberglauben läßt, jedenfalls aus Sicht des Christentums, zu wünschen übrig. Sie ist abergläubisch und zeigt dies bei mehreren Gelegenheiten. Zunächst glaubt sie offenbar an den "Buhz": "'Der Buhz, der Buhz!' schrie sie und schüttelte wie entsetzt ihre beiden Händlein in der Luft."(2 : 639) Der "Buhz", "Buz"oder "Butzemann"ist im Aberglauben eine Schrekkensgestalt, die auch als sie darstellende Maske oder als Vogelscheuche vorkommt und beispielsweise in der Figur des "schwarzen Mannes"als Kinderschreck dient.[58]

Auch an ein anderes Phänomen des Aberglaubens, den Wiedergänger, scheint Katharina zu glauben: "Wisset Ihr denn auch, Johannes, daß eine unseres Geschlechtes sich noch immer zeigen soll, sobald dem Hause Unheil droht ? Man sieht sie erst hier an den Fenstern gleiten, dann draußen in dem Gartensumpf verschwinden. "(2 : 657) Mit ihrer Darstellung dieser Erscheinung gibt Katharina gleich mehrere Varianten des Aberglaubens in bezug auf die Vorstellungen nach dem Tode wieder. Zum einen ist der Spuk, d.h. die Erscheinung der Toten, an bestimmte Zeiten gebunden: ' sobald dem Haus Unheil droht'. Zum anderen kann die Tote offenbar deshalb keine Ruhe in ihrem Grabe finden, weil sie zu ihren Lebzeiten eine Schuld auf sich geladen hat, die sie nun abbüßen muß. In ihrem Fall ist das die Verfluchung ihrer Tochter, die sie nun wiedergutzumachen versucht, indem sie ihre Familie vor drohendem Unheil warnt. Und schließlich weist die Aussage, die Erscheinung verschwinde dann im Gartensumpf, von dem Johannes sagt : "[. . .] es wachsen heut noch Schachtelhalm und Binsen dort" (2 : 657), auf die Auffassung des Aberglaubens hin, böse Geister seien in Sümpfe gebannt. Die Erwähnung der beiden Pflanzenarten Binsen und Schachtelhalm, die eng mit dem Aberglauben verbunden sind, verstärkt dann diese Aussage noch.

Neben diesen abergläubischen Vorstellungen hegt Katharina jedoch auch christliche, denn ihr Gewissen und ihre Vorstellung von Schuld sind christlich geprägt. So nennt sie sich selbst eine "Sünderin" (2 : 696) und ihr Zusammensein mit Johannes im Garten eine Sünde, um deren Vergebung sie betet : "Es ist ein langes, banges Leben ! O Jesu Christ, vergib mir diese Stunde ! "(2 : 697)

Die Aussage, die Namenswahl Storms sei im Sinne eines 'nomen est omen' anders als in vielen seiner übrigen Novellen hier in bezug auf Katharina problematisch, läßt sich jedoch nur vertreten, solange lediglich Katharina selbst im Zentrum der Betrachtungen steht. Sobald sie im Zusammenhang gesehen wird mit ihrem familiären Hintergrund, wird deutlich, daß sie durchaus 'die Reine, die Unschuldige' ist. Ungleich schuldiger als sie ist ihr Bruder, der mit seinen unbarmherzigen Standesvorurteilen sowohl Katharina als auch Johannes in die Lage gezwungen hat, aus denen das Unglück sich dann im Folgenden entwickelt. Aus dieser Sicht hätte Storm dann die Wahl dieses Namens mit einer gewissen Akzentsetzung versehen insofern, als er Katharina damit als Unschuldige und Opfer der Standesvorurteile ihres Bruders darstellt.

DIE UMWELT
Das Soziale Umfeld

Anders als viele andere der Novellen Storms ist diese relativ reich an Nebenfiguren. Hier sind Katharinas Bruder Wulf, ihr Vater Herr Gerardus, die Base Ursel, der alte Dieterich, der Junker von der Risch und Katharinas späterer Mann, der Pastor zu nennen wie auch dann die Mutter Siebenzig, der Bruder des Johannes, der Küster und seine Frau

Trienke und schließlich der kleine Johannes. Im Hinblick auf die Frage nach Stellung zu Glauben und Aberglauben ist jedoch nur die Figur des Pastoren von größerem Interesse. Mutter Siebenzig wie auch der Bruder des Johannes sind in diesem Zusammenhang insofern zu erwähnen, als sie die jeweiligen Seiten des Aberglaubens und des Glaubens, wie sie hier gebunden sind an die Personen des Pastoren und des Johannes, verstärken.

Der Pastor als die zentrale Figur im Spannungsfeld von Glauben und Aberglauben verdient eingehendere Betrachtung. Er hat seine gegenwärtige Stellung nur dadurch erwerben können, daß er die adelige Katharina geheiratet hat, die entweder schon ein uneheliches Kind hatte oder aber schwanger war, und mit diesem Makel von ihrem Bruder nicht mehr standesgemäß verheiratet werden konnte. Daß die ortsansässigen Junker überhaupt Einfluß hatten auf die Besetzung der Pfarrstellen, geht auf das sogenannte Patronatsrecht zurück, nach dem es dem jeweiligen Rittergutsbesitzer und nicht der Landeskirche zustand, die geistlichen Ämter in seinem Gebiet zu vergeben. Wenn es daher in der Novelle heißt: " 'Er hat das Amt dafür bekommen,' sagte sie, 'und dein Kind den ehrlichen Namen.' " (2 : 696), so ist das im Sinne eines 'eine Hand wäscht die andere' als Tauschhandel zu verstehen, bei dem jede Seite der anderen einen Gefallen tut. In diesem besonderen Fall handelt es sich jedoch nicht um eine direkte Ausübung des Patronatsrechts durch den Junker Wulf, sondern um eine indirekte, die sich niederschlägt in seinen Verbindungen zu einem Adelshaus in größerer Distanz zu seinem eigenen Rittergut: "[...] noch merkete mein Bruder an, daß bei desselbigen [des Pastoren] Amtseintritt in unserer Gegend adelige Fürsprach eingewirket haben solle, von drüben aus dem Holsteinischen her [...]" (2 : 685). Inwieweit diese Vorfälle Rückschlüsse zulassen auf den Charakter des Pastoren, sei dahingestellt. Jedoch muß wohl davon ausgegangen werden, daß von einer Zuneigung zwischen den Eheleuten kaum gesprochen werden kann.

In Bezug auf seine Amtsführung ist der Pastor mehr als eifrig. Ein Marienbild hat er beispielsweise aus der Kirche entfernen lassen, weil es zum einen katholisches Gedankengut repräsentiert, zum anderen auch als neutrales Kunstwerk abzulehnen ist und darüberhinaus auch noch in sexueller Hinsicht fragwürdig ist: "Diese Marienbilder sind nichts als Säugammen der Sinnenlust und des Papismus; die Kunst hat allzeit mit der Welt gebuhlt! "(2 : 687) Er erweist sich somit als Anhänger der Bilderstürmer, also eines kämpferischen antikatholischen Protestantismus.

Eine ähnlich aggressive Haltung zeigt er im Hinblick auf die vermeintliche Hexe im Nachbardorf. Offenbar ist es seine besondere Form der Christlichkeit, die sich nicht bewußt ist, daß sie spezifische Inhalte des Aberglaubens für wahr hält, wenn sie an die Existenz von Hexen und eines Satans, der "von Haus zu Haus" (2 : 687) geht , glaubt. Er ist also einer jener Vertreter der protestantischen Geistlichkeit, die im Gewande des Christentums Praktiken des Aberglaubens nachgehen und damit für ihre Gemeindeglieder eine Abgrenzung dieser beiden im Grunde unverbindbaren Glaubenshaltungen erschweren oder unmöglich machen. Die Gemeinde folgt dann auch seinem persönlichen Beispiel und der ausdrücklichen Aufforderung des Pastoren, die sogar Bauern und Frauen einschließt, der Hexenverbrennung beizuwohnen. Dadurch daß der Pastor es für seine Christenpflicht hält, bei der Verbrennung einer vermeintlichen und sogar bereits gestorbenen Hexe anwesend zu sein, macht er es möglich, daß Katharina und Johannes sich treffen, woraus dann der tödliche Unfall des kleinen Johannes resultiert.

Stilistisch betont wird die Nähe des Pastoren zum Hexenglauben durch seine äußere Erscheinung; Johannes sieht ihn als "einen großen hageren Mann in der üblichen Tracht eines Predigers, obschon sein herrisch und finster Aussehen mit dem schwarzen Haupthaar und dem tiefen Einschnitt ob der Nase wohl eher einem Kriegsmann angestanden wäre." (2 : 683) Diesen ersten Eindruck des Johannes bestätigt sein Bruder, der ihm mitteilt: ". . . ich bekäme da einen Kopf zu malen, wie er nicht oft auf einem Priesterkragen sitze, und möchte mich mit Schwarz und Braunroth wohl versehen; erzählte mir auch, es sei der Pastor als Feldcapellan mit den Brandenburgern hier ins Land gekommen, als welcher er's fast wilder denn die Offiziere getrieben haben solle; sei übrigens itzt ein scharfer Streiter vor dem Herrn, der seine Bauern meisterlich zu packen wisse.—"(2 : 685)

Trotz dieses aggressiven und herrischen Auftretens zeigt der Pastor aber auf der anderen Seite gleichzeitig bescheidene Züge bzw. solche genuin christlichen Denkens. Seine Bescheidenheit wird erkennbar, wenn er deutlich macht, daß es nicht etwa seine Eitelkeit ist, die ein Porträt von ihm in der Kirche hängen sehen möchte, sondern der Wunsch seiner Gemeindeglieder. Sein genuin christliches Denken zeigt er, wenn er zum einen aus Nächstenliebe oder Sorge um das Seelenheil von Katharina Johannes verbietet, diese nach dem tödlichen Unfall noch einmal zu sehen und zum anderen, wenn er sich selbst in Gottes zukünftiges Strafgericht einbezieht: "So von Herzen ich Euch hasse, wofür dereinst mich Gott in seiner Gnade wolle büßen lassen [. . .]" (2 : 699)

Mit dem Pastoren zeichnet Storm demzufolge die weitaus interessanteste Figur der Novelle, die darüberhinaus auch trotz ihrer vergleichsweise kleinen Rolle eine Schlüsselstellung einnimmt.

Als Verstärkung der Positionen von Glauben und Aberglauben fungieren die Personen des Bruders von Johannes und der Mutter Siebenzig. Ersterer ist ein sensibler Mann, der seinen Beruf bisweilen nur unter Schwierigkeiten und großer Anstrengung ausüben kann. Dies ist vor allem dann der Fall, wenn er qua Amt gezwungen ist, sich dem rückständigen abergläubischen Gebaren der Bevölkerung auszusetzen:

"Mein Bruder, welcher weichen Herzens war, begann gleichwohl der Pflichten seines Amtes sich zu beklagen; denn er hatte drüben von der Rathhaustreppe des Urthel zu verlesen, sobald der Racker den toten Leichnam davor aufgefahren, und hernach auch der Justification selber zu assistieren. 'Es schneidet mir schon itzund in das Herz ', sagte er, 'das greuelhafte Gejohle, wenn sie mit dem Karren die Straße herabkommen, denn die Schulen werden ihre Buben und die Zunftmeister ihre Lehrburschen loslassen. – An deiner Statt,' fügete er bei, ' der du ein freier Vogel bist, würde ich auf's Dorf hinausmachen und an dem Conterfey des schwarzen Pastoren weiter malen ! ' "(2 : 691)

Der Bruder redet Johannes dann noch weiter zu, am nächsten Tag doch dem Spektakel aus dem Weg und stattdessen besser ins Nachbardorf zu gehen. Dieser Ermunterung folgend geht Johannes dann tatsächlich. Sein eigene Abneigung gegen das Schauspiel hätte ihm ohnehin verboten, daran teilzunehmen. Jedoch bedarf es offenbar der mehrfachen Aufforderung durch seinen Bruder, bevor Johannes sich wirklich dem Pfarrhaus und damit Katharina nähert. Daß er es ohne das Drängen seines Bruders vermutlich nicht getan hätte, ist eine Annahme, die durch die vielen Textstellen belegt wird, die Johannes Zögern, seine Zweifel und seine Umwege auf dem Weg zu Katharina schildern.

Mutter Siebenzig ist insofern erwähnenswert, als sie unverblümt wesentliche Elemente des Aberglaubens zum Ausdruck bringt. Sie ist Hebamme, sie ist mit Vorspuk behaftet und sie ist eine Verwandte der als Hexe beschuldigten Frau. Damit repräsentiert sie als Individuum alle die abergläubischen Inhalte, die an anderer Stelle zu dem geschilderten irrationalen Verhalten der Massen führen. Zu diesem Verhalten der Bevölkerung trägt, wie erwähnt, der Pastor als anfeuernde Autorität entscheidend bei. Im Zusammenwirken dieser Kräfte wird dann der Weg frei für das Treffen von Johannes und Katharina mit der daraus folgenden tödlichen Katastrophe.

DIE NATÜRLICHE UMWELT
Bäume und Pflanzen

Zwei der Pflanzenarten, die der Aberglaube mit Unglück oder bösen Geistern in Verbindung bringt, sind bereits erwähnt worden : Schachtelhalm und Binsen. Entsprechend der Auffassung des Aberglaubens wachsen sie in der Novelle in einem Sumpfgebiet, in dem der Geist einer Verstorbenen versinkt.

Des weiteren ist der Holunder zu erwähnen, der ein Unglücksbaum ist. Er wächst entsprechend seiner Bedeutung in der Nähe des Teiches, in dem der kleine Johannes ertrinkt. Er wird zweimal erwähnt in auffallend engem Zusammenhang mit dem spielenden kleinen Johannes und dem unmittelbar bevorstehenden Treffen von Johannes und Katharina. Bei einer Kenntnis der Bedeutung des Holunders für den Aberglauben muß darin eine Vorausdeutung auf das kommende Unheil gesehen werden.

Weitere Elemente des Glaubens und Aberglaubens

Auf der christlichen Seite ist da zunächst die Kirche zu nennen, deren Innenausstattung und Atmosphäre ausführlich geschildert werden. Bei einem Besuch dieser Kirche wird das Interesse des Rahmenerzählers an einem Bild geweckt, dessen Hintergrund und Entstehungsgeschichte dann die Binnenerzählung ausmachen. Deren zweiter Teil spielt dann überwiegend in der Kirche, dem Pfarrhaus und -garten des Pastoren. Auch dessen Gemeindeglieder scheinen im Ganzen einen sehr christlichen Eindruck zu machen, denn der Erzähler denkt von ihnen: "So stehet die Kirche wohl am rechten Ort; auch ohne Pastor wird hier vernehmlich Gottes Wort gepredigt." (2 : 686)

Dem gegenübergestellt wird die Welt des Aberglaubens vornehmlich in Gestalt der alten Mutter Siebenzig. Diese verfügt über das 'Zweite Gesicht', eine Fähigkeit, die ihr erlaubt, in die Zukunft zu schauen oder aber etwas zu sehen, was zum gegenwärtigen Zeitpunkt an einem anderen Ort geschieht. In der Novelle sagt Mutter Siebenzig einen Tod im Pfarrhaus voraus, da sie nachts "[. . .] drei Leichlaken über des Pastors Hausdach habe fliegen sehen [. . .]"(2 : 694). Es ist deutlich, daß die Leichlaken den Tod symbolisieren, wobei in der magischen Zahl drei dann noch eine Verstärkung dieser Bedrohung gesehen werden muß. Storm hat die Anregung zu dieser Sequenz vermutlich aus der Müllendorfschen Sage "Eins, zwei, drei." entnommen, wo eine ähnliche Vorhersage geschildert wird, die dann auch eintrifft, allerdings mit dem Unterschied, daß drei Menschen sterben.[59]

Weitere abergläubische Elemente finden sich in zwei Bemerkungen über den Tod, die die personifizierte Todesvorstellung des Aberglaubens deutlich machen: "[. . .] denn mir war, als sähe hinter einem derselbigen ich gleichfalls eine Hand; aber sie drohete nach mir mit aufgehobenem Finger und schien mir farblos und knöchern gleich der Hand des Todes." (2 : 669/70). Diese Aussage wird von Johannes gemacht, die zweite von dem Pastoren : "Mög es die Menschen mahnen, daß vor der knöchern Hand des Todes alles Staub ist !" (2 : 699)

Abschließend sei noch die Überzeugung des Aberglaubens erwähnt, daß insbesondere Hebammen eine Affinität zum Hexenwesen aufweisen. Mutter Siebenzig, die mit der Fähigkeit des Vorspuks behaftete Frau, ist Hebamme und die des Hexenwesens beschuldigte Frau ist die Tochter ihrer Schwester. Hier kommt auch die Auffassung des Aberglaubens zum Ausdruck, daß die Eigenschaften der Hexen erblich sind, d.h. von der Mutter auf die Tochter übergeht, oder aber innerhalb der gleichen Familie in konzentrierter Form auftritt.

Die Dynamik zwischen Glauben und Aberglauben als destruktives Instrument

In dieser Novelle konzentriert sich die Dynamik zwischen den beiden Glaubenshaltungen in der Konsequenz auf die Person des Pastoren. In ihm vereinen sich Glaube und Aberglaube auf eine Weise, die ihm nicht erlaubt, sich dessen bewußt zu sein. Er hält sich für einen aufrechten Christen, der darüberhinaus sein Christsein zu seinem Beruf gemacht hat, also seiner Überzeugung in professioneller Weise Rechnung trägt. Daraus leitet er dann die Autorität ab, seine Mitmenschen über Recht und Unrecht in Glaubensfragen aufzuklären und anzuleiten. Seine eigene, wenig aufgeklärte Haltung weist Verhaltensweisen des Aberglaubens auf, die mit einer wirklich christlichen Überzeugung und Lebensführung nicht vereinbar sind. Dazu gehören sein Glaube an das personifizierte Böse in Gestalt des Satans wie auch der an das Hexenunwesen als verlängertem Machtbereich des Teufels.

Wie erwähnt, ist es im Wesentlichen der Pastor, der, bedingt durch diese Haltung, ein Treffen zwischen Johannes und Katharina und damit die Katastrophe möglich macht. Durch seine Anwesenheit bei der Hexenverbrennung, die umso fragwürdiger erscheint, als die Hexe bei Vollzug der Verbrennung bereits gestorben ist, zeigt er einen Fanatismus im

Aberglauben, der aus der Sicht des Christentums nicht tolerierbar ist. Dieser endet aber nicht bei seiner Person, sondern treibt auch alle anderen Gemeindeglieder ins Nachbardorf, um der Verbrennung der vermeintlichen Hexe beizuwohnen. Hiervon ausgenommen sind offenbar nur die alte Trienke wohl auf Grund ihres Alters und Katharina, vermutlich wegen ihrer zarten Konstitution. Denn abgesehen von der Anwesenheit dieser beiden Frauen fordert der Pastor die aller anderen der Gemeinde. Das ist ungewöhnlich insofern, als von derlei Spektakeln Frauen und Kinder häufig ausgenommen waren.

Der aggressive Aberglaube des Pastoren, der an Schärfe gewinnt in seiner Verhüllung durch das christliche Amt eines Geistlichen, treibt ihn dazu, sein Pastorat zu verlassen, was widerum Katharina Gelegenheit gibt, Johannes zu treffen.

Johannes vertritt im Gegensatz zum Pastoren in dieser Novelle ein fast reines christliches Denken. Bis auf an zwei Stellen erwähnte kleine, harmlose Reste abergläubischen Denkens[60] steht Johannes unangefochten auf dem Boden des Christentums. Aus dieser Haltung einer genuin christlichen Überzeugung, die in starkem Gegensatz steht zu der des Pastoren, resultiert seine Abscheu vor dem Hexenwahn und seine Weigerung, dessen Auswüchsen in Gestalt der öffentlichen Verbrennung beizuwohnen. Wie ausgeführt, wird Johannes in seinem aufrechten Christentum unterstützt von seinem Bruder, der ihn ermuntert, dem unangenehmen und hysterischen Volksgebaren mit einem Gang ins Nachbardorf aus dem Weg zu gehen. Auf diesem Gang trifft er dann Katharina.

Wie gezeigt werden konnte, birgt das Verhältnis von Glauben und Aberglauben in dieser Novelle ein destruktives Potential, durch das die eigentliche Katastrophe ausgelöst wird. Es ist zweifellos richtig, die Ursache für die Unmöglichkeit einer Verbindung zwischen Johannes und Katharina in überkommenem Standesdenken zu sehen, wie es in dieser Erzählung durch die Junker Wulf und von der Risch verkörpert wird. Diese standesbedingten Vorurteile verhindern aber lediglich ein Zusammenkommen der beiden Protagonisten und haben dadurch für beide ein unglückliches und unerfülltes Leben zur Folge.

Die eigentliche Katastrophe der Novelle jedoch, der Tod des kleinen Johannes, wird herbeigeführt durch das Verhalten, d.h. die Schuld seines Vaters, die der Novelle den Titel gibt: Aquis submersus (culpa patris). Dieses Verhalten aber wiederum wird nur möglich durch die widerstreitenden Kräfte des Aberglaubens und Glaubens, wie sie in den Gestalten des Pastoren einerseits und des Johannes andererseits zusammentreffen. Darin liegt die destruktive Dynamik, die, wie gezeigt werden konnte, essentiell zum Ausgang der Novelle beiträgt.

3. RENATE

DIE PERSONEN
Josias

Der Name kommt aus dem Hebräischen und wird abgeleitet von Josua (hebr. Jehuschua = Jahwe hilft), die jüngere Version des Namens ist Jesus. Im Alten Testament ist Josua der Nachfolger des Mose, der kurz vor Vollendung seines Lebenswerkes, dem Einzug ins Gelobte Land, stirbt. Er übergibt die Leitung und Führung des Volkes Israel an den jüngeren Josua. Dieser ist ebenso gottesfürchtig wie Mose vor ihm und hält sich strikt an die Weisungen Gottes, der ihm als Verhaltensmaxime nahelegt:

> 7 Nur sei recht fest und unentwegt, genau zu tun nach allem, was dir mein Knecht Mose geboten hat. Weiche nicht davon, weder zur Rechten noch zur Linken, aufdass du Glück habest auf allen deinen Wegen. 8 Von diesem Gesetzbuch sollst du allzeit reden und darüber nachsinnen Tag und Nacht, dass du genau tust nach allem, was darin geschrieben steht; denn alsdann wird es dir auf deinen Wegen gelingen und wirst du Glück haben. 9 Habe ich dir nicht geboten: sei fest und unentwegt ? So lass dir nicht grauen und fürchte dich nicht; denn der Herr, dein Gott, ist mit dir auf allen deinen Wegen[61]

Die neutestamentliche Version des Namens ist Jesus. Auch dieser Name steht für eine Person, die vornehmlich "Sohn" ist und tut, wie ihr, von Gott / Vater nahegelegt oder befohlen wird.

Auf dem Hintergrund dieser Ausführungen muß demnach angenommen werden, daß Storm mit der Wahl dieses Namens dem Leser eine Vorausdeutung an die Hand gibt. Die Persönlichkeit des Josias, wie sie im Verlauf der Erzählung entwickelt wird, folgt dann auch dieser von Storm geweckten Erwartungshaltung. Josias ist in erster Linie Sohn und Nachfolger. Als Sohn bemüht er sich von Jugend an und trotz mancher Anfechtung erfolgreich, den Erwartungen seiner Eltern, insbesondere seines Vaters, gerecht zu werden. Diesen Erwartungen entsprechend wird er nach abgeschlossener Ausbildung Nachfolger im Amt seines Vaters und Vorbilds. Darüberhinaus entsagt er der Forderung seines Vaters gemäß einer Verbindung mit der geliebten Frau.

Im einführenden Rahmen der Erzählung wird Josias, anders als Renate, nicht erwähnt. Erst die Binnenerzählung, die mit einem Rückblick des Ich – Erzählers Josias in das Jahr 1700 einsetzt, führt diesen ein. Er ist zu diesem Zeitpunkt vierzehn Jahre alt und Lateinschüler in Husum. Diese Schule kann er nur besuchen, weil seine Eltern, der Vater ist Pastor auf dem "elendigen Diaconate zu Schwesen" (3 : 82), "sich alles an ihrem Munde absparten"(3 : 76/77) . Er wohnt bei einer "frommen Schneiderswitwen" und "war auch mit Gottes Hülfe schon in die Secunda aufgerücket" (3 : 77), als es zu einer ersten Begegnung mit Renate kommt. Sie findet in der Kirche St. Jürgen in Husum statt, in der Josias von einem riesigen schwarzen Hund angegriffen wird, vor dem die kleine Renate ihn rettet. Das Mädchen erscheint ihm als Engel, zumal sie ein goldglitzerndes Käpplein trägt und ein "gar lieblich Angesicht" hat und obwohl sie "mit zwei dunkeln Augen angstvoll" zu ihm "emporstarrete" (3 : 80). Er denkt nach dieser Begegnung viel an sie und hätte eigentlich allen Grund, sich bei ihr für seine Rettung zu bedanken. Allein, er tut dies nicht und versäumt auch, aus ihm unbekannten Gründen, sich wenigstens nach ihrem Namen zu erkundigen, obgleich er in seiner ganzen noch übrigen Schulzeit an sie denken muß.

Es scheint, als habe er Angst oder zumindest doch große Scheu davor, die persönliche Bekanntschaft dieses Mädchens zu machen. Josias wittert offenbar eine Gefahr in diesem Mädchen. Diese Annahme wird nahegelegt durch die Art und Weise, in der er schon vor der schicksalhaften Begegnung mit Anfechtungen umgeht. Da ist zunächst sein Bestreben, trotz seiner großen Müdigkeit, sehr schnell zu gehen auf seinem Weg nach Husum, weil er den vermeintlichen Irrwischen im Wald nicht begegnen will. Der Text läßt nicht deutlich werden, ob er selbst die Existenz von Irrwischen, einen Gegenstand des Aberglaubens, für wahr hält. Er hält sie jedoch für möglich: "[. . .] auch sollten drüben nach dem Holze zu, wo die alten Weiber die Moosbeeren holten, in voriger Nacht die Irrwisch gar arg getanzet haben, dessen Anblick in alle Wege besser zu umgehen." (3 : 77) Der Text bringt Irrwische in Verbindung mit den 'alten Weibern', die traditionell an derlei Erscheinungen glauben. Josias jedoch, wiewohl nicht gesagt wird, daß oder ob er diesen Glauben teilt, verhält sich, als ob er es tut. Daraus kann die Folgerung gezogen werden, daß er, jedenfalls als sehr junger Mensch, die Neigung erkennen läßt, bestimmte Elemente des Aberglaubens für wahr oder doch zumindest möglicherweise wahr zu halten und sein Verhalten dementsprechend auszurichten. Er meidet den Ort, an dem er mit diesen Elementen, so sie denn existieren, zusammentreffen könnte. Josias ist zu diesem Zeitpunkt vierzehn Jahre alt, seine Haltung entspringt daher wohl nicht einer reflektierten , aufgrund eines Entscheidungsprozesses zustande gekommenen Überzeugung. Sie wird eine eher instinktive sein, die sich in Bezug auf ihre Entstehung vermutlich zurückführen läßt auf das allgemeine Verhalten im Dorf und dessen Umgang mit abergläubischen Elementen.

Im Anschluß an seinen Fußmarsch nach Husum, auf dem er den Irrwischen aus dem Weg gegangen ist, geht Josias in die Kirche St. Jürgen,
um dem Orgelspiel eines begabten Organisten zuzuhören. Erschöpft
von dem langen Weg, schläft er ein und bemerkt nicht, daß der Orga-
nist die Kirche verläßt und diese für die Nacht verschlossen wird. Mit
Schrecken erkennt er, daß er eingesperrt ist. Seine Angst wird noch
größer, als er durch Licht- und Schattenspiel verursachte Bewegungen
auf einem Grabrelief mit einer Darstellung des Todes als Knochenge-
rippe zu sehen meint. Er sucht Schutz und Zuflucht bei einem Standbild des Heiligen Georgs, des Namenspatrons der Kirche St. Jürgen. Im
gleichen Augenblick, als er sich schutz- und hilfesuchend an diesen
Heiligen wenden will, fällt ihm ein, "daß dieß papistische Gedanken
und das hölzern Standbild nur gleichsam als ein Symbolum zu betrachten sei." (3 : 79) Hier wird sehr deutlich, wie der erst vierzehnjährige
Junge sich bemüht, im Bereich des richtigen, und das ist des a l l e i n-
r i c h t i g e n Glaubens und das ist in seinem Fall der lutherischer
Prägung, zu bleiben und selbst in großer Not versucht, den u. U.
tröstlichen Angeboten der anderen Konfession zu widerstehen.

Diese Haltung der 'Rechtgläubigkeit' wird, das weiß er, von ihm erwartet. Sein Vater, lutherischer Pastor, lebt sie ihm vor. Er ist orthodoxer
Lutheraner und pflegt freundschaftlichen Umgang mit dem -historisch
verbürgten- lutherischen Pastor Petrus (hist.: Peter) Goldschmidt, einem
leidenschaftlichen Anhänger des Hexen-, Teufels-, und Zauberglaubens.
Der junge Josias macht als neunzehnjähriger Student der Theologie und
Philosophie in seinem Elternhaus die Bekanntschaft Goldschmidts und
wird dadurch tief beeindruckt. Zuvor jedoch war er schon an der Kieler
Universität, d.h. fern von seinem Elternhaus und einer direkten Einfluß-
nahme durch seinen Vater, äußerst bestrebt, den engen Pfad der lutherischen Orthodoxie nicht zu verlassen. Er belegt seine Vorlesungen bei den
älteren, konservativeren Professoren und meidet die jungen , fortschrittlicheren magistri legentes, weil diese "entgegen der Lehre Pauli und unseres Dr. Martini die Macht des Teufels zu verkleinern und sein Reich
bei den Kindern dieser Welt aufzuheben trachteten. Solches aber war
nicht in meinem und meines lieben Vaters Sinne." (3 : 83) Josias
übernimmt also ohne jede kritische Reflexion die Auffassungen seines
Vaters, die, entsprechend dem frühen lutherischen Protestantismus, eine
Omnipräsenz des Teufels und der mit ihm im Bunde stehenden Hexen
für gegeben hält. Er verweigert sich einer jüngeren, aufgeklärteren Generation von Theologen schon als sehr junger Mensch an der
Universität. Diese aufgeklärtere Theologengeneration lehnt es ab, sich
mit Teufels- und Hexenglauben überhaupt zu befassen, nicht zuletzt mit

der Begründung, daß es im Wesentlichen die Geistlichen sind, die durch Predigt und Veröffentlichungen die Verbreitung und Manifestierung des Teufels- und Hexenglaubens innerhalb der Bevölkerung gewährleisten.[62]

Josias' Begegnung mit dem bekannten Teufels- und Hexenverfolger Goldschmidt ereignet sich im Hause seines Vaters, dessen Bibliothek Goldschmidt für eine geplante Veröffentlichung zu Rate ziehen will. Josias' Vater verfügt demzufolge über Literatur, die nicht einmal Goldschmidt, dem Experten auf dem Gebiet des Teufels- und Hexenglaubens, zugänglich ist. Es handelt sich hier im besonderen um die *Daemonologia* (Lehre von den Dämonen), die der venezianische Theologe Remigius veröffentlicht hatte und die 1703 in deutscher Sprache herausgekommen war. Goldschmidt braucht dieses Werk für seine geplante Entgegnung an den deutschen Aufklärer Christian Thomasius. Dieser hatte sich mit seiner Abhandlung *De crimine magiae* (Von dem Verbrechen der Zauberei), 1703 auch in deutscher Sprache unter dem Titel *Von dem Laster der Zauberey mit dem Hexenprozeß* veröffentlicht, entschieden gegen Zauber- und Hexenglauben gewandt.[63]

Josias, sein Vater und Goldschmidt verbringen den ganzen Abend mit der Besprechung dieser Schriften wie auch der des ersten Buches von Goldschmidt, eines Werkes mit dem Titel *Höllischer Morpheus*. Dies war 1698 herausgekommen und versuchte u.a. die Existenz von Gespenstern nachzuweisen. Der junge Josias verfolgt die Debatte der beiden Männer mit größter Aufmerksamkeit. Er läßt sich sofort und ohne Umstände von der Einstellung des auch physisch sehr eindrucksvollen Goldschmidt überzeugen. Interessant daran ist, daß er weiß und zugibt, daß er keine der diskutierten Abhandlungen selber gelesen hat, daß er also keineswegs eine redliche Meinungsbildung betreibt, wenn er den einseitigen Ausführungen Goldschmidts ohne Umschweife Glauben schenkt. Selbst eine Beschimpfung der Gegenseite als "Atheisten und Schwarmgeister [n]"(3 : 106) weckt keine Zweifel in ihm.

Auch in dieser Situation entspricht Josias also seinem dem Leser bereits bekannten Verhaltensmuster. Im Gleichklang mit seiner Maxime *was Vater sagt/tut, ist wohlgetan*, übernimmt er folgsam dessen Überzeugungen, ohne auch nur im Ansatz zu versuchen, eigene zu entwickeln. Dies wird ihn nur allzu bald sein Lebensglück kosten, aber auch das akzeptiert er widerspruchslos und geradezu willig.

In der schlaflosen Nacht nach dieser erregten theologischen Diskussion wird Josias dann jedoch von einem Unbehagen gegenüber Goldschmidt befallen. Er hatte vor dem Zubettgehen Goldschmidt gegenüber den 'Fingaholi' erwähnt, die Figur eines 'Heidengötzen' aus Übersee, die er im Hause des Hofbauern gesehen hatte. Die heftige

Reaktion Goldschmidts hatte er abzumildern versucht mit dem Hinweis "[. . .] es sei das nur ein alt und schwachsinnig Weib, das diese Dinge hingeredet habe [. . .]"(3 : 108). Goldschmidt jedoch hatte das zum Anlaß genommen für eine strenge Ermahnung an seinen Amtsbruder Christian, seiner Gemeinde kürzere Zügel anzulegen. Dieser Vorfall nun läßt Josias nicht schlafen. Er ist befremdet von Goldschmidts nahezu gewalttätiger Selbstsicherheit, muß sich aber gleichzeitig eingestehen, daß "seine geistliche Weisheit und Eifer für das Reich Gottes meine [seine] gerechte Ehrerbietung heischeten ". (3 : 108) Die Verwirrung und Beunruhigung Josias' legt sich jedoch sehr schnell, denn schon am nächsten Morgen bietet er Goldschmidt an, ihm bei seinen Recherchen zur Hand zu gehen.

Goldschmidt unternimmt neben seinen Studien in der Bibliothek des Pfarrhauses auch ausgedehnte Gänge in der Gemeinde, um in der Bevölkerung nach Spuren des Hexen- und Teufelsglaubens und der Zauberei zu forschen. Der Text sagt nicht ausdrücklich, daß dies der Beweggrund seiner Gemeindegänge ist. Im Text steht nur, er "redete mit Weibern und Greisen und klopfete die Kinder auf ihre blonden Köpfe [. . .]" (3 : 109), wobei jedoch die Tatsache, daß er offenbar nicht mit jungen Männern oder solchen mittleren Alters spricht, die traditionell für wenig anfällig gehalten werden in bezug auf den Aberglauben, durchaus einen Hinweis enthält auf die Absicht Goldschmidts. Diese wird auch angedeutet in den Worten des Schneiders: Auch dem alten Mariken auf dem Hofe hat er [Goldschmidt] das Maul aufgethan." (3 : 114), was wohl bedeutet, daß er sie ausgefragt oder ausgehorcht hat. Das Vorgehen Goldschmidts verzeichnet auch großen Erfolg, denn Stimmung und Atmosphäre im Dorf sind nach seiner Anwesenheit ganz andere als vorher: "Im Dorfe aber war es wie in einem Bienenstocke, der da schwärmen soll; überall ein Gemunkel, welches nicht laut werden wollte und doch nicht stumm sein konnte; die Älteren redeten wieder von der Hexen, so sie vor zwanzig Jahren hätten einäschern sehen sollen, der aber die Nacht zuvor in der Fronerei ihr Herr und Meister das Genick gebrochen; aus Flensburg kam einer, der hatte auf dem Südermarkt gehört, die Hexen hätten wieder einmal in der Förde alle Fische vergiftet; im Dorfe selber wurde Unheimliches auf den und jenen gedeutet; so fast beklommen ich aber aufmerkete, des Hofbauern geschah darunter nicht Erwähnung." (3 : 109)

Diese Beschreibung macht sehr deutlich, daß die eigentliche Gefahr einer Verbreitung und Vertiefung des Aberglaubens gerade von denen ausgeht, die vorgeben, ihn zu bekämpfen. Vor Goldschmidts Besuch war es, abgesehen von gelegentlichen Hinweisen auf den Hofbauern, die Josias aber richtig als dem Neid und der Mißgunst entspringend einordnet, ruhig gewesen; jetzt 'war es wie in einem Bienenstocke', und längst vergessene alte Geschichten von Hexen und deren Untaten kommen wieder an die Oberfläche, der Aberglaube bekommt Aufwind und Unterstützung. Interessant ist, daß Josias dies einerseits offenbar ganz klar erkennt, diese Erkenntnis aber andererseits keineswegs zu einer distanzierteren Haltung gegenüber Goldschmidt und seinem Vater führt. Auch tritt er der Erregung im Dorf durchaus nicht in irgendeiner mäßigenden Art und Weise entgegen. Seine Reaktion beschränkt sich darauf, daß er "fast beklommen [. . .] aufmerkete [. . .]" (3 : 109), ob der Hofbauer in diesem Zusammenhang erwähnt wird und ihm daher möglicherweise Gefahr droht. Das ist seltsamerweise nicht der Fall. Es überrascht durchaus, daß dem nicht so ist, denn die Dorfbevölkerung scheint doch sehr überzeugt zu sein davon, daß der Hofbauer und seine Tochter die 'Schwarze Kunst' beherrschen und praktizieren. Auch nehmen sie in dieser Beziehung Josias gegenüber kein Blatt vor den Mund. Dieser sieht, jedenfalls zum Zeitpunkt dieser Eröffnung, jedoch keinen Anlaß zur Besorgnis. Zum einen weiß er, daß "[. . .] wohl gar geistliche Herren sich mit solcher Kunst befasset [. . .]"(3 : 94), zum anderen ist ihm durchaus klar, "[. . .] daß diese Leute dem Hofbauren seinen Reichthum neideten, ihm auch aufsätzig waren wegen seiner Hoffahrt und schon von seines Vaters wegen nicht vergessen konnten, daß selbiger gegen der Gemeinde Willen sich einen Emporstuhl in der Kirchen durchgesetzt." (3 : 94/ 95)

Josias hatte bei seinem Besuch auf dem Hof des Hofbauern klar erkannt, daß dieser wesentlich fortschrittlicher wirtschaftete als das übrige Dorf und hatte darin wie auch in seinem vermutlich aus seiner Fortschrittlichkeit resultierenden Wohlstand den Grund ausgemacht für die Kluft und Ablehnung zwischen Dorfleuten und Hofbauern. Ihm ist daher klar, daß von einer 'Schwarzen Kunst' des Bauern und seiner Tochter keine Rede sein kann. Auch die angebliche Fähigkeit des 'Fingaholi', die Mäuse und Ratten vom Hof zu vertreiben, waren ihm vom Hofbauern als abergläubisches Geschwätz einer alten Närrin plausibel dargelegt worden. Dabei war dem Hofbauern, wie Josias bemerkt hatte, durchaus die Gefahr bewußt, die ihm von der alten Marike drohte: "Laß gut sein, Renate; das alte Tropf, es könnt mich noch zu Ding und recht reden! "(3 : 97)

Diese Gedanken sind es, die Josias beunruhigen, als er beobachtet, welche Wirkung der Besuch Goldschmidts im Dorf hervorruft. Er hat

Angst um den Bauern und um Renate und hat dies umso mehr, als er sehr genau weiß, daß die Anschuldigungen gegen sie schiere Verleumdungen sind, deren Nährboden in einer rückständigen und kleinlichen Geisteshaltung der Dorfleute zu suchen ist. Gleichwohl ist er trotz dieser klaren Erkenntnis anfällig für das Gerede der Dörfler : "Zwar sagte ich mir zu hundert Malen: es war ein Schwätzer, der dir solches zutrug, so einer, der die schwimmenden Gerüchte sich fetzenweise aus der Luft herunterholet, um seinen leeren Kopf damit zu füllen; wollte aber gleichwohl der bittere Schmack mir nicht von meiner Zunge weichen." (3 : 115) Mit diesen Gedanken verläßt Josias bald darauf das Dorf, um sein theologisches Studium an der Universität in Halle, einer renommierteren, fortschrittlicheren als der in Kiel, zu beenden.

Von dort kehrt er fast zwei Jahre später nach abgeschlossenem Studium zurück. Sein Vater liegt im Sterben und Josias übernimmt die Amtsgeschäfte. Seine erste Predigt hält er über Matthäus 15, 22ff, eine Geschichte, in der Jesus ein vom Teufel besessenes Mädchen heilt. Der Text sagt nicht, ob er diese Verse für seine Predigt selbst ausgewählt hat oder ob sie ihm vorgegeben sind, jedoch denkt er bei der Vorbereitung und auch während der Predigt ausschließlich an Renate. Er läßt sich hinreißen, weit über die Zeit hinaus zu predigen und konzentriert sich beim anschließenden Vaterunser ganz auf Renate, die der Kanzel gegenüber auf der Empore sitzt, wenn er betet : "Mit deiner Stimme, Herr, o locke sie !" (3 : 122)

Dieses Verhalten überrascht. Offenbar ist Josias im Gegensatz zu seiner früheren Haltung nun der Auffassung, daß Renate möglicherweise doch mit dem Teufel im Bunde ist, ganz sicher aber einer besonderen Aufmerksamkeit bedarf, die andere Gemeindeglieder nicht nötig haben. Dieser Wandel in Josias zeigt sich relativ unvermittelt, denn eine Begegnung mit Renate, die ihn herbeigeführt haben könnte, hat nicht stattgefunden. Die Veränderung kann daher nur auf den Brief zurückgeführt werden, den Josias vor mehr als einem halben Jahr und ein Jahr nach seiner Abreise aus dem Dorf von seinem Vater erhalten hatte. In diesem berichtet der Vater dem Sohn vom spurlosen Verschwinden des Hofbauern, von Renates Reaktion darauf und von der daran anschließenden Reaktion der Dorfleute auf Renates Verhalten. Der Vater hatte zunächst kommentarlos die Ereignisse im Dorf geschildert, dann aber seinen Brief beendet mit den Worten : "Wenn Dich, mein Josias, schmerzet, was ich hier hab schreiben müssen, da des Mädchens irdische Schönheit, wie mir wohl bewußt ist, Dein unerfahren Herz bethöret hat, so gedenke dessen und baue auf ihn, welcher gesprochen:

'Wer sein Leben verlieret um meinetwillen, der findet es.' Und sinne diesem nach, daß Du das Rechte wählest!" (3 : 119)

Diese Worte des Vaters wie auch wohl die Schilderung des für die Dorfleute befremdlichen Verhaltens von Renate nach dem Verschwinden ihres Vaters müssen in Josias eine Änderung seiner Einstellung hervorgerufen haben. Vorher stand er, wenn auch nicht mit Eindeutigkeit und Offenheit, so doch wenigstens innerlich auf seiten des Hofbauern und Renates. Dies war so gewesen nicht nur aufgrund seiner Neigung zu Renate, sondern auch, weil ihm deutlich bewußt war, aus welchen Beweggründen Vater und Tochter vom Dorf als mit dem Teufel im Bunde betrachtet wurden. Ihm war ganz klar gewesen, daß nicht die beiden diejenigen waren, die dem Aberglauben anhingen, sondern im Gegenteil das ganze übrige Dorf einschließlich des Pastoren, seines Vaters. Jetzt hat Josias sozusagen die Fronten gewechselt. Auf der Kanzel und im schwarzen Habit (das er allerdings schon vorher in Halle anstelle des vormaligen roten Rockes, eines Reliktes aus seinen wenigen übermütigen Studententagen, getragen hatte – ob sich hier die Veränderung schon ankündigt, sei dahingestellt) ist er nun nicht nur äußerlich in die Fußstapfen seines Vaters getreten, sondern hat auch übergangs- und kampflos und endgültig dessen theologisches Erbe angetreten. Wenn der Vater schrieb : "Und sinne dessen nach, das Du das Rechte wählest!" (3 : 119), so ist damit für Josias eindeutig klar, daß da Renate nicht 'das Rechte' ist oder sein kann.

In dieser seiner neuen Überzeugung wird er dann bestätigt während des weiteren Verlaufs des Gottesdienstes. Beim Ausgeben des Abendmahles an die Gemeinde bemerkt er, daß Renate zum einen die Hostie auf den Boden geworfen oder fallenlassen hat und zum anderen sich angewidert abwendet vom Kelch mit dem Wein. Nach lutherischer Auffassung handelt es sich dabei um Leib und Blut des Herrn Jesus Christus, in die Brot und Wein entsprechend der Transsubstantiationslehre mit den Einsetzungsworten verwandelt werden. Daß Renate beides verschmäht, ist für Josias eine furchtbare Bestätigung dessen, daß sie tatsächlich etwas mit dem Teufel zu tun hat. Nach Ansicht des Aberglaubens fürchten und verweigern Hexen und Teufel den Kontakt mit Hostie, Kreuz und Weihwasser. Josias verläßt die Kirche daher äußerst bestürzt und aufgewühlt. Er begibt sich dann auf den "Weg der Pflicht, den ich [er] zu gehen hatte "(3 : 124) und sucht Renate auf , um eine Teufelsaustreibung vorzunehmen. Mit diesem Entschluß vollzieht Josias den letzten Schritt, der ihn noch getrennt hat von den Anhängern des Aberglaubens in seiner Gemeinde. Auch er ist jetzt fest überzeugt

von Renates Besessenheit und tritt ihr gegenüber nur mehr als Geist-
licher und nicht mehr als liebender Mann auf. Auch Renate gegenüber
läßt er daran keinen Zweifel aufkommen : "Du irrest, Renate: es ist
nicht Josias, es ist der Priester, der hier vor dir stehet."(3 : 124) Renates
durchaus einleuchtenden Erklärungen der Vorfälle in der Kirche lassen
ihn gänzlich unbeeindruckt: "Ich glaubte ihren Worten nicht."(3 : 125)
und völlig gefangen in seinen abergläubischen Überzeugungen vollzieht er das Ritual der Teufelsaustreibung : " 'Renate !' rief ich. 'Exi immunde spiritus!' und spreizete beide Hände ihr entgegen. "(3 : 125)

Nur Augenblicke später sitzt Josias dann am Bett seines sterbenden
Vaters und verspricht diesem, keine Ehe mit Renate einzugehen. Er tut
dies, obgleich er Zeuge der geistigen Verwirrung seines Vaters wurde
und nachdem dieser schon tot ist: "Ich aber neigete mich zu dem Ohr
des Todten und rief : 'Ich gelobe es, mein Vater ! Mög die entfliehende
Seele noch deines Sohnes Wort vernehmen.!' " (3 : 128) Er ist zutiefst
überzeugt, das Richtige zu tun, umso mehr als seines Vaters Erwähnung ihrer geistlichen Vorfahren, die bis auf die Tage Luthers und Me-
lanchthons zurückgehen, ihn daran erinnern, welcher Art die Erwartungen sind, denen er sich gegenüber sieht. Dennoch überrascht der
Eifer, mit dem Josias dieses – da der Vater bereits gestorben ist- im
Grunde unnötige Versprechen abgibt. Zwar erinnert er sich später,
"[. . .] daß es gleich Schwerteschnitt durch meine Seele ging [. . .]" (3 :
127), aber schwankend wird er dennoch nicht einen Augenblick.

Dieses Schwanken befällt ihn dann wenige Tage später. Er wird
Zeuge einer Art Treibjagd von jungen Männern aus seinem Dorf mit
dem Ziel, Renate ins Wasser zu stoßen. Die Männer wollen offenbar die
'Wasserprobe' vornehmen an Renate. Dabei handelte es sich um eine
Praxis des Aberglaubens, die erlauben sollte, eine Hexe als solche zu
identifizieren. Die als Hexe verdächtigte Frau wurde dabei mit auf dem
Rücken überkreuz zusammengebundenen Händen und Füßen 'auf 's
Wasser geworfen'. Sank sie nicht, galt sie als schuldig. Die diesem Vor-
gang zugrundeliegende Vorstellung besagte, daß das 'heilige' Wasser
nichts Unreines in sich aufnimmt. Die als auf diese Weise als Hexe
überführte Frau wurde dann dem Verbrennungstod übergeben. Die 'unschuldige' Frau dagegen, die im Wasser unterging, ertrank in der Regel,
sodaß sowohl bei dem einen wie auch dem anderen Ausgang dieser
'Probe' die Frau die Verdächtigungen mit dem Leben bezahlte.

Josias ist dieses Wissen offenbar präsent, denn als er Renate in dieser
Bedrängnis sieht, eilt er ohne zu zögern oder überlegen zu ihrer Hilfe
und Rettung. Bevor er sich jedoch dem Anführer der Bande zum Zwei-
kampf stellt, legt er seine Amtstracht ab. Er ist jetzt nurmehr liebender

Mann, der die geliebte Frau schützt und vertcidigt. Nach über-
standener Gefahr liegen Renate und Josias sich denn auch in den
Armen : "' Renate !' rief ich leise, und meine Augen hingen in sehnsüchtiger Begier an ihren Lippen."(3 : 131) Nur eine Ohnmacht der jungen Frau und die dann herannahenden Nachbarn retten Josias aus
dieser Situation. Ihm ist schmerzhaft bewußt, wie nahe er daran war,
das seinem Vater gegebene Versprechen zu brechen: "Aber in meines
Vaters Sterbekammer hab ich an diesem Abcnd lang insbrünstiglich
gebetet." (3 : 131) Um weiteren Versuchungen zu entgehen, verläßt er
schon am nächsten Tag das Dorf, um nie mehr zurückzukehren. Er
nimmt eine Pfarrstelle im Norden an und hört nur gelegentlich und
sehr vage von Renate. Jedoch bindet er sich nie an eine andere Frau und
die Erinnerung an Renate begleitet ihn durch sein ganzes Leben hindurch : "So konnte ich in rechter Muße ihr Angesicht betrachten.
Betrachtete es also, so daß ich es von Stund an nimmer hab vergessen
können; des klage ich zu Gott und danke ihm doch dafür."(3 : 89) Die
Erinnerung an die geliebte Frau ist ihm also gleichermaßen Quelle der
Freude und des Schmerzes. Schuldgefühle, Reue, Bedauern oder die
Einsicht, einen entscheidenden Fehler gemacht zu haben, sind ihm
aber auch für den Rest seines Lebens fremd.

Dieses Leben verbringt Josias zunächst auf der erwähnten Pfarrstelle
im Norden. Nach zwanzig Jahren und im Alter von Anfang Vierzig ist
seine Gesundheit jedoch so zerrüttet, daß er in den Ruhestand gehen
muß und dann für die verbleibende Zeit seines Lebens bei einem be-
freundeten Kollegen in dessen Pfarrhaus lebt. Mit diesem ergeht Josias
sich gelegentlich in theologischen Disputen, die deutlich machen, daß
er seine Haltung dem Aberglauben, besonders dem Teufels- und Hexenglauben gegenüber nie geändert hat. Diese Haltung erschöpft sich
in einer blinden Repetition alter Überzeugungen, wobei die beiden
Kollegen sich problemlos ergänzen. Eine Erweiterung seines Hori-
zontes oder eine fachliche Auseinandersetzung mit der Gegenseite findet für Josias niemals statt. Lebte er schon als Student abgeschottet
von anderen oder neueren theologischen Sichtweisen, so ist das nach
mehr als zwanzig Jahren noch immer so. Das Werk des Aufklärers
Thomasius, das vor vielen Jahren in seinem Elternhaus von seinem
Vater und Petrus Goldschmidt erörtert worden war, hat er damals nicht
gelesen und er liest es auch heute nicht, obgleich er es in greifbarer
Nähe in seinem Zimmer hat. Er ist offenbar eine zutiefst ängstliche
Natur, die es mit bemerkenswerter Konsequenz vermeidet, sich auf
Diskussionen einzulassen, die zu Recht als solche bezeichnet werden
könnten. Beim Durchhalten dieser Position "hilft" ihm dann die

Krankheit. War er schon gleich nach seiner Flucht vor Renate schwer krank geworden, so ist er jetzt so schwach, daß ihm keinerlei Erregung zugemutet werden darf. Die erste Krankheit wie auch die spätere anhaltende Schwäche und gesundheitliche Zerrüttung, die ihn mit vierzig Jahren in den Ruhestand treibt, sind aber wohl Indizien dafür, daß ihn unbewußt doch eine Schuld oder ein Bedauern oder zumindest Zweifel quälen. Jedoch sind seine Abwehrmechanismen so stark ausgebildet, daß diese nie in den Bereich seines Bewußtseins vorstoßen. Das ist zum einen wohl schlicht seine Persönlichkeit, zum anderen aber deutlich das Werk seines Vaters, der ja schon mit der Wahl seines Namens 'Josias' im Sinne eines 'nomen est omen' den Grundstein dafür sichergestellt hatte.

Erst ganz am Ende seines Leben und dreißig Jahre nach seiner Trennung von Renate wird Josias von seinem Teufels- und Hexenglauben geheilt. Auch ist er nun imstande, sein früheres Verhalten eine "finstere Schuld" (3 : 136) zu nennen. Diese überraschende Wende wird von Renate bewirkt, die ihn heimlich in seinem Alterssitz besucht. Nun kann Josias wieder den ´Engel´ in ihr sehen, als der sie ihm in ihrer ersten Begegnung erschienen war. Wieder rettet ihn dieser Engel. Diesmal nicht vor einer drohenden physischen Gefahr, sondern von der auf ihm lastenden Schuld. Er übergibt seine aufgezeichneten Erinnerungen als eine Art Schuldbekenntnis an seinen Neffen und stirbt glücklich, versöhnt mit mit sich selbst, mit Renate und mit seinem Gott.

Renate

Der Name kommt aus dem Lateinischen und rührt her aus nascor = geboren, gezeugt werden mit dem Partizip natus, nata = geboren und renascor = wiedergeboren werden mit dem Partizip renatus, renata = wiedergeboren; natus, nata bedeutet auch Sohn bzw. Tochter. Renate ist dann die eingedeutschte Variante von Renata = ´die Wiedergeborene´oder ´die Tochter´.

Auch diesen Namen scheint Storm mit Bedacht gewählt zu haben. Beide Bedeutungsvarianten treffen auf Persönlichkeit und Rolle der Renate in der Novelle zu. Sie ist eine hingebungsvolle Tochter, hinter deren großer Zuneigung zu ihrem Vater sogar die zu Josias zurückstehen muß. Dies wird deutlich anläßlich einer nächtlichen Zusammenkunft, die Renate überraschend plötzlich verläßt, als ihr Vater nach ihr ruft : "Und da sich dann von innen auch die Hausthür schloß, so stund ich alleine auf der Hofstatt . . ." (3 : 113). Auch bei einer weiteren Gelegenheit kommen Josias Zweifel daran, wem Renate im Zweifelsfalle folgen würde, ihrer Neigung zu ihm oder dem Gehorsam ihrem Vater gegenüber:

"Ich aber blickte auf dies junge ernste Antlitz und mußte mich fast sorglich fragen, was denn wohl sie in solchem Fall gesprochen haben würde; . . ." (3 : 101/102). Renates Loyalität ihrem Vater gegenüber ist offenbar auch der einzig handfeste Anhaltspunkt für den Verdacht der Dorfleute, daß sie der ´Schwarzen Kunst´ mächtig sei. Denn sie selbst wird, anders als ihr Vater, der den ´Fingaholi´ und einen rutschenden Strumpf als Zeichen des Teufelsbündnisses aufweist, nicht direkter Vergehen beschuldigt. Verhaltensweisen oder Praktiken einer Hexe werden ihr nicht zur Last gelegt, nur ihre dunklen Augen werden wiederholt erwähnt. Von Hexen wird angenommen, daß sie dunkle, intensive, manchmal auch stechende Augen haben.

Die Wahl des Namens Renate in der Bedeutung ´die Wiedergeborene´ erweist sich gegen Ende der Novelle als sinnvoll. Da reitet sie plötzlich über die Heide zu ihrem Geliebten und ist, nachdem dreißig Jahre ohne Kontakt miteinander verflossen sind, für diesen ganz sicher eine Art ´Wiedergeborene´. Darüberhinaus verhilft sie sogar ihm zu einer Wiedergeburt, denn so befreit und glücklich wie nach ihren Besuchen ist Josias sein ganzes Leben lang nie gewesen.

Storm hat demzufolge auch diesen Namen mit seinen beiden Bedeutungsvarianten mit deutlich erkennbarer Absicht im Sinne einer Vorausdeutung gewählt.

Terpstra[64] weist nach, daß der Name Renate in früheren Jahrhunderten ausschließlich in katholischen Gegenden gebräuchlich war und für Schleswig-Holstein bis zur Zeit Storms nicht nachgewiesen werden kann. Daraus kann gefolgert werden, daß Storm diesen Namen wohl auch um seiner Fremdheit willen gewählt hat, um auch damit Renates Anderssein zu unterstreichen.

Renate erscheint, anders als Josias, schon im äußeren ersten Rahmen der Novelle und wird da bereits eingeführt als Hexe mit "großen, brennenden Augen" (3 : 75). Außer diesen Augen wird ihr an dieser Stelle nur zur Last gelegt, daß sie sonntags zur Kirchzeit auf einem schwarzen Pferd über die Heide geritten sei. Erinnerung oder Wahrnehmung der Dorfleute sind in diesem Punkt aber fragwürdig, denn später wird dieses Pferd als "fahlgrau" (3 : 136) bezeichnet. Auch können die Leute keine Angaben machen über weitere Qualifikationen Renates als Hexe : "Was diese Hexe denn aber eigentlich gehext habe, davon schien Mutter

Pottsacksch nichts zu wissen. 'Düwelswark, Herr ! 'sagte sie. ' Wat so'
n Slag bedrivt!' " (3 : 75) Ebensowenig wie die alte Frau können die anderen Dorfbewohner nähere Angaben machen zu dem, welcher Art die
Aktivitäten der Hexe denn gewesen seien : "Noch lange mußte ich an
die Schwabstedter Hexe denken; auch tat ich nach verschiedenen Seiten hin noch manche Fragen nach ihrem näheren Geschick; allein, was
Mutter Pottsacksch nicht erzählt hatte, das konnten auch andere nicht
erzählen."(3 : 76)

Mit diesen Ausführungen macht der erste Rahmen mit der Person der
Renate bekannt; damit ist das Interesse des Lesers geweckt. Jedoch wird
gleichzeitig nahegelegt, daß offenbar nicht allzuviel dran ist an dem
Gerücht, daß es sich bei Renate um eine wirkliche Hexe gehandelt
habe. Der Erzähler dieses äußeren Rahmens ist ein Urgroßneffe von Andreas, dem Erzähler des zweiten, inneren Rahmens, der ein Neffe ist von
Josias, dem Ich-Erzähler und Protagonisten der Binnenerzählung. Der
Erzähler des äußeren Rahmens berichtet mit einer zeitlichen Distanz
von mehr als hundert Jahren von den Geschehnissen, die die Binner-
erzählung ausmachen.

Diese Binnenerzählung besteht aus den aufgezeichneten Erinnerungen des Ich-Erzählers Josias, sie geben demzufolge dessen subjektive
Perspektive wieder. Hier wird Renate als zwölfjähriges Mädchen eingeführt, das dem vierzehnjährigen Josias als Engel erscheint, da sie ihn
vor einer Bestie von Hund rettet. Neben ihrem "gar lieblich Angesicht"
sind es jedoch "zwei dunkeln Augen" und "zwei braune Ärmchen" (3 :
80) die Josias an seiner Retterin auffallen. Dies unterscheidet das
Mädchen tatsächlich von den anderen Kindern in dieser norddeutschen
Landschaft, die in aller Regel blond sind und helle Haut haben. Von
ihnen wird dann auch an späterer Stelle gesagt : "[. . .] und klopfete die
Kinder auf ihre *blonden* Köpfe [. . .]" (3 : 109). Diese Wahrnehmung Renates als vornehmlich ´dunkel´ ist vermutlich einer der Auslöser für Josias' Angst, mit dem Mädchen Kontakt aufzunehmen. Denn alles, was
mit Hexe oder Teufel assoziiert wird, ist in erster Linie dunkel, und auf
seinem Krankenbett erfährt Josias : "[. . .] unter dem Thurm bei dem
alten Taufstein soll unterweilen itzt der Teufel sitzen [. . .]"(3 : 81). Es
scheint daher nicht ausgeschlossen, daß er unbewußt bzw. in der
Schwäche seiner Krankheit das dunkle Mädchen, das in der Kirche
plötzlich aus dem Nichts erschien, mit dem Teufel gleichsetzt. Daraus
könnte sich dann Josias' Scheu erklären, in irgendeiner Art Verbindung
aufzunehmen mit dem Mädchen.

Renate weiß hiervon nichts. Sie erscheint nach dieser kurzen Episode erst wieder fünf Jahre später, als Josias sie auf einer Hochzeitsfeier

trifft und wiedererkennt. Hier wird sie geschildert als stolzes und hochmütiges junges Mädchen, das dem Umgang mit der übrigen Dorfjugend sehr distanziert gegenüber steht. Josias lernt jedoch im Verlaufe des Abends, daß sie guten Grund dazu hat. Sie wird ziemlich hart und unfein bedrängt und ihr einziger Schutz liegt darin, von vorneherein Distanz zu wahren. Auch scheint sie der Dorfjugend schlicht überlegen zu sein. Dies zeigt sich jedenfalls in ihrem Versuch, gewisse hygienische Grundregeln zu beachten, die den übrigen Hochzeitsgästen einschließlich Josias offenbar unbekannt sind. So weigert sie sich, mit der Braut aus einem Glas zu trinken. Da es sich dabei um einen alten Brauch handelt, ist es unvermeidlich, daß ihr das als Affront ausgelegt wird. Auch Josias ist nicht in der Lage, aus einer späteren Situation heraus Rückschlüsse zu ziehen auf diese frühere Weigerung, die ihr Verhalten erklären könnte. Er sieht, wie sie -im Gegensatz zu ihm- ein vorher benutztes Glas ausspült, bevor sie es wieder füllt und daraus trinkt. Ihm kommt dabei nicht der Gedanke, daß sie Regeln der Sauberkeit befolgt, die anderen fremd sind. Jedenfalls ist es ihr offenbar zuwider, aus dem gleichen Gefäß zu trinken wie ein anderer vor ihr. Es ist nahezu tragisch, daß Josias dies nicht in einer Weise auffällt, die ihm im Gedächtnis bleibt. Denn nur anderthalb Jahre später sieht er, wie Renate nicht aus dem gleichen Abendmahlskelch trinken kann, aus dem unmittelbar vorher ihr physisch unangenehme Menschen getrunken haben. Für Josias ist dies dann ein Indiz für ihre Teufelsbessenheit und selbst als sie ihm diese eindeutige Erklärung der Hygiene gibt, erinnert er sich nicht und ist darum unfähig, ihr Glauben zu schenken. Für Renate hat das fatale Folgen.[65]

Eine andere Begebenheit auf dem Hochzeitsfest trägt ebenfalls dazu bei, den Grundstein dafür zu legen bzw. zu verfestigen, daß Renate von Josias leichtfertig in fragwürdige Verbindung gebracht wird. Dabei besteht diese Fragwürdigkeit auch wieder nur aufgrund von Josias' beschränkter und rückständiger Haltung. Es handelt sich darum, daß er erfährt, daß Renate zur Ausbildung in Husum war und zwar im Hause ihres Vetters, den Josias als Atheisten bezeichnet. Dieses Prädikat verleiht er ihm, weil er Teufelsaustreibungen ablehnt und ungeachtet der Tatsache, daß es sich bei diesem Mann um einen ausgebildeten Theologen handelt, wenn auch möglicherweise um einen Calvinisten. Hieraus wird ersichtlich, daß noch fast zweihundert Jahre nach der Reformation die Flügelkämpfe der Protestanten andauern, die vor gegenseitigen üblen Verunglimpfungen nicht zurückscheuen. Die Leidtragende ist wiederum Renate. Daß sie sich im Hause eines auf diese Weise als Atheisten verleumdeten Verwandten aufhält, ist für Josias

Anlaß, 'sehr zu erschrecken'. (3 : 90) Ein weiterer Mosaikstein ist gelegt für ihre spätere endgültige Verteufelung.

Am nächsten Tag besucht Josias den Hofbauern und seine Tochter. Bei dieser Gelegenheit lernt er Renate in ihrer häuslichen Umgebung kennen. Sie wird als sehr fürsorglich, liebevoll und altruistisch geschildert und ist überdies auch so anhänglich und treu, daß sie keinen neuen Hund haben möchte, nachdem der von ihr sehr geliebte Türk von Zigeunern gestohlen wurde. Außerdem erfährt Josias, daß es sich bei dem Anwesen um ein Geschenk des Bischofs Schondeloff an einen Vorfahren des Hofbauern handelt, wie auch, daß Renate nach dessen Tochter benannt ist, die dieser aus Dankbarkeit ins Kloster geben wollte. Dieser Vorfall "[. . .] stammet noch aus der katholischen Zeit [. . .]" (3 : 97) und könnte für Josias eigentlich ein Hinweis darauf sein, daß Renate aus einer alten christlichen Familie stammt. Inwieweit er das als solchen begreift, ist zweifelhaft. Storm jedoch hat hier in meisterhafter Balance sowohl den möglichen Hintergrund Renates im Aberglauben beschrieben als auch ihren tatsächlichen Hintergrund im Christentum.

Bei einer weiteren Gelegenheit wird Renate geschildert als ein junges Mädchen, das im Gegensatz zu ihrer dörflichen Umgebung gefeit ist gegen jede abergläubische Vorstellung. Josias und sie werden nachts Zeuge des scharenweisen Auszugs der Ratten aus der Scheune des Hofbauern. Für Josias ist dies Beweis dafür, daß die alte Marike recht hatte mit ihrem Glauben an den Götzen ´Fingaholi´ und dessen Macht über die Ratten : "[. . .] ich aber schwieg lange Zeit, denn was meine Augen hier gesehen, das konnte ich fürder nicht vor mir verleugnen." (3 : 112) Renate dagegen ist klar, daß dieser Rattenexodus weder etwas mit dem ´Fingaholi´ noch mit dem Teufel zu tun hat. Wenn sie sich dennoch fürchtet, so ist es nicht vor diesen, sondern ganz im Gegenteil vor dem, was der Aberglaube des Dorfes aus diesem Vorfall machen wird: "Die Ratten machen mich nicht fürchten, die laufen hier und überall; aber ich weiß gar wohl, was sie von meinem Vater reden, ich weiß es gar wohl ! Aber ich hasse sie, das dumm und abergläubisch Volk ! Wollt nur, daß er über sie käme, den sie allezeit in ihren bösen Mäulern führen! "(3 : 112) Gleich darauf bekräftigt sie, zum Entsetzen von Josias, daß sie im Gegensatz zu dem 'abergläubisch Volk' nicht an den Teufel und seine Macht über Menschen glaubt : "´Ja, ja; ich wollt es!´ sprach sie wieder. ´Aber er ist unmächtig, er kann nicht kommen!´" (3 : 112) Für den erschrockenen Josias ist dies nur Beweis dafür, daß der Aufenthalt Renates bei ihrem Husumer Verwandten seine Spuren hinterlassen hat : "Aber es ist der Geist des Husumer Atheisten, der

aus deinem jungen Munde redet ."(3 : 113) Für Renate sind derlei theologische Spitzfindigkeiten wenig hilfreich, sie will sich damit auch
nicht auseinandersetzen. Sie fühlt sich gehetzt und immer enger ein-
gekreist von den Anhängern des Aberglaubens : "Und unser arm Mariken, das haben sie mir nun auch allganz verwirret, daß schier nicht
mehr mit ihr zu hausen ist! "(3 : 113) Vor diesen Anfeindungen sucht
sie Ruhe und Schutz bei Josias : "[. . .] und legte ihren Kopf, als ob sie
müde sei, in meinen Arm und sahe zu mir auf, als ob sie also ruhen
möchte. "(3 : 113) Renate weiß noch nicht, daß auch Josias in den Kreis
derer zu zählen ist, die sie mit ihren abergläubischen Anschuldigungen
verfolgen werden. Sie ist allein.

Wie allein Renate ist, wird in der folgenden Episode deutlich. Sie verliert ihren Vater, der ohne eine Spur zu hinterlassen verschwindet und
wohl im Moor versunken ist. Bei ihrer Suche nach ihm findet sie nur
höchst spärliche Unterstützung durch die Dorfleute, denen nicht nur
das Moor unheimlich ist, sondern vor allem das Mädchen, das weder
weint noch klagt, sondern energisch und umsichtig einen Suchtrupp
zusammenzustellen versucht. Als Josias' Vater ihr seine Magd als Beistand mitgibt, kommt diese aus dem Moor zurück mit der festen
Überzeugung, Renate habe dort Zwiesprache gehalten mit den bösen
Geistern bzw. dem Teufel. Das Mädchen wird also immer unaus-
weichlicher in eine vermeintliche Verbindung mit dem Teufel
gedrängt, aus der man sie auch dann nicht entläßt, wenn angebliche
abergläubische Erscheinungen sich als durchaus natürliche Vorkommnisse erweisen. So glaubt der Schmied Carstens beispielsweise
zunächst, das Licht der Irrwische nachts über dem Moor tanzen zu
sehen. Bei näherem Hinsehen jedoch erkennt er eine dunkle Gestalt,
die "neben dem Irrwisch zwischen den schwarzen Gruben und Bülten
umgegangen." (3 : 118) Diese dunkle Gestalt mit dem Licht neben sich
findet am nächsten Morgen eine ganz natürliche Erklärung : "Am andern Morgen in der Frühe aber haben die Leute drunten an der Straße
des Hofbauren Tochter ohne Kappe, mit zerzaustem Haar und
zertrümmerter Laterne in der Hand, langsam nach ihres Vaters Hofe
zuschreiten sehen."(3 : 118)

Von diesen Ereignissen erfährt Josias nur aus zweiter oder dritter
Hand. Sie beeinflussen ihn aber dennoch derart nachhaltig, daß auch
für ihn nunmehr zweifelsfrei feststeht, daß Renate eine Hexe und als
solche mit dem Teufel im Bunde ist. Sein Verhalten nach seiner
Rückkehr macht das auch für Renate schmerzlich klar. Sie erkennt,
daß sie auch auf Josias nicht mehr zählen kann, daß auch er zu denen
gehört, die sie des Aberglaubens und der Ketzerei bezichtigen.

Ganz deutlich wird ihr dies anläßlich Josias' Besuch bei ihr nach dem verhängnisvollen Abendmahlsgottesdienst. Sie erklärt ihm, wie es dazu gekommen ist, daß sie Wein und Brot am Altar zurückgewiesen hat, findet aber keinen Glauben bei ihm. Im Gegenteil sieht sie sich und ihren Vater nun auch von Josias des Teufelsbündnisses angeklagt. Sie erweist sich in diesem Gespräch zweifach als gläubige Christin, wird aber beide Male von Josias nicht 'gehört'. Es ist vielmehr so, daß er diese Bekenntnisse als besonders schlaue Tricks und Wendungen des Teufels identifiziert. Wenn sie bekennt : "Ich weiß, es war eine Sünde ! [. . .] Bete für mich, Josias, daß ich dieser Schuld entlastet werde ! " (3 : 124/25) , so ist seine Reaktion nur: "' So', dachte ich, ' will der Versucher dir entrinnen', und sprach laut : 'Ein höllisch Blendwerk hat dein Aug verwirret; und es kommt von dem, mit welchem auch dein Vater sein unselig Spiel getrieben, bis Leib und Seele ihm dabei verloren worden.' "(3 : 125) Des weiteren wird Renates christliche Überzeugung, ihr Vater sei wohlbehalten im Reich Gottes , dessen Allbarmherzigkeit auch um ihn leuchte, von Josias abgetan mit den Worten : "Das ist des Teufels Hochmuth, der von deinen Lippen redet ! "(3 : 125) Auch als Renate Josias erklärt, daß es sich bei Margreths Bericht von dem 'schrecklichen Geheul' aus dem Moor, das ihr geantwortet habe, ganz offensichtlich um ein Phantasiegebilde der Margreth handelt, denn sie, Renate, habe nichts gehört, bleibt das ohne Wirkung auf Josias.

Sie bekennt in diesem Zusammenhang, daß sie ohne weiteres ins Moor um Antwort ginge, so sie wüßte, daß dort Antwort wäre und daß es ihr ganz gleich wäre, von wem diese Antwort käme. Damit zeigt sie Josias, wie abgrundtief verzweifelt sie ist , weil sie ihren Vater nicht hat finden können. Mit diesem Bekenntnis gibt sie sich ihm preis. Für ihn jedoch ist dies weder Zeichen noch Veranlassung, ihr endlich helfend beizustehen, sie zu trösten und ihr Schutz anzubieten, sondern ganz im Gegenteil letzter Anstoß, den Exorzismus an ihr vorzunehmen.

Trotz dieser arroganten, kalten und demütigenden Behandlung durch Josias ist Renate jedoch fähig, ihm zu vergeben. Als er sie am nächsten Tag spontan aus den Händen der abergläubischen Bande rettet, die sie als Hexe ins Wasser werfen will, sinkt sie ihm anschließend vorbehaltlos in die Arme : "[. . .]da sahe ich um ihren Mund, was ich noch itzt ein selig Lächeln nennen muß, und ihr Antlitz erschien mir in unsäglicher Schönheit." (3 : 130) Für Josias jedoch ist dies nur eine neuerliche Anfechtung, der er mit langen Gebeten in seines 'Vaters Sterbekammer' (3 : 131) zu entgehen hofft.

Das ist im Wesentlichen alles, was von Renate berichtet wird. Die

Binnenerzählung erwähnt einige spätere Gerüchte, nach denen Renate über das Wasser gelaufen sei, was sie einmal mehr den Eigenschaften einer Hexe nahe bringt, diesen wird aber von Josias, dem Erzähler der Binnenerzählung, keinen Glauben geschenkt. Der hat inzwischen vielleicht auch gelernt, seinen eigenen Wahrnehmungen mehr zu trauen als den übelwollenden Geschichten der Dorfleute : "Ich aber weiß von solchem nichts; müßte auch ein Gaukelwerk des argen Geistes gewesen sein, maßen ich ja selbst die Mummelblätter unter dem Kristall des Wassers noch in ihren Hüllen hatte liegen sehen."(3 : 132)

Eine letzte Erwähnung findet Renate dann im zweiten, inneren Rahmen und aus der Perspektive des Erzählers Andreas, des Neffen von Josias. Auch hier gibt der Erzähler Gerüchte wieder, denen zufolge Renate eine Hexe ist. Sie reitet als 'Hexe von Schwabstedt' über die Heide zu Josias. Dies wird zunächst liebevoll geduldet und sogar protegiert von den Dorfleuten, auch heißt es anfänglich nur, ein 'Weib' sei über die Heide geritten und habe allsonntäglich heimlich den siechen Josias besucht. Als dieser dann jedoch -höchst vorhersehbar- stirbt, wird in den Augen des Dorfes dann aus dem Weib eine Hexe, die "unter Vorspiegelung trügerischer Heilkunst, dem armen Josias das Leben abgewonnen habe." (3 : 137)

Der Erzähler Andreas jedoch rehabilitiert Renate dem Erzähler des ersten, äußeren Rahmens gegenüber mit seinem Schlußsatz : "Wir aber, wenn Du alles nun gelesen, Du und ich, wir wissen besser, was sie war, die seinen letzten Hauch ihm von den Lippen nahm." (3 : 137)

Die Väter
Renates Vater, der Hofbauer

Beide Väter in der Novelle dienen der Funktion, die Position ihrer Kinder zu verstärken. Als der plastischere ist der Hofbauer gezeichnet. Dieser ist rein äußerlich sehr groß, hat ebenso dunkle Augen und Haare wie seine Tochter, einen 'scharfen Blick' (3 : 90) und trägt einen schwarzen Bart. Er wirkt gelassen und hat einen Sinn für feine Ironie. Bedingt durch seine fortschrittlichen Wirtschaftsmethoden, ist er den anderen Bauern im Dorf überlegen und hat sich wohl auch dadurch einen Wohlstand erworben, der weit über den der anderen Dorfbewohner hinausgeht. Das nun erregt deren Neid und Mißgunst, um die der Bauer aber weiß und die er richtig einordnet : "Ihr mögt's mir glauben, um dieser Rinne wegen möchten mich die Kerle hier am liebsten fressen;

nur weil ich letzt beim Neubau den alten Ungeschick nicht wiederum verneuern wollte."(3 : 99) Er weiß, daß er intelligenter und den anderen voraus ist : "Aber, 's ist schon richtig, die Ochsen, wenn sie ziehen sollen, müssen das Brett vorm Kopfe haben. "(3 : 99) Jedoch führt der Neid der anderen zu einer Kette von absurden Verdächtigungen, die ihre Quelle alle in alten abergläubischen Vorstellungen haben und die aufgrund ihrer festen Verankerung in abergläubischer Tradition und Volksglauben gefährlich werden können für den Bauern oder seine Tochter. Da ist zum einen die Vermutung Marikes und der Dorfleute, daß sein ´-Heidengötze Fingaholi´ die Aufgabe habe, den Hof von Ratten und Mäusen frei zu halten. Von diesem Gerücht weiß der Bauer und kennt auch die Gefahr, die damit verbunden ist. Er fürchtet, daß es ihn um Haus und Hof bringen könnte, wenn er der Verbreitung des abergläubischen Geschwätzes des ´alten Tropfes´ Marike nicht Einhalt gebietet. Andere üble Nachrede, die sich aus dem Aberglauben nährt, nimmt er nicht so ernst. Das Dorf erzählt, daß es ein Zeichen für seine Verbindung mit dem Teufel sei, wenn ihm "[. . .] der eine Strumpf um seine Hacke schlappet ! Hat immer schon geheißen, er dürfe nur ein Knieband tragen, sonst sei es mit all seinem Reichthum und mit ihm selbst am bösen Ende" (3 : 114) Des Bauern Reaktion darauf ist eher unwirsch : " 'Ja , Schneider', sprach er, 'das eine hat die Katz geholt; willt du das ander haben, um deinen dürren Hals daran zu henken ?' "(3 : 114)

Ein weiteres Gerücht über seine Teufelsbesessenheit ist aufgrund einer Krankheit des Bauern entstanden. Er leidet an Asthma und damit verbundenen häufigen nächtlichen Anfällen von schrecklicher Atemnot. Für die Dorfleute jedoch ist diese Atemnot zurückzuführen auf einen Alp, der ihm auf der Brust sitzt oder besser noch, auf den Teufel selber : "Will auch scheinen, als ob dem -Ihr wisset, wen ich meine, Jungherr, [gemeint ist der Teufel, dessen Namen zu nennen strikt vermieden wird]- das Spiel schon allzu lange währe; denn der Bauer hat nächtens oft harte Anfechtungen zu bestehen, daß er in seinem Bett nicht dauern kann; es wälzet sich was über ihn und dränget ihm den Odem ab; dann springt er auf und wandert umher in seinen finsteren Stuben und schreit nach seinem Kinde." (3 : 115) Von diesen Verdächtigungen jedoch scheint der Hofbauer nichts zu wissen.

Er wird als selbstsichere, in sich ruhende Persönlichkeit geschildert, seine Toleranz und Großzügigkeit erlauben ihm, einer Verbindung seiner Tochter, die er sehr liebt, mit Josias aufgeschlossen gegenüber zu stehen. Sein spurloses Verschwinden ist dann die Ursache dafür, daß Renate diesem Josias und seiner späteren Verblendung völlig schutzlos gegenüber steht.

Josias' Vater, der Pastor

Christian, der Vater von Josias, wird im Vergleich zum Hofbauern als sehr verhaltener und zurückgezogener Mensch geschildert. Jedoch ist sein zurückhaltendes Wesen keineswegs ein Indiz dafür, daß er eine schwache Position vertritt. Sein Einfluß auf seinen Sohn ist außerordentlich stark. Offenbar ist er einer der Charaktere, deren stille aber äußerst beharrliche Erwartungshaltung ihre Kinder nachhaltig prägt und oft daran hindert, einen eigenen Weg zu gehen. Christians Name weist ihn als ´der Christ´ aus und entsprechend angelegt ist sein ganzes Verhalten. Er ist zutiefst überzeugt, das einzig Richtige zu glauben und daraus hergeleitet auch zu tun, wenn er seinen Sohn an einer Verbindung mit Renate hindert. Ihm ist durchaus bewußt, welch tiefe Neigung Josias mit Renate verbindet, dennoch zögert er nicht, diese zu zerstören. Sein Hinweis auf das alte Priestergeschlecht, dem sie beide entstammen, verfehlt auch seine Wirkung auf Josias nicht. Dazu mag beitragen, daß die Opferhaltung der Eltern, die dem Sohn das Studium und diesen Berufsweg erst ermöglicht haben, von diesem unvergessen und daher steter Anlaß zu Dankbarkeit und Gehorsam ist.

Christian ist begrenzt fähig, Renate in ihrer Not zu helfen. Er tut dies jedoch nur, nachdem sie ihn darauf hinweist, daß sie statt seiner guten Worte eher tatkräftige Hilfe gebrauchen kann. Er schickt ihr also notgedrungen ein paar Knechte nach, selbst zu helfen kommt ihm nicht in den Sinn. Nur auf das Zureden seiner Frau jedoch und auch dann nur, weil er die Standfestigkeit seiner Magd Margareth kennt, sendet er diese zu Renate, um ihr Beistand zu leisten. Als Margareth dann völlig aufgelöst zurückkommt, schenkt er all ihren wirren Erzählungen ohne weiteres Glauben, weil sie vorher noch nie bei einer Lüge ertappt worden sei. Sein Wissen reicht nicht soweit, daß er erkennen könnte, daß es sich bei Margareths Geschichte nicht notwendigerweise um eine Lüge handeln muß, sondern um durchaus realistische aber dennoch täuschende Sinneseindrücke. So gibt er denn Margareths Bericht unbesehen an Josias weiter und leitet daraus eine direkte Warnung vor einer Verbindung mit Renate ab. Er ist Opfer seiner eigenen Erwartungshaltung und Blindheit und zögert nicht, diese unbesehen an Josias weiterzugeben. Der wiederum, geblendet von der Autorität seines Vaters, übernimmt diese ebenso unbesehen und erlaubt ihm damit, sein Lebensglück zu zerstören.

Die Autorität, die Christian seinem Sohn gegenüber so selbstverständlich beansprucht, gesteht er -mit umgekehrtem Vorzeichen- ebenso selbstverständlich der Person zu, die ihm gegenüber eine väterlich-fachliche Autorität beansprucht. Petrus Goldschmidt ist in Christians Leben der Mensch, dessen Forderungen er keinen Widerspruch entgegensetzen kann. Zwar führt er theologische Diskussionen mit ihm, jedoch scheinen die Übereinstimmungen dabei bei weitem zu überwiegen, da sie die gleichen Bücher lesen und von der gleichen Grundüberzeugung aus geführt werden. Wenn Goldschmidt sich dazu aufschwingt, Christian in bezug auf seine Amtsführung Ermahnungen zu erteilen, die eigentlich mehr Befehle sind, hat dieser dem nichts entgegenzusetzen oder einzuwenden. Die große Autorität Goldschmidt fällt am Ende der Erzählung nicht nur theologisch, sondern auch sozusagen weltlich in sich zusammen, als sich herausstellt, daß er sich seine Positionen durch Ämterkauf erschlichen hat. Das jedoch erfährt Christian nicht mehr, da er zum Zeitpunkt dieser Enthüllungen schon viele Jahre tot ist. Von einer Erschütterung seiner Überzeugungen bleibt er daher für die Dauer seines ganzen Lebens verschont. Daraus folgt, daß das Unheilvolle seines Einflusses auf seinen Sohn ihm niemals deutlich wird. Josias muß die Schuld alleine tragen.

Die Umwelt

DAS SOZIALE UMFELD
Abergläubische Elemente

Die Nebenfiguren der Erzählung bewegen sich nahezu ausschließlich im Bereich des Aberglaubens. Namentlich genannt werden Marike und Margareth, beide Mägde, die eine im Haushalt des Hofbauern, die andere in dem des Pastoren. Marike erweist sich als direkt abergläubisch, wenn sie an die Macht des ´Fingaholi´ glaubt und daran, daß der eine Strumpf des Bauern deshalb immer rutscht, weil dieser ein Bündnis mit dem Teufel hat, der ihm, solange er nur ein Strumpfband trägt, seinen Reichtum garantiert. Auch daß es ihr nicht gelingt, dem Bauern ein paar fester sitzende Strümpfe zu stricken, führt sie auf den direkten Einfluß des Teufels zurück: "Die alt Marike hat zwar versucht, die Strümpf ihm enger zu stricken, damit sie nicht herunterfallen; aber wenn sie dran kommt -sie hat's mir gestern selbst erzählt-, so tanzet es ihr wie Fliegen vor den Augen oder wimmelt wie Unzeug über ihren alten Leib." (3 : 114). Dies erfährt Josias vom Schneider, was darauf schließen läßt, daß Marike ihre Verdächtigungen den übrigen Dorfbewohnern mitteilt. Dem Hofbauern ist das bekannt, denn er versucht, sie an einer Verbreitung ihrer unheilvollen Gedanken zu hindern. Er betrachtet sie -zu Recht- als bis zu einem gewissen Grade gefährlich, wogegen Renate Erbarmen mit ihr hat und ihre Ansichten auf harmlose altersbedingte Verwirrung zurückführt und die Gefahr nicht erkennt. Marike ist also die Verbindungsfigur vom Hof des Bauern zu den Dorfleuten, die diesen über ihren Neid hinaus Nahrung gibt für ihre abergläubischen Verdächtigungen des Hofbauern.

Margareth spielt zunächst eine kleinere Rolle. Sie tritt erst in Erscheinung, als es darum geht, den vagen Vermutungen von Renates Teufelsbesessenheit Substanz zu verleihen. Das tut sie, die als standfeste und keineswegs schreckhafte Person bekannt ist, als sie gänzlich aufgelöst zurückkommt von der Suche nach dem verschwundenen Hofbauern, bei der sie Renate hat zur Seite stehen wollen. Der nächtliche Vorfall hat sie gewissermaßen kuriert und auch sie ist nun von Renates Bund mit dem Teufel überzeugt. Ob oder inwieweit sie das vorher schon war, wird nicht gesagt. Für ihre Herrschaft jedoch ist ihr Bericht die letzte Bestätigung des lange gehegten Verdachts. Ihre Funktion liegt also darin, Renate endgültig zunächst für den Pastoren und damit zwangsläufig dann auch für Josias als Hexe zu identifizieren.

Die übrigen Figuren auf der abergläubischen Seite des Dorfes bleiben mit einer Ausnahme, der des Schmieds Carstens, namenlos. Sie bilden die Masse, die zum einen geistig nicht sehr beweglich und zum anderen eben dadurch mit Hilfe haltloser Sensationsberichte leicht zu beeinflussen und zu steuern ist. Die anonyme Masse der Dorfleute ist jedoch das notwendige Potential, ohne das die Figur der Marike wirkungslos wäre. Im ersten, äußeren Rahmen der Novelle wird eine Mutter Pottsacksch erwähnt, die die abergläubischen Vorstellungen der Dorfleute weiterträgt in die Zeit von ca. hundert Jahren nach den Ereignissen der Binnenerzählung. Ihre Funktion liegt neben der, das Interesse des Lesers zu wecken, darin, die Zählebigkeit des Aberglaubens auf dem Land deutlich zu machen. Sie ist das Bindeglied zwischen Binnenerzählung und äußerem Rahmen.

Christliche Elemente

Im Bereich des sozialen Umfeldes von Josias und Renate müßte eigentlich die christliche Seite ungefähr gleich stark vertreten sein wie die abergläubische. Von der Stärke der Personen her wie auch in bezug auf die dargestellte Tiefe ihrer Überzeugungen ist sie das auch, wenn nicht gar stärker als die abergläubische. Christian und Petrus Goldschmidt sind ohne Frage Charaktere, die durch die Konsequenz ihres Handelns überzeugen. Das Problem liegt darin, daß ihre Christlichkeit nicht eigentlich eine solche ist, sondern daß beide lediglich unter der Flagge des Christentums segeln, um ihre abergläubischen Vorstellungen umso machtvoller durchsetzen zu können. Im Bereich des ´offiziellen´ Christentums also ist es die Figur des Goldschmidt, die neben dem bereits geschilderten Vater von Josias die christliche Position vertritt. Er ist eine streitbare Person mit Autorität in der kirchlichen Hierarchie, hat Bücher veröffentlicht, um seine Ideen zu verbreiten und überzeugt überall und besonders bei der einfachen Landbevölkerung durch sein imposantes Auftreten. Die Leute werden sehr mitteilsam ihm gegenüber, und sein Eindruck auf sie ist so nachhaltig, daß sie sich noch nach seiner Abreise ganz in seinem Sinne verhalten: längst vergessene alte Hexengeschichten werden wieder aufgewärmt und der Aberglaube bekommt -unter dem Deckmantel des besorgten Christentums- neuen Aufwind. Goldschmidt hat im Sinne einer symmetrischen Anordnung von Glauben und Aberglauben in der Erzählung die gleiche Funktion auf der christlichen Seite, die Marike auf der des Aberglaubens hat. Er ist das Verbindungsglied zwischen dem Haus des Pastoren und den Dörflern, so wie Marike das Haus des Hofbauern mit den Dorfleuten verbindet. Seine Position ist aber ungleich stärker, da er, anders als Marike, mit größter Autorität ausgestattet ist wie auch im Unterschied zu der alten und gebrechlichen Magd eine physisch sehr eindrucksvolle Erscheinung ist.

Zu den Nebenfiguren im Bereich der christlichen Seite gehört auch die Mutter des Josias. Von ihr wird nahezu ausschließlich im Diminutiv als ´Mütterlein´ gesprochen, und ihre Rolle beschränkt sich dementsprechend in der Tat darauf, die Position ihres Mannes zu stärken, ohne eine eigene einzunehmen. Als sie mit ihrer anfänglichen Unterstützung der Verbindung ihres Sohnes mit Renate den Anflug einer eigenen Meinung zeigt, wird dies von ihrem Mann im Keim erstickt. Im weiteren Verlauf bleibt sie dann auch völlig im Hintergrund. Ihre Stellung zu den Anschuldigungen, mit denen Renate bedacht wird, bleibt im Dunkeln.

Damit ist die Anzahl der Nebenfiguren auf der christlichen Seite erschöpft. Von einer größeren Masse der Namenlosen kann hier nicht gesprochen werden. Dennoch ist sie vorhanden. Sie füllt beispielsweise die sonntägliche Kirche beim Gottesdienst und bildet die christliche Gemeinde, deren Seelenhirte der Pastor ist. Es handelt sich jedoch um die gleichen Personenkreise, aus denen im Bereich des Aberglaubens die Masse der blinden Verfolger besteht. Das heißt, die zahlenmäßig stark vertretenen Verfechter des Aberglaubens sind personell identisch mit den Anhängern des Christentums. Daraus folgt, daß sie sich ganz wie ihre Führer verhalten und unter dem Deckmantel des Christentums mit Vehemenz und größter Unbarmherzigkeit abergläubischen Vorstellungen anhängen. An diesem Punkt fällt die Symmetrie in sich zusammen, da die opponierenden Seiten sich als deckungsgleich herausstellen: Christentum und Aberglaube werden eins.

DIE NATÜRLICHE UMWELT
Bäume

Das Anwesen des Hofbauern verfügt über zahlreiche große dunkle Eichen. Sie werden im Verlauf der Erzählung achtmal erwähnt, meistens im Zusammenhang mit unklaren Vorahnungen: "Ich aber stand noch lange oben in der scharfen Morgenluft und starrete hinunter auf die düsteren Eichen, aus deren dürrer Krone itzt ein paar Elstern aufflogen und krächzend den Nachtschlaf von den schweren Flügeln schüttelten."(3 : 93)

Die Eiche ist im Volksglauben ein Familien- oder Geschlechterbaum, der eng mit dem Schicksal des Hauses verbunden ist, oft dieses symbolisiert. Storm erwähnt sie in diesem Bedeutungszusammenhang auch in anderen Novellen wie *Eekenhof, Aquis submersus* und *Ein Fest auf Haderslevhuus*. Auch in *Renate* haben die Eichen diese symbolische Bedeutung, denn im Rahmen, der aus späterer Zeit rückblickend in die Binnenerzählung einführt, heißt es, daß die Bäume gefällt werden sollen. Im Sinne des Aberglaubens ist das zu erwarten, denn die Familie des Hofbauern ist ausgestorben. Für den kundigen Leser liegt daher eine Vorausdeutung in dieser ganz am Anfang der Erzählung gemachten Erwähnung der Eichen, die geschlagen werden sollen.

Vögel

Was für die erwähnten Eichen gilt, trifft in noch stärkerem Maße auf die Elstern zu, die siebenmal erwähnt werden, jedesmal in Verbindung mit den dunklen Eichen. Die Elster gilt dem Aberglauben als Vogel, der Unglück ankündigt. Entsprechend eingesetzt findet dieser Vogel sich bei Storm : "Da ich herzutrat, lag das große Gebäu gar stille unter seinen alten Eichbäumen; bellte auch kein Hund vom Flur heraus; nur droben in den Wipfeln erhuben Elstervögel ein Gekrächze, als ob sie hier die Wacht am Hause hätten."(3 : 95) und : "Draußen in den

Bäumen schrachtelten die Elstern, mir war's mit einem Mal gar einsam in dem großen düsteren Gemache."(3 : 96) Ganz deutlich wird die Bedeutung der Elstern als Unglücksboten im Zusammenhang mit dem Verschwinden von Renates Vater: "In den alten Bäumen -so wird erzählet- habe es von den Vögeln an diesem Tag [dem des Verschwinden des Hofbauern] gelärmet, als seien alle Elstern aus dem ganzen Wald dahin berufen worden." (3 : 117)

Einmal erwähnt Storm statt der Elstern Krähen in den Eichen, aber auch diese ganz im Sinne des herrschenden Aberglaubens. Auch die Krähe ist ein Unglücksvogel, gilt aber darüberhinaus auch als Verräterin der Diebe. Sie wird erwähnt im Zusammenhang mit Renates Hund, der von den Zigeunern gestohlen wurde: "'Und nun' sagte ich, 'habet Ihr nur die Krähenvögel in Eueren alten Bäumen.' " (3 : 100) Renate geht auf diesen Bedeutungsgehalt der Krähen als ´Wachhund´ ein, wenn sie entgegnet: "'Ihr spaßet, Herr Studiosi' ", [. . .] 'aber es braucht bei uns kaum eines Hundes; mein armer Vater leidet an der Luft und schläft allzeit nur leis.' "(3 : 101)

Farben

Bezüglich der Verwendung von Farben und der damit verbundenen dialektischen Symbolik sind am auffallendsten Renates Augen. Es wird im Verlauf der Novelle neunmal erwähnt, daß die Augen des Mädchens dunkel sind, einmal sind sie ´groß´ und ´brennend´ (3 : 75), einmal wird gesagt: "[. . .] und ein trotzig Feuer brannte in ihren schönen Augen [. . .]" (3 : 125) und einmal "[. . .] war ein kalter Glanz in ihren Augen." (3 : 126) Diese beiden letzteren Textstellen finden sich im engen Kontext -unmittelbar vor und nach- der Teufelsaustreibung, die Josias an Renate vornimmt. Nur in diesem Zusammenhang wird dadurch deutlich, daß das Mädchen sich auflehnt gegen den jungen Theologen und seinen unbegründeten Verdacht.

Einmal werden Renates Augen ´licht´ genannt, sie werden aber sogleich wieder dunkel : "[. . .] denn Renate war eingetreten, und während sie ihr Köpflein zu mir wandte, sah ich, wie ein fliegend Roth ihr die lichten Augen dunkel machte." (3 : 96) Es ist möglich, daß es sich hier um ein Versehen des Erzählers handelt. Es ist jedoch auch möglich, daß ihre Augen in der Tat licht waren und nur dem jeweiligen voreingenommenen Betrachter dunkel erscheinen. Denn dunkel müssen die Augen einer Hexe allemal sein, wenn möglich auch brennend. Alle, die ihre Augen schildern -Josias, sein Vater und die Dorfleute- sind erwiesen-

ermaßen voreingenommen und können daher wohl nur das wahrnehmen, was sie wahrnehmen wollen. (vgl. in diesem Zusammenhang die
Irrwisch-Wahrnehmung des Schmieds auf der Heide und die Geheul-
Wahrnehmung der Margareth im Moor. Beide stellen sich im Nachhinein als falsch heraus.)

Nicht nur Renates Augen sind dunkel. Ihr Haar ist braun und ihre
Haut wird mehrfach als dunkel oder braun bezeichnet. Beides ist eher
ungewöhnlich im Norden Deutschlands, es wird wohl hervorgehoben
als subtiler Hinweis auf Renates ´Anderssein´. Im Sinne der Dialektik
dunkel = böse und hell = gut, die u.a. dem Denken des Aberglaubens zu-
grundeliegt, soll es in den Augen des Erzählers zweifellos als ein Zeichen für Renates Verbindung mit den dunklen Mächten wie dem Teufel oder bösen Geistern und Dämonen gelten.

Abgesehen von Renates äußerer Erscheinung wird auch alles andere,
was mit dem Hofbauern zu tun hat, als dunkel hervorgehoben. Er
selbst hat einen dunklen Bart und ebenso dunkles Haar und dunkle
Augen wie seine Tochter; aber auch sein Gehöft fällt dem Erzähler
schon beim ersten Sehen aus der Ferne als dunkel ins Auge. Dunkel
sind die Bäume, die es umgeben, dunkel sind die Fenster und auch im
Inneren herrscht Dunkelheit in den Räumen. In diesem Zusammenhang ist eine Äußerung Renates erwähnenswert, die diese macht, als
Josias sie in ihres Vaters Haus des Bundes mit dem Teufel beschuldigt.
Sie sagt : "Ich verstehe nicht, was Ihr redet, aber mir ist, als sei das
große Gemach hier so düster, wie es nimmer noch gewesen. " (3 : 126)
Damit macht sie deutlich, daß sie weiß, daß die Dunkelheit, die mit
dem Teufel und Aberglauben in Verbindung gebracht wird, erst von Josias in ihr Haus getragen wurde und nicht etwa vorher schon da war
bzw. daß die vorhandene Dunkelheit durch Josias Anwesenheit
verstärkt wird. Es scheint, als sei ihr in diesem Moment ganz klar, wer
von ihnen beiden der eigentlich Abergläubische ist. Bis zu diesem
Punkt war ihr nur bekannt, wessen sie verdächtigt wurde und wußte
sich unschuldig. In diesem Moment erkennt sie, daß es Josias ist, der
der wirklich Schuldige ist, nicht nur, weil er sie anklagt, sondern weil
er darüberhinausgehend der eigentlich Abergläubische ist.

In auffallendem Gegensatz zu dem Dunkel, das das Anwesen des Hofbauern umgibt, steht das helle, ´freundlich [e]´ (3 : 84) Elternhaus des Josias wie auch die Kirche, die in der ´lichten Morgensonne´ (3 : 121) liegt.

Die Dialektik zwischen hell und dunkel einschließlich der damit
verbundenen Symbolik wird demzufolge von Storm eingesetzt, um die
Diskrepanz zwischen den kontrastierenden Parteien in der Geschichte
hervorzuheben. Es soll an dieser Stelle daran erinnert werden, daß die

Binnenerzählung aus der Perspektive des Josias erzählt wird, dessen Art und Weise der Wahrnehmung dadurch herauskristallisiert wird.

Das gleiche Mittel wird angewendet bei der Beschreibung der Kappe, die Renate trägt. Sie ist leuchtend golden, solange Josias einen Engel in dem Mädchen sieht. (3 : 81, 82, 86, 88) Als er überzeugt ist, daß Renate mit dem Teufel im Bunde ist, trägt das Mädchen eine schwarze Kappe. (3 : 123)

Renates Kleidung ist immer schwarz, hat aber anfänglich noch rote Bestandteile. Das Gleiche gilt für Josias, der als lebenslustiger Student einen roten Rock trägt, der dann von dem strengen Theologen Josias durch einen schwarzen ersetzt wird. Dieser schwarze Rock wird von dem Hofbauern verglichen mit dem Federkleid des Raben (3 : 90), der gleich der Krähe als Vogel des Unglücks und des Todes gilt.

Weitere Elemente des Aberglaubens

Renate wird im Verlauf der Erzählung wiederholt eine Hexe genannt. Diese direkte Benennung, die ausschließlich durch die Dorfleute vorgenommen wird, findet sich achtmal. Darüberhinaus jedoch flicht Storm zahllose versteckte subtile Hinweise ein, die auf Renate als eine Hexe hindeuten.

Das eine ist ihre bereits erwähnte dunkle äußere Erscheinung mit den brennenden Augen. Weiterhin ist ihr treuer Gefährte ein schwarzer Hund, der dann mit den Zigeunern verschwindet. Der schwarze Hund wie auch die Zigeuner werden vom Aberglauben in Zusammenhang gebracht mit Hexe und Teufel. Die Elster, der Unglück ankündigende Vogel, gilt auch als Vogel der Hexe, sodaß eine zusätzliche Bedeutungsdimension darin liegt, wenn Renate in ihrem Haus als ständig von Elstern umgeben geschildert wird.

Des weiteren wird am Ende der Novelle gesagt, das Mädchen sei über einen Teich gelaufen. Schon vorher wird die Verfolgung Renates durch die jungen Männer des Dorfes geschildert mit dem Ziel, sie 'auf's Wasser zu werfen' . Hierbei handelt es sich ganz offensichtlich um die sogenannte Wasserprobe, die der Identifizierung des Mädchens als Hexe dienen soll. Weniger deutlich dagegen ist dieser zweite Hinweis am Ende der Novelle, Renate sei über das Wasser gelaufen. Die Fähigkeit, auf dem Wasser zu gehen ist eine Eigenschaft, die der Aberglaube den Hexen beilegt.

Um eine solche Eigenart handelt es sich auch bei der Annahme, Hexen weinten nicht. Dies wird von Renate gesagt anläßlich des

Verschwindens und vermutlichen Todes ihres Vaters: "[. . .] und hat es die Weiber, welche dort zusammengelaufen, schier verwundert, daß das Mädchen, so doch kaum achtzehn Jahre alt, so schweigend zwischen ihnen hingegangen und nicht geweinet, noch eine Klage um den Vater ausgestoßen; nur ihre Augen seien noch viel dunkler in dem blassen Angesicht gestanden." (3 : 117) In Hexenprozessen galt das Nicht-Weinen einer Frau unter der Folter als Erkennungszeichen dafür, daß sie eine Hexe war; das Ausbleiben der Tränen wurde auf den direkten Einfluß des Teufels zurückgeführt; auch gehörten Beten und Weinen zusammen, da Tränen als Ausdruck der Reue im Gedenken an die Passion Jesu Christi gewertet wurden. Daß Renate nicht weint, ist also ein weiterer Hinweis darauf, daß die Dorfleute entsprechend dem Aberglauben völlig zu recht eine Hexe in ihr sehen. Josias dagegen, obgleich auch dem Aberglauben anhängig, könnte es besser wissen, denn er hat Renate weinen sehen: "Ich nahm ihr Antlitz in meine beiden Hände, und da ich es gegen das volle Mondlicht wandte, sahe ich, daß es sehr blaß war und ihre Augen voll von Thränen stunden."(3 : 113)

Ein weiteres Merkmal einer Hexe ist, daß sie reitet, gewöhnlich auf einem Rappen oder einem Schimmel. Beides behaupten die Dorfleute von Renate, wenn sie erzählen, sie sei auf einem pechschwarzen bzw. fahlgrauen Pferd über die Heide geritten, um Josias zu besuchen. Besonders der Schimmel ist mit vielschichtigen abergläubischen Vorstellungen behaftet.[66]

Auch die Krankheit ihres Vaters, das Asthma, wird vom Aberglauben mit Hexen in Verbindung gebracht. Demzufolge verursachen Hexen Asthma. Eine andere Verbindung des Aberglaubens liegt in der Gleichsetzung des Asthmas mit einem Alp, d.h. einem Druckgeist, wobei dieser dann direkt auf den Teufel zurückgeführt wird.

Die mehrfache Erwähnung von Irrwischen stellt selbstredend auch ein Element des Aberglaubens dar. Im Zusammenhang mit Renate als Hexe ist dabei eine Begebenheit bei der Suche nach ihrem Vater hervorzuheben: "[Da] hat sie plötzlich überlaut um ihren Vater gejammert und wie in das Leere hineingeschrien, als ob ihr etwas von ihm Kunde geben möchte. Und hat es darauf eine kurze Weile nur gedauert, so ist aus der finstern Luft gleich wie zur Antwort ein erschrecklich Geheul herabgekommen, und es ist gewesen, als ob hundert Stimmen durcheinander riefen und eine mehr noch habe künden wollen als die andere."(3 : 119) Für die anwesende Margareth, die Magd des Pastoren, liegt hierin ein Versuch Renates, mit den bösen Geistern Kontakt aufzunehmen und sie sieht daher darin ein sicheres Erkennungsmerkmal einer Hexe.

Inwieweit der nächtliche Auszug der Ratten mit Renates angeblichem Hexentum in Verbindung gebracht werden kann, ist unklar. Sicher ist jedoch, daß der dabei erwähnte Peitschenknall auf eine abergläubische Vorstellung zurückgeht. Dabei handelt es sich um einen Abwehrzauber, der mit Hilfe von Lärm Dämonen oder zerstörerische oder schädigende Kräfte abwehren soll. "Die Vorstellung von der apotropäischen Wirkung des Peitschenknalls ist aus der allgemeinen uralten Anschauung von der dämonen-abwehrenden Kraft des Lärms erwachsen."[67] Die Worte :

"[. . .] als ob's von unhörbarem Peitschenknall getrieben würde " (3 : 112) stellen also offensichtlich eine Erwähnung des herrschenden Aberglaubens dar und bringt diesem zufolge für Josias das Haus des Hofbauen in unmittelbare Verbindung mit abergläubischen Praktiken. Bei diesem Auszug der Ratten ist Josias selbst als Augenzeuge zugegen. Das Phänomen eines ähnlichen Vorgangs wird ihm jedoch schon früher geschildert anläßlich der Erkundigungen, die er einzieht über den Hofbauern. In diesem Zusammenhang heißt es: "Zog mich sogar der blasse Dorfschneider bei einem Rockknopf in die Ecken und sprach gar heimlich: 'Jungherr, Jungherr ! Wisset Ihr, was die Schwarze Kunst bedeutet?' Schlug sich dann aufs Maul und zeigte mit der Hand dahin, als wo der Hof gelegen."(3 : 94) Daß der Schneider 'sich auf's Maul schlug ', geht zurück auf das Schweigegebot, mit dem der Aberglauben die Schwarze Kunst , den Vorspuk und das Zweite Gesicht belegt. Diesem zufolge darf davon nicht gesprochen werden, ohne daß nachteilige Konsequenzen für den Sprecher zu befürchten wären.

Abschließend sei die Vielfalt hervorgehoben, mit der Storm den Teufel aus der Perspektive des Aberglaubens schildert. Da ist zum einen der 'stinkende Rauch', der Petrus Goldschmidt zufolge bei der Taufe mithilfe der exorzistischen Formel "Exi immunde spiritus!"aus dem Mund des Täuflings entweichen soll. (3 : 107) Er weist hin auf den strengen Schwefelgeruch, der vom Teufel ausgeht: "Im Schwefel sitzt der Teufel, er ist sein Lieblingserzeugnis, sein Räucherpulver, denn er brennt und stinkt."[68] Petrus Goldschmidt weist noch auf eine andere Variante einer Teufelserscheinung hin, wenn er sagt: "Und packe den höllischen Gaukelnarren, so du ihn findest, feste bei den Ohren, daß du ihn samt seinem Sauschwanz fundatim exstirpiren mögest!"(3 : 108) Mit dieser Äußerung bekräftigt Goldschmidt die Auffassung des Aberglaubens, daß der Teufel auch in Gestalt eines Schweins erscheinen kann.

Eine weitere abergläubische Vorstellung vom Teufel liegt in seiner Verbindung mit den Strümpfen des Hofbauern. Storm greift hier auf

eine Sage aus der Müllenhoffschen Sammlung zurück.[69] Danach fordert
der Teufel als Zeichen des Pakts mit ihm, statt der üblichen zwei
Strumpfbänder nur eines zu tragen, wobei schon eine einzige Verfehlung
den Verlust der Seele an den Teufel zur Folge hat. In der Sage führt der
Teufel den Pastor Fabricius in Versuchung, indem er ihm morgens zwei
Strumpfbänder vor das Bett legt, um ihn zum gedankenlosen Anlegen
derselben zu verführen. Hierauf läßt sich demzufolge die Bemerkung
des Schneiders in *Renate* zurückführen: "Es liegen wohl oftmalen zwei
der Strumpfbänder vor seinem Bette; aber der Bauer hütet sich; er weiß
es wohl, wer ihm das zweite hingelegt."(3 : 114)

In der Müllenhoffschen Sage wird das Mädchen, das dem Pastoren
die Strümpfe strickt, von Flöhen geplagt, die es irre machen beim
Maschenzählen, sodaß die Strümpfe immer zu weit geraten und dann
dem Pastoren um die Fersen schlottern. Storm macht aus den Flöhen
der Sage Fliegen, die der alten Marike um die Augen tanzen und sie
beim Stricken hindern, sodaß die Strümpfe des Hofbauern auch zu weit
geraten. Hervorzuheben ist hier, daß dem Aberglauben die Fliege als
Erscheinungsvariante des Teufels gilt. Von Marike wird außerdem gesagt, es "wimmelt wie Unzeug über ihren alten Leib [. . .]"(3 : 114); ob
es sich dabei wie in der Müllenhofschen Sage um Flöhe handelt, wird
jedoch nicht deutlich.

Es finden sich also in direkter und in indirekter Form zahlreiche
Hinweise Storms auf Varianten des Aberglaubens in bezug auf den Teu-
fel, die die Denk- und Verhaltensweisen der Dorfbevölkerung in der
Novelle beeinflussen.

Wie gezeigt werden konnte, trifft dies jedoch nicht nur auf die Figur
des Teufels zu, sondern ebenso auf die vielen anderen subtilen Andeutungen von abergläubischen Vorstellungen in der Novelle wie Bäume,
Tiere, Farben usw. Daraus wird ersichtlich, in welch meisterhafter
Weise Storm hier eine alles umfassende abergläubische "Realität"kon-
struiert, in der der Erzähler Josias sich bewegt und von der seine Sicht
und Verhaltensweise beeinflußt werden.

Die Dynamik zwischen Glauben und
Aberglauben als destruktives Instrument

Auf dem Hintergrund einer Zusammenfassung der vorstehenden Analyse wäre im Interesse einer Balance zwischen den Glaubenshaltungen
eine zahlenmäßige Ausgewogenheit zu erwarten in bezug auf die perso-
nelle Verteilung von gläubigen und abergläubischen Personen in der

Novelle. Dies ist nicht der Fall. Die Zahl der abergläubischen Personen übersteigt die der gläubigen bei weitem. Eine unerwartete Komplikation liegt darüberhinaus in der Beobachtung , daß die *eigentlich* Abergläubigen die Christen sind, die sich selbst für Gläubige halten und nicht etwa die Personen , die des Aberglaubens beschuldigt werden. Diese erweisen sich als *eigentlich* ganz und gar *nicht* abergläubisch, sondern im Gegenteil als gute Christen.

Dies kann ohne Frage von Renate gesagt werden. Hier sei besonders auf ihre Begegnung mit Josias in ihrem Elternhaus nach dem Abendmahlsgottesdienst erinnert. In dieser Konfrontation mit Josias zeigt sich ganz deutlich, daß sie diejenige ist, die christliche Grundüberzeugungen vertritt wie beispielsweise die von der allgemeinen Erlösung nach dem Tode und der damit verbundenen Geborgenheit aller Menschen in Gott.

Die zweite Person, die des Aberglaubens bezichtigt wird, ist Renates Vater. Inwieweit er christliches Gedankengut vertritt, kann aus dem Text nicht hergeleitet werden. Jedoch kann als sicher gelten, daß er die abergläubischen Praktiken, dessen das Dorf ihn beschuldigt, *nicht* vollzogen hat noch auch an ihre Wirksamkeit glaubt.

Dies bedeutet, daß die Personen, die in der Novelle auf den ersten Blick auf der Seite des Aberglaubens stehen, bei näherem Hinsehen ausscheiden, weil sie weder praktisch noch theoretisch Inhalte des Aberglaubens vertreten. Die andere Seite dagegen, die des christlichen Glaubens, erweist sich sowohl bezüglich ihrer theoretischen Glaubensgrundlage als auch in Bezug auf die daraus abgeleiteten Praktiken tatsächlich als Vertreterin des Aberglaubens. Besonders Josias und sein Vater, beide evangelische Pastoren, vertreten vehement abergläubische Glaubenshaltungen. Josias nimmt darüberhinaus einen Exorzismus an Renate vor und bewegt sich damit auch bezüglich seiner praktischen Handlungsweise klar im Bereich abergläubischer Praktiken. Ihm selbst ist das vermutlich ganz und gar nicht bewußt, er ist überzeugt, auf dem Boden des Christentums in seiner Ausformung des orthodoxen Luthertums zu stehen. Dies ist der Fall, weil er das Produkt einer sehr einwegigen Überzeugungsbildung darstellt. Vereinfacht gesagt, heißt das, daß er glaubt, was ihm gesagt wird, tut, wie ihm geheißen und von ihm erwartet wird. Hier sei erinnert an die Wahl seiner Professoren an der Universität, an seine autoritätsgläubige Haltung seinem Vater und Goldschmidt gegenüber und an sein Unvermögen und mangelndes Interesse, sich eine eigenständige Überzeugung zu erwerben, indem er beispielsweise wenigstens die Bücher selbst liest, über die in seiner Anwesenheit diskutiert wird.

Diese Beobachtung führt weiter zu einer Untersuchung der Frage, wie in der Novelle Kommunikation geschieht. In diesem Zusammenhang sei vorab daran erinnert, daß es sich bei der Verteilung der Personen im wesentlichen um eine symmetrische Anordnung handelt:

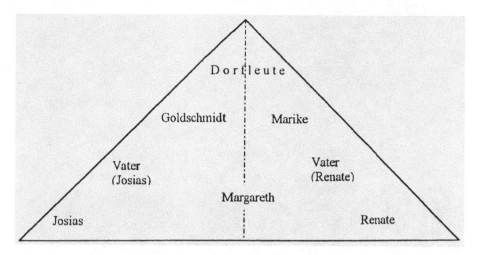

RENATE: Personenaufteilung, Glauben / Aberglauben

Diese graphische Darstellung zeigt, daß Protagonisten und Antagonisten sich -auf den ersten Blick- auf den gleichen Ebenen und zahlenmäßig gleich stark ebenbürtig gegenüberstehen.

Darüberhinaus läßt sich diese Darstellung jedoch auch als Kommunikationsmodell einsetzen, an dem deutlich wird, in welchen Richtungen ein Informationsfluß stattfindet bzw. wer als letzter Rezipient am Ende dieses Prozesses steht.

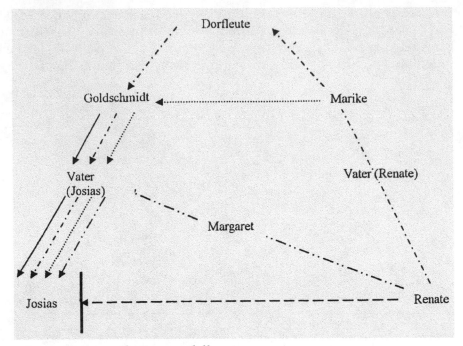

RENATE: Kommunikationsmodell.

An dieser Graphik wird deutlich, daß Josias derjenige ist, bei dem die Informationen über Renate und den Hofbauern zusammenfließen und enden. Marike informiert die Dorfleute von dem angeblichen Teufelsbündnis des Hofbauern (‑‑‑‑‑‑‑‑‑), ebenso wie sie Goldschmidt darüber in Kenntnis setzt (⋯⋯⋯⋯), als dieser ihr 'das Maul aufgethan' (3 : 114) hat anläßlich seines Besuchs in Schwabstedt. Goldschmidt gibt seine gesammelten Erkenntnisse über den Stand des Aberglaubens im Dorf an Christian weiter (⸺ und ⋯⋯⋯⋯ und ‑‑‑‑‑‑‑‑) um ihn zu einer strikteren Amtsführung zu bewegen. Diesem wird davon ganz elend, was seine Frau zu der Bemerkung veranlaßt: "Ich muß dich pflegen, Christian; eine so gewaltige und robuste Gottesgelahrtheit ist nicht vor eines jeden Constitution!"(3 : 109)

Des weiteren setzt Margareth den Pastoren in Kenntnis über Renates angeblichen Umgang mit den Geistern im Moor (‑‑‑‑‑‑‑‑). Dieser benutzt dann seine gesammelten Informationen, um sie an Josias weiterzugeben (‑‑‑‑‑‑‑ und ⋯⋯⋯⋯ und‑‑‑‑‑‑‑ und ⸺) mit dem Ziel, ihn vor einer Verbindung mit Renate zu bewahren. Josias rezipiert alles ihm Mitgeteilte entsprechend seiner Persönlichkeit und seinem schon früher gezeigten Verhaltensmuster, ohne Zweifel zu hegen oder selbst Nachforschungen anzustellen. Er ist das Produkt einer einseitigen Informationskampagne, die er nicht durchschaut. Diese Kampagne funktioniert so vollendet, daß sie ihn völlig abschottet und unzugänglich macht für den einzigen Versuch Renates, eine Kommunikation mit ihm aufzunehmen (-------) und die Vorfälle richtigzustellen. Er "[. . .] glaubte ihren Worten nicht."(3 : 125) Dieser Versuch einer Kommunikation scheitert.

Dieses Verhalten überrascht vor allem deswegen, weil Josias Renate zweifellos liebt. Die Macht, die die Kombination Christentum/Aberglaube über ihn hat, ist aber offenbar stärker als seine innere Bindung an die geliebte Frau. Dies ist zum Teil sicherlich darauf zurückzuführen, daß, wie gezeigt werden konnte, der Aberglaube eine wesentlich stärkere Potenz entwickeln kann in der Verbindung oder unter dem Deckmantel des Christentums denn als alleinstehendes Phänomen. Erst in dieser Verschmelzung mit dem Christentum scheint der Aberglaube in der Novelle sein volles destruktives Potential zu entwickeln und freizusetzen.

Ein anderer Grund für das Unvermögen Josias', zu Renate zu stehen und damit gegen Dorf und Vater, liegt in seiner Persönlichkeit und der Art und Weise, wie diese von seinen Eltern, vornehmlich dem Vater, geformt wurde. Die Binnenerzählung der Novelle setzt ein mit einem vierzehnjährigen Jungen, dessen höchstes Ziel es ist und immer sein wird, seinem Vater zu gefallen. Dieser definiert qua Amt für Josias, was ´Christentum´ ist und wie es im einzelnen gelebt werden muß. Josias hat wiederholt Gelegenheit, die Sicht des Vaters zu überprüfen oder zu korrigieren, vielleicht auch ganz abzulehnen. Davon macht er sein ganzes Leben hindurch keinen Gebrauch. Es ist also nicht so, daß er nur in einer bestimmten Situation dem Vater nichts entgegenzusetzen hat, sondern so, daß sein Verhalten in dieser spezifischen Situation die allgemeinen Grundzüge seiner Persönlichkeit so, wie sie schon immer vorhanden waren, wiederspiegelt. Dies wird ganz deutlich angesichts der Tatsache, daß sein Vater ja schon gestorben ist und ihn nicht mehr hören kann, als Josias sein Versprechen, Renate nicht zu heiraten, abgibt. Auch hier zeigt sich klar die destruktive Macht der Verbindung Christentum/Aberglaube in der besonderen Ausformung dieser Novelle, die ein Christentum schildert, daß de facto eher Aberglaube ist als christlicher Glaube.

Diese destruktive Kraft ist es, die auch Josias letzten Endes zerbrechen läßt, nachdem sie durch Jahre hindurch seine Gesundheit untergraben hat. Der Beginn seiner gesundheitlichen Zerrüttung läßt sich datieren auf die Zeit unmittelbar nach seiner Teufelsaustreibung anläßlich seiner letzten Begegnung mit Renate. Zwanzig Jahre später und als einundvierzigjähriger Mann ist er zur Ausübung seines Amtes nicht mehr in der Lage, seine Aktivitäten erschöpfen sich in gelegentlichen Diskussionen über abergläubische Erscheinungen, deren Existenz er noch immer verteidigt, "[. . .] wenn gleich als wie in schmerzlicher Ergebung."(3 : 134) Diese Beobachtung der´schmerzlichen Ergebung´ deutet an, daß Josias sich wohl am Ende seines Lebens der zersetzenden Kraft der Verbindung Christentum/Aberglaube bewußt ist, dennoch aber nicht dic Kraft findet, sich dagegen zu erheben. Den Konflikt, der sein Leben zerstört hat in beruflicher Hinsicht wie auch bezüglich seiner Partnerwahl, kann er selbst nicht lösen. Dazu braucht er, wie sich am Schluß der Novelle zeigt, Renate und ihre Vergebung.

Der innere Konflikt in Josias ist gleichzeitig der der Novelle. Das wird deutlich daran, daß in dieser Erzählung nicht so sehr Protagonisten und Antagonisten im Widerstreit miteinander stehen, sondern vielmehr die Neigung und die Überzeugung Josias' einander entgegenlaufende Kräfte darstellen. Gleichwohl wird dieser Konflikt keineswegs breit geschildert. Im Gegenteil weist der Text nur wenige Stellen auf, die andeuten, was in Josias vorgeht. Da ist zum einen die Zeit nach dem Erhalt des Briefes, von der Josias sagt: "Also lautete meines lieben Vaters Brief. Und will hier nicht vermerken, was Herzensschwere ich davon empfangen, wie ich in vielen schlaflosen Nächten mit mir und meinem Gott gerungen, auch gemeinet, ich könne nicht anders, als daß ich heim müsse, um der Armen Leib und Seel zu retten . . ."(3 : 120). Obwohl Josias hier von sich sagt, er habe mit sich und seinem Gott gerungen, scheint er aber doch keinerlei Zweifel gehegt zu haben bezüglich dessen, was der Vater ihm berichtet, denn er meint, er müsse 'der Armen Leib und Seele retten' . Daß Renate mit dem Teufel im Bunde ist, steht für ihn nach diesem Brief also ganz außer Frage; lediglich sein zukünftiges Verhalten ihr gegenüber wird für ihn zu einem Problem.

Bei ihrer nächsten Begegnung unter vier Augen tritt dieser Konflikt dann in aller Schärfe auf, wird aber sofort gelöst: "Und wie sie mich itzt aus dem ernsten Antlitz mit ihren großen Augen ansah, da schrie es in mir auf: 'Du kannst sie nimmer lassen; in diesem Weibe ist all dein irdisch Glück!' Aber ich rief zu meinem Gott, und er half mir, bei meinem heiligen Amte die weltlichen Gedanken in die Tiefe zu bannen."(3 : 124)

Eine weitere Andeutung dessen, was in Josias vorgeht, liegt in der Beschreibung der Tage nach seiner verhängnisvollen Begegnung mit Renate. Diese Zeit verbringt er in einer tiefen Depression. Sie kann allerdings auch herrühren von dem Tod seines Vaters, um den Josias trauert, der Text ist hier nicht eindeutig.

In seiner letzten Begegnung mit Renate ist Josias noch einmal hin- und hergerissen , wieder siegt der Vater über seine Neigung zu der ge- liebten Frau. Diese Szene spielt auf der Heide, nachdem Josias die junge Frau vor der Bande der sie verfolgenden jungen Männer gerettet hat : "[. . .] da sahe ich um ihren Mund, was ich noch itzt ein selig Lächeln nennen muß, und ihr Antlitz erschien mir in unsäglicher Schönheit. 'Renate!' rief ich leise, und meine Augen hingen in sehnsüchtiger Be- gier an ihren Lippen. Sie regeten sich noch einmal, als wollten sie mir Antwort geben; aber ich lauschte vergebens; des Mädchens Arme sanken von meinem Halse, ein Zittern flog um ihren Mund, und ihre Augen schlossen sich. Ich starrte angstvoll auf sie hin und wußte nicht, was ich beginnen sollte. Als ich aber auf dem schönen Antlitz das Leben also in den Tod vergehen sahe, wurd mir mit einem Male, als blickten meine Augen within über den Rand der Erde, und vor meinen Ohren hörte ich meines sterbenden Vaters Stimme: 'Vergiß nicht un- seres heiligen Berufes!—-Das Irdische ist eitel!' " (3 : 130/31)

Ein weiterer Hinweis auf seinen inneren Konflikt liegt indirekt darin, daß Josias nach seiner endgültigen Trennung von Renate sehr krank wird, nachdem ihn zunächst eine große Schwäche befallen hatte. Jedoch sagt er rückblickend über diese Zeit: "Aber ich genas mit Gottes Hülfe, [. . .]"(3 : 132) Von da scheint die gesundheitliche Aushöhlung in Josias ihren Ausgang genommen zu haben, bis sie dann in seiner vorzeitigen Pensionierung und seinem frühen Tod ihren Abschluß findet.

Aus den vorstehenden Erläuterungen ergibt sich, daß die Destruk- tivität, die in dem Widerstreit zwischen Glauben und Aberglauben liegt, sowohl Handlungsablauf und Ausgang der Novelle bestimmt als auch den Konflikt innerhalb des Protagonisten Josias. Storm benutzt also die Dynamik zwischen Glauben und Aberglauben als destruk- tives Instrument, das er sowohl bei der Entwicklung seiner Charak- tere wie auch der der ganzen Erzählung einsetzt. Diese Dynamik wird noch dadurch verstärkt, daß Glaube und Aberglaube nicht als sauber voneinander getrennte Kräfte operieren, sondern stellenweise iden- tisch sind. Auch diese Deckungsgleichheit von Christentum und Aberglauben wird von Storm in zweifacher Hinsicht kompositorisch verwendet. Zum einen liegt sie in der Anordnung der Personen, die nicht (nur) das sind was sie scheinen, Christen oder Anhänger des Aberglaubens. Zum anderen verbirgt sie sich auch im Konflikt des Jo- sias, der seine eigenen abergläubischen Vorstellungen fälschlicher- weise für christliche hält. Der Text spricht hier von einem 'törichten Wahn´ , wenn er -aus der Perspektive des Erzählers Andreas- sagt: "In einem Punkte aber stimmten sie [die beiden Pastoren, Josias und sein Ostenfelder Vetter] völlig überein; sie beide glaubten noch an Teufelsbündnisse und an Schwarze Kunst und erachteten solch thörichten Wahn für einen nothwendigen Theil des orthodoxen Christenglaubens."(3 : 134)

Verstärkt werden die negativen Kräfte des Aberglaubens in der Verdichtung der atmosphärischen Schilderungen Storms. Dazu tragen zahllose im Hinblick auf die Komposition der Novelle höchst interessante Elemente bei. Wie ausgeführt, verwendet Storm Bäume, Vögel, Farben usw. , die in der Vorstellungswelt des Aberglaubens ganz spezifisch besetzt werden, jeweils in einem Kontext, der dessen umfassende Präsenz unterstreicht und hervorhebt. Auch damit benutzt er die destruktive Macht des Aberglaubens für den Aufbau der Novelle und ihrer Charaktere.

Zusammenfassend kann daher festgehalten werden, daß Storm das Spannungsverhältnis zwischen Christentum und Aberglauben als destruktives Instrument einsetzt sowohl bei Komposition und Aufbau der Novelle wie auch bei der Zeichnung seiner Charaktere, insbesondere der des Josias. Die negative Dynamik, die in den miteinander konkurrierenden Positionen von Glauben und Aberglauben liegt, wird von Storm operationalisiert im Hinblick auf den Konflikt, den Spannungsbogen und den Ausgang der Erzählung. Zusätzliche atmosphärische Schilderungen aus dem Bereich des Aberglaubens tragen dann dazu bei, diese Novelle zu einer der besten zu machen, die Storm geschrieben hat.

4. IM BRAUERHAUSE

DIE PERSONEN
Lorenz

Der Konflikt in dieser Novelle zentriert sich nahezu ausschließlich um die Person des alten Lorenz. Er ist die Seele des Brauerhauses Ohrtmann und so fest mit der Brauerei verwachsen, daß der alte Ohrtmann bei seiner Kündigung sagt: "[. . .] ihm sei gewesen, als ob sein altes Erbhaus über ihm zusammenbräche." (3 : 221) Diese Kündigung wird von Lorenz ausgesprochen, nachdem er durch Zufall mitangehört hat, daß seine abergläubischen Praktiken beim Bierbrauen von der Frau des Hauses für das Unglück verantwortlich gemacht werden, das die Familie getroffen hat.

Lorenz hat beim Brauen bestimmte rituelle Handlungen aus dem Bereich des Aberglaubens vollzogen, die im Brauereigewerbe allgemein üblich waren und auch für Schleswig – Holstein bezeugt sind.[70] Dabei wird u.a. ein Holzkreuz über den Gärkübel gelegt, das an den vier Enden mit Salz bestreut ist. Dies soll verhindern, daß jemand den Gärschaum raubt wie auch gleichzeitig dem eventuellen Schadenszauber von Übelwollenden entgegenwirken. Das Kreuz in der Verbindung mit Salz hat dabei einen im Sinne des Aberglaubens doppelten Effekt. Zum einen wird das Kreuz als christliches Symbol allgemein eingesetzt zur Abwehr jeder Art von Dämonen einschließlich des Teufels und der Hexen. Dem Salz wird darüberhinaus Kraft und Heiligkeit zugeschrieben, sodaß es als Schutz- und Abwehrmittel gegen jede Art von bösen Mächten gilt.

Neben diesen Praktiken anläßlich des Bierbrauens selbst hat Lorenz noch eine andere Angewohnheit, die in den Bereich abergläubischer Praktiken fällt. Am Vorabend von Ostern ißt er traditionsgemäß ein Dutzend Eier und zerschlägt anschließend die leeren Eierschalen. Hierbei handelt er im Einklang mit der abergläubischen Annahme, die Hexen, die es besonders nach Bier verlange, könnten herbeikommen, in den leeren Schalen nisten und dann entweder alle Fässer leertrinken oder aber das Bier sauer machen.

Über diese beiden geschilderten abergläubischen Praktiken hinaus verfügt Lorenz auch über einen großen Vorrat an Märchen und Geschichten aus dem Bereich des Aberglaubens, die er den Kindern Ohrtmann erzählt. Es wird jedoch nicht ganz klar, ob Lorenz wirklich an die Macht der von ihm praktizierten abergläubischen Rituale glaubt oder ob er sie lediglich der Tradition gemäß mehr oder weniger automatisch und aus alter Gewohnheit vollzieht. Denn Lorenz ist gleichzeitig ein sehr gottesfürchtiger Mann, der sich gegen den Vorwurf, er habe den Daumen des Hingerichteten ins Bier gehängt, verwahrt mit den Worten: "Herr! [. . .] alles für meine Herrschaft; aber wir sollen Gott fürchten und lieben, auf daß wir bei seinem Namen nicht zaubern, lügen oder trügen ! So etwas ist keine Sympathie; das tun nur Menschen ohne Christentum und mit Hülfe dessen, den ich hier nicht nennen will !"(3 : 210) Unter 'Sympathie' sind Handlungen zu verstehen, die unter der Annahme vollzogen werden, das, was dem Gegenstand angetan werde, werde auch mit der Person geschehen, die im negativen oder positiven Sinn 'bezaubert' werden solle. "Der Sympathie – Zauber [. . .] beruht auf der analogen Vorstellung, daß, was dem in Verbindung stehenden Ding geschieht, sich in der beeinflußten Person wiederholt."[71]

Lorenz wehrt sich gegen den Vorwurf, er habe den Daumen ins Bier gehängt, mit der Unterscheidung in solche Handlungen, die in den Bereich der Sympathie fallen und solche, die dies nicht tun. Die ersteren sind dabei offenbar für ihn legitim und stellen keinen Konflikt dar zu seinem christlichen Glauben. Die anderen aber stehen nach seiner Auffassung in krassem Gegensatz zum Christentum und werden nur vollzogen von Ungläubigen, die darüberhinaus mit dem Teufel im Bunde sind. Diese Trennung ist insofern interessant, als sie sehr willkürlich gezogen scheint. Langer[72] unterscheidet immanenten und transzendenten Aberglauben, wobei sie den ersteren im sog. Volksaberglauben ansiedelt und letzteren im Bereich paranormalen Geschehens und außerhalb der menschlichen Verständnissphäre befindlich. Bei dieser Unterscheidung erscheint dann der immanente Volksaberglaube durch seine z.T. Jahrhunderte alten Überlieferungen als sozusagen legitimiert, wobei der transzendente Aberglaube im Sinne eines paranormalen Geschehens in den Bereich des Nichtfaßbaren gerückt wird.

Lorenz macht mit seinen eindeutigen und sehr bestimmten Worten klar, daß er die von ihm angewendeten abergläubischen Praktiken als Sympathie und daher legitim einstuft, den Daumen im Bier dagegen nicht mehr als Sympathie und daher "ernsthaften"Aberglauben, der von Christen nicht toleriert oder gar praktiziert werden kann. Tatsächlich jedoch handelt es sich bei beiden Varianten um sogenannten Sympathie – Zauber, der dazu dienen soll, entweder Unheil und Schaden abzuwenden oder aber Glück und Wohlstand herbeizulocken. Seine Trennung ist daher ebenso willkürlich wie subjektiv. Was sie jedoch zeigt, ist, daß Lorenz sich mit seinen abergläubischen Praktiken in keinerlei Konflikt sieht mit dem christlichen Glauben.

Daß er überzeugter Christ ist, wird, von der bereits zitierten Stelle abgesehen, noch mehrmals deutlich. Zum einen hat er einen mit

Kreide gemalten Spruch über seiner Zimmertür, den er auch nach jeder wöchentlichen Entfernung beim Saubermachen beharrlich wieder anbringt. Dieser Spruch gibt seiner Hoffnung Ausdruck, dereinst in den Himmel zu kommen. Auch durch seine Geisteskrankheit und spätere leichte Alterswirrheit hindurch hält er an diesem Spruch fest. Die Ersetzung seines eigenen Namens durch den seines früheren Dienstherrn zeigt lediglich, in welchem Maße er sich mit diesem und dem ganzen Hause Ohrtmann identifiziert. Des weiteren gibt er bei seiner Kündigung, die das Haus Ohrtmann völlig unvorbereitet trifft, seine enge Verbindung mit Gott als Grund an: "Ich habe mich mit meinem Gott beraten."(3 : 221)

Auch sein Wunsch, die letzte Nacht mit dem zum Tode Verurteilten zu verbringen, entspringt christlicher Nächstenliebe und dem Gebot zur Vergebung. Lorenz geht in die Zelle des Gefangenen, weil er "[. . .] mit ihm beten und seiner armen Seele beistehen wollte [. . .]"(3 : 201). In dieser Weise wird sein Handeln auch von seiner christlich denkenden Herrschaft gedeutet: "'Ei freilich!' rief meine Mutter; 'er hat ihm für die gestohlenen Butterbrote die himmlische Wegzehrung wollen bereiten helfen!' "(3 : 207)

Die Dorfleute dagegen, die offenbar weniger standfest sind in ihrer christlichen Religion, nehmen einer alten abergläubischen Vorstellung gemäß an, daß er aus einem ganz anderen Grund die Nacht bei dem Verurteilten verbringt. Sie glauben, Lorenz habe Peter Liekdoorn seinen Daumen abhandeln wollen, um ihn dann entweder ins Ohrtmannsche Bier zu hängen oder aber unter der Schwelle des Hauses zu vergraben. Beides dient dazu, Glück und Wohlstand des Hauses zu vermehren. Dem Daumen eines Hingerichteten kommt dabei größte Bedeutung zu. So wird dem Daumen höhere Macht zugeschrieben als den anderen Fingern wie auch ein zum Tode verurteilter oder exekutierter Mensch einem gewöhnlichen Verbrecher vorzuziehen ist. Dies kommt in den Worten des Nachbarn Ivers zum Ausdruck, der zunächst sehr daran interessiert ist, herauszufinden, um welchen Finger es sich eigentlich handele und dann sagt: "So [. . .], der Daumen ! Das hatte ich mir gedacht. Er braucht eigentlich nur von einem Dieb zu sein; aber besser ist gewißlich immer besser; nein, den Daumen hat sich nicht der Fuchs geholt, den können ganz andere Leute noch gebrauchen ! Da fragt nur Euren Lorenz, wenn Ihr's nicht selber wißt!"(3 : 203)

Mit diesen Worten befindet sich Ivers ganz im Einklang mit dem herrschenden Aberglauben in bezug auf bestimmte Körperteile und ihre magische Wirkung. Bächthold-Stäubli[73] stellt fest: "Vom Daumen, dem kräftigsten Finger, glaubte man, er sei mit übernatürlichen

Kräften begabt"und erwähnt bei den unterschiedlichen Anwendungsmöglichkeiten u.a.: "Sie steckten ihn in Wein und Bier, um die Gäste damit zu locken."[74]

Lorenz jedoch ist unschuldig. Die Anschuldigungen und Verdächtigungen beruhen auf schieren Vermutungen. Sie erhalten neue Nahrung, als die Hebamme Lorenz des nachts an der Hinrichtungsstätte sieht und Ivers deshalb annimmt, er habe sich auch noch den anderen Daumen holen wollen, um diesen nun unter der Schwelle einzugraben. Lorenz dagegen lauert nachts dem wirklichen Daumendieb auf, von dem auch er annimmt, daß er ein zweites Mal kommen wird, um diesen zu identifizieren und haftbar zu machen. Das jedoch wird ihm von niemandem außer den Ohrtmanns geglaubt, die keine Zweifel an seiner Ehrlichkeit hegen.

Der Vater

Der alte Ohrtmann zeichnet sich durch seine Gutgläubigkeit und Toleranz aus, die allerdings von seiner Frau für den Schaden verantwortlich gemacht werden. Er weiß von den abergläubischen Praktiken und Geschichten in seinem Haus, duldet sie jedoch, weil er sie für unschädlich hält. Er selbst steht dem Aberglauben fern, es finden sich keine Anhaltspunkte dafür, daß er in irgendeiner Weise mit ihm zu tun hätte.

Seine Haltung gegenüber dem Christentum ist die eines gläubigen Menschen, der sonntags in die Kirche geht und Gott zutiefst dankbar ist, als er annimmt, der Schaden von seinem Haus habe abgewendet werden können: "'Mutter! Kinder!' sagte er ruhig, 'Gott ist barmherzig und ein Gott der Liebe! Er prüfet wohl; doch er verlässet keinen, der in seiner Schwachheit gerecht vor ihm zu wandeln trachtet!' "Und dann betete er laut; ich habe niemals ein so heißes Dankgebet aus eines Menschen Mund gehört."(3 : 217)

Der Vater ist also eindeutig auf seiten des Christentums und gegen den Aberglauben einzuordnen, wenn er auch diesem gegenüber nachgiebig ist, solange er ihn für harmlos hält.

Die Mutter

Ebenso eindeutig in bezug auf den christlichen Glauben, allerdings ohne jede Nachgiebigkeit gegen den Aberglauben erweist sich die Mutter in der Erzählung. Ihr ist es ganz und gar nicht recht, daß Lorenz beim Bierbrauen abergläubische Praktiken anwendet oder ihren Kindern dementsprechende Geschichten erzählt: "Meiner Mutter, die uns auch oft beim Geschichtenerzählen auseinanderjagte, war all so etwas in den Tod zuwider; sie schalt ihn [Lorenz] oft darüber und auch auf meinen Vater, daß er solche Narrenspossen unter seinem Dache leide."(3 : 200)

Zur Verwunderung der Familie jedoch hat sie selbst einige Angewohnheiten, die von jener als abergläubisch eingestuft werden, von ihr selbst jedoch nicht. Dabei überrascht es nicht, daß sie diese in enger Verbindung mit christlichen Äußerungen ausübt: "Das walte Gott!"sprach meine Mutter leise und klopfte unter den Tisch, um die üble Berufung abzuwenden. Denn solche Dinge zählte sie nicht zum Aberglauben, sie konnte ganz böse werden, wenn man ihr dawider stritt; [. . .]"(3 : 203).

Ebenso wie Lorenz betrachtet auch sie offenbar spezifische Verhaltensweisen, die durchaus dem Aberglauben entspringen, nicht als solche und sieht keinen Konflikt zwischen den beiden Polen. Lorenz gegenüber ist sie jedoch ungleich weniger großzügig als sich selbst. Sie macht ihn und auch ihren Mann verantwortlich für den entstandenen Schaden, weil sie vermutlich ganz zu Recht annimmt, daß beider Verhalten den Nährboden abgaben für die kursierenden Gerüchte: "[. . .] und immer kam sie dann auf die schon früher getadelte Nachsicht, womit er das abergläubische Getue des Knechtes geduldet habe. 'Ich laß es mir nicht nehmen,' sagte sie eines Abends, 'hättest du ihm nur das Salzen und Bekreuzen ausgetrieben, die Leute wären nimmer auf das Stück gekommen, den dummen Finger in unserm Bier zu suchen! Aber konnte er den einen Hokuspokus machen, warum denn nicht den andern ? Und warum nicht heute oder morgen wieder einen andern ?' "(3 : 220)

DIE UMWELT
Das soziale Umfeld

Als Verbindungsglied zwischen den abergläubischen Dorfleuten und dem christlichen Brauerhaus fungiert die Figur des Nachbarn Ivers. Er ist Junggeselle und hat daher offenbar viel Zeit, sich mit den Tratschgeschichten der Dorfgemeinschaft zu befassen bzw. sich nach Kräften an deren Verbreitung zu beteiligen. Er ist es, der den alten Ohrtmann auf das Gerede der Leute als Ursache für die ausbleibende Kundschaft aufmerksam macht, auch glaubt er offenbar selbst daran, daß Lorenz den Daumen gestohlen bzw. dem Hingerichteten abgekauft und ins

Bier gehängt hat: "Nach der Hexenweisheit war es zwar genug, ihn unterm Dümpel einzugraben, aber besser ist gewißlich immer besser; und so wird er denn gleich in den Braukessel selbst hineingekommen sein."(3 : 208)

Ivers beruft sich bezüglich seiner Kenntnisse über den Daumen, den Lorenz dem Peter Liekdoorn abgekauft habe, auf "die alten Weiber in der Stadt"(ebd.) und gibt damit der bekannten Annahme Ausdruck, daß abergläubische Geschichten vornehmlich von alten Frauen weitergetragen würden.

Zu der Kategorie derjenigen, die auf ganz besonders gutem Fuße mit dem Aberglauben stehen, gehören weiterhin Hebammen und Kräuterfrauen. Beide werden in der Novelle erwähnt als Menschen, die maßgeblich an der Verbreitung von abergläubischen Vorstellungen beteiligt sind. Die Hebamme hat Lorenz nachts am Richtplatz gesehen und trägt daher ihre Vermutung unters Volk, er habe sich dort den anderen Daumen des Gehenkten holen wollen. Die Kräuterfrau glaubt zusammen mit anderen im Dorf an ein Wiedergehen des Toten: "[. . .] Peter Liekdoorn habe heute nacht in der Bürgermeisterei ans Fenster geklopft; denn er habe seinen Daumen wiederhaben wollen, der jetzt dort in dem großen Schrank verschlossen liege. Letzten Sonntag [. . .] haben die Diebe ihn über die Türschwelle dem Bürgermeister in das Haus geschoben, weil sie vor dem Gespenst keine Nacht mehr Ruhe hatten [. . .]"(3 : 215)

Aus diesen Ausführungen ist ersichtlich, daß offenbar das gesamte soziale Umfeld der Familie Ohrtmann abergläubischen Vorstellungen anhängt. Sogar der als äußerst ehrenwert bekannte Mitbürger Sievers hält es nicht für abwegig, anzunehmen, daß Lorenz den Daumen tatsächlich ins Bier gehängt hat. Für ihn ist die Lage allerdings etwas erschwert, hat er doch das vermeintliche Beweisstück selbst in seinem Bier gefunden.

Die einzige Ausnahme in dieser Dorfgemeinschaft scheint der Apotheker zu bilden, der eine diebische Freude dabei empfindet, seinen Mitbürgern ihre Dummheit nachzuweisen.

Weitere Elemente des Glaubens und Aberglaubens

In der Binnenerzählung selbst finden sich kaum weitere Elemente der beiden Glaubenshaltungen. Lediglich an zwei Stellen werden Assoziationen zum Aberglauben geweckt. Die eine ist die Erwähnung des Lindenbaums, der dem Aberglauben als Baum des Schutzes und der

Dämonenabwehr gilt und in der Novelle daher im Sinne einer Vorausdeutung seine Blätter verliert: "[. . .] es waren kalte trübe Tage eingefal-
len, und von dem Lindenbaum, der hier vor dem Fenster stand, wehten
schon einzelne gelbe Blätter. Ich merkte wohl, daß mein Vater neben
mich getreten war, aber ich rührte mich nicht; wir sahen beide, wie die
Blätter niederwehten, und mochten beide wohl dieselben Gedanken
haben."(3 : 222)

Der andere Hinweis auf abergläubisches Gedankengut liegt in der
Erwähnung der beiden Raben, von denen die Ohrtmannschen Kinder
berichten. Diese sollen auf dem Rad sitzen, auf das der Hingerichtete
aufgeflochten worden war. Wie Negelein feststellt, haben die Raben im
Aberglauben eine sehr vielschichtige Bedeutung: "Vom menschlichen
Ahn bis zum gehaßten Leichenfresser [haben sie] alle Stadien einer
abergläubischen Verehrung durchgemacht."[75]

Damit sind die Vorkommen des Aberglaubens in der Binnenerzählung
erschöpft. Die des christlichen Glaubens beschränken sich auf gelegent-
liche Ausrufe wie "um Gottes/Christi willen!", "das walte Gott!"oder
"Gott sei Dank!"und haben weiter keine Signifikanz.

In der Rahmenerzählung finden sich dagegen gehäufte Erwähnungen
abergläubischer Praktiken und Vorstellungen. Diese werden jedoch alle
vom Erzähler bewertend kommentiert als "verabscheuenswürdig",
"unzulässig", "strafbar", "lächerlich"oder aber "abergläubischer
Unfug". Es handelt sich um den Bericht von einer Exekution und der
daran anschließenden abergläubischen Sitte, einen Epileptiker das
noch warme Blut des Hingerichteten trinken und ihn dann solange her-
umlaufen zu lassen, bis er mit einem Anfall zusammenbricht. Dies
wird in der Novelle der Auffassung der Zeitgenossen entsprechend als
"untrügliches Heilmittel seiner Krankheit"(3 : 198) bezeichnet. Boll[76]
führt aus, daß der Aberglaube bei der Heilung von Epileptikern dem
Blut eine ganz besondere Bedeutung beimißt. Demzufolge gilt ein Hin-
gerichteter als durch den Tod entsühnt und geheilt und besitzt daher
besondere heilbringende Eigenschaften. So wird angenommen, daß die
im Blut vorhandenen noch frischen Lebenskräfte des Getöteten auf den
Kranken übergehen und diesen heilen können. Zur Auffrischung seiner
Lebensgeister muß der Kranke dann zwischen zwei Pferden oder
starken Männern laufen, um einen Anfall auszulösen. Diese Praktik
aus der Welt des Aberglaubens schildert Storm in der Rahmenerzählung, kommentiert sie jedoch sogleich, wie erwähnt, als verabscheuenswürdig und Unfug.

Eine weitere Sitte im Zusammenhang mit einer Hinrichtung wird
ebenfalls im Rahmen erwähnt. Hier handelt es sich um die abergläu-

bische Annahme, daß neben dem Blut eines Hingerichteten auch dessen Kleidung oder Haare besondere Kräfte ausstrahlen, die zum Segen dessen wirken, der sie besitzt. Aus diesem Grund waren diese Dinge bei den Zuschauern äußerst begehrt. Sie wurden gewöhnlich vom Scharfrichter verkauft, dem dadurch eine einträglichen Nebeneinnahme entstand.[77]

Auf Seiten des christlichen Glaubens in der Rahmenerzählung sei der junge Theologe Hieronymus erwähnt, der durch Mimik und Gestik seine Haltung kundtut, am Sprechen aber von der Erzählerin gehindert wird. Er hat offenbar das Bedürfnis, seiner Überzeugung Ausdruck zu geben, daß alles doch letzten Endes gemäß Gottes unerforschlichem Ratschluß den Menschen zum Guten ausschlägt. In dieser Auffassung sähe sich dann der Aberglaube als im christlichen Glauben aufgefangen und von Gott als Werkzeug eingesetzt bei seinen Plänen mit der Welt.

Das destruktive Potential des Aberglaubens, das aus christlicher Sicht nicht als solches erkannt wird

Der Schlüssel zum Verständnis des Verhältnisses von Glauben und Aberglauben in dieser Novelle liegt in den Worten der Nane, der Erzählerin der Binnenerzählung: "[. . .] eben als meine Mutter jenen wohl nicht ganz unbegründeten Verdacht aussprach . . .[daß Lorenz an der gegenwärtigen Situation Schuld sei]"(3 : 221) Nane bezieht sich damit auf den Vorwurf ihrer Mutter, ihr Vater habe zu große Toleranz gezeigt, wenn er Lorenz die abergläubischen Praktiken beim Bierbrauen nicht untersagt und damit möglich gemacht habe, daß Phantasie und Gerede der Leute dem Lorenz dann auch die Geschichte mit dem Daumen zugetraut hätten.

Sie kritisiert damit, daß die harmlose, gelassene und in sich ruhende Persönlichkeit ihres Vaters eine wirkliche Schädlichkeit des Aberglaubens für unmöglich hielt. Es ist in diesem Zusammenhang anzunehmen, daß auch die feste christliche Überzeugung des Vaters zu dieser Einschätzung beigetragen hat. Dadurch, daß er ein zutiefst gläubiger Mensch ist, hat er keine Affinität zum Aberglauben und traut ihm daher folgerichtig auch keine Macht zu.

Eine ähnliche Haltung zeigt Lorenz, wenn auch in leicht abgewandelter Form. Auch er ist gläubiger Christ, der seine Einschätzung des Aberglaubens aus christlicher Perspektive trifft. Für ihn haben gewisse abergläubische Praktiken zwar Macht, jedoch keine negative. Er wendet seine Rituale an, um sein Bier zu schützen und zum Wohle des Hauses

Ohrtmann beizutragen, nicht, um irgend jemandem zu schaden. Er unterscheidet in Sympathie, d.h. erlaubte und mit dem Christentum in
Einklang stehende abergläubische Praktiken und solche, die dies nicht
tun und daher von einem wahren Christenmenschen nicht vollzogen
werden. Auch seine Einschätzung der möglichen Schädlichkeit geht
daher an der Realität vorbei. Die Sicht beider Männer ist demzufolge
derart, daß sie das schädliche und destruktive Potential des Aberglaubens unterschätzen. Beide tun dies aus ihrer christlich fundierten Perspektive heraus.

Das Verhältnis der beiden Glaubenshaltungen stellt sich also in
dieser Novelle derart dar, daß der Aberglaube seine negative Macht nur
deshalb entfalten kann, weil er vom Christentum unterschätzt wird.
Eine ironische Verstärkung dieser Feststellung liegt darin, daß es sich
in der Erzählung nicht um einen wirklich vorgenommenen Zauber
handelt, der das Unheil anrichtet, sondern lediglich um das Gerücht
eines solchen.

In dieser ironischen Verstärkung liegt die ganze Fragwürdigkeit einer
toleranten Haltung gegenüber dem Aberglauben. Das wird auch zum
Ausdruck gebracht in der Rahmenerzählung, die, wie erwähnt, alle
abergläubischen Praktiken als Unfug oder dergleichen ablehnt. Zwischen der Binnen- und der Rahmenerzählung liegt die zeitliche Distanz
einer Generation, die Storm zufolge offenbar ausreicht, um dem Aberglauben gegenüber eine eindeutigere und klar ablehnende Haltung einzunehmen.[78]

5. DER SCHIMMELREITER
Die Personen

Die literarische Rezeption ist nahezu einstimmig in ihrer Auffassung bezüglich der Personenverteilung in zwei Lager von Antagonisten und Protagonisten, wobei die des Helden selbstredend von Hauke Haien eingenommen wird und die seines Gegenspielers von Ole Peters.[79] Dabei wird dann aus der Figur des Antagonisten jedoch unversehens ein ganzes Lager von Gegnern, gegen die sich Hauke, seinerseits völlig allein, behaupten muß. Diese Sicht läßt sich so nicht halten.

Wenngleich zweifellos deutlich ist, daß Hauke sich einem zähen Widerstand der Dorfleute und wohl auch einer rein zahlenmäßigen Übermacht gegenüber sieht, so muß letztere doch modifiziert gesehen werden, um einer versimplifizierten Perspektive des "allein gegen

Hauke Haien	Ole Peters (Vollina)
Elke	Ann Grete
Haukes Vater	Dienstjunge Carsten
Elkes Vater	Knecht Iven
Pastorenehepaar	Frau Levke
Trin' Jans	
Jewe Manners	
Harke Jens	
Oberdeichgraf	Mägde
die "Verständigen" des Dorfes	die Konventikelmitglieder
das übrige Dorf	

DER SCHIMMELREITER: Haukes Anhänger und Gegner.

alle"vorzubeugen. Das Personengefüge stellt sich bei genauerem Hinsehen vielmehr folgendermaßen dar:

Aus dieser Aufstellung wird ersichtlich, daß Hauke nicht der Alleinkämpfer par excellence ist, als der er stets gesehen wird. Jedoch ist auch diese Sicht nur insofern haltbar, als das Augenmerk auf die Personenverteilung im Hinblick auf eine Lagerbildung in Spieler und Gegenspieler gerichtet bleibt. Sobald sich der Blickwinkel ändert und der eigentliche Charakter bzw. die Persönlichkeitsentwicklung des Hauke zum Mittelpunkt des Interesses wird, ist nicht zu leugnen, daß Hauke tatsächlich mit zunehmender Entfaltung der Novelle in eine nahezu komplette Isolation gerät. Die Gründe, die dazu führen, sind vielfältiger Natur. Im Zentrum dieser Arbeit steht die Untersuchung, ob bzw. in welchem Maße das Spannungsverhältnis zwischen Glauben und Aberglauben dazu beiträgt, Haukes Isolierung voranzutreiben und dadurch in der Konsequenz zum konstitutiven Element der Katastrophe zu werden.

Entsprechend der vorstehenden Skizze sollen nicht die einzelnen Figuren herausgelöst aus ihrer Gruppenzugehörigkeit betrachtet werden, sondern im Zusammenhang mit dieser. Daraus ergibt sich für die Verfahrensweise, daß zunächst Hauke und die auf seiner Seite befindlichen Personen näher betrachtet werden im Hinblick auf ihre Glaubenshaltung und dann das Lager von Haukes Gegnern mit Ole Peters an der Spitze.

HAUKE UND SEINE ANHÄNGER
Hauke

Der Name Hauke stellt eine Variation dar von Hugo, dieser Name wiederum ist eine Kurzform von Hubert, der aus dem mittelhochdeutschen "hugin"abgeleitet wird und "der im Denken Glänzende", "der Geist"bedeutet.

Dieser Bedeutung seines Namens macht der Hauke der Novelle zweifellos alle Ehre. Das beginnt, als er als etwa Zwölfjähriger einen holländischen Euklid auf dem Dachboden seines Elternhauses findet, den er sich dann innerhalb kürzester Zeit ohne Hilfe allein mit einer holländischen Grammatik erschließt. Der Rahmenerzähler des dritten, inneren Rahmens, der Schulmeister, hebt dies hervor, indem er Hauke in Vergleich setzt zu einem gewissen Hans Mommsen, einem lokalen Genie auf dem Gebiet der Mathematik und Technik, dem man auch nachsagte, er habe schon als sehr junger Mensch den Euklid verstanden. Dies jedoch hält der Schulmeister für eine Projektion der Dorfleute von

Hauke auf den später lebenden Mommsen, d.h. er hält Hauke für einzigartig bezüglich seiner intellektuellen Fähigkeiten.

Der Euklid ist ein erster Anlaß dafür, daß Hauke sich von seinen Altersgenossen absondert und zum Einzelgänger wird. Wenn diese ihre Arbeitspausen im Gespräch miteinander verbringen, sitzt er abgesondert und studiert seinen Euklid, den er auch bei der Arbeit am Deich stets in der Tasche trägt. Wenn seine Arbeitskollegen abends nach Hause gehen, bleibt Hauke noch lange allein draußen am Deich und beobachtet den Aufprall der Wellen auf die Grasnarbe. Gelegentlich zeichnet er dabei eine weich abfallende Linie in die Luft und gibt damit zu erkennen, daß er schon als Junge eine modernisierte und technisch besser durchdachte Deichanlage entwerfen kann.

Eine erste Begegnung mit dem Aberglauben hat Hauke als Dreizehnjähriger, als eine Frau aus dem Dorf seinem Vater von angeschwemmten Leichen berichtet, die nicht wie Menschen, sondern wie Seeteufel ausgesehen hätten. Der alte Haien reagiert gelassen und lehnt eine abergläubische Deutung der gefundenen Toten mit einer ganz natürlichen Erklärung ab: "Sie haben wohl seit November schon in See getrieben!"(4 : 261) Hauke ist Zeuge dieser Unterredung und vermutlich ist die sachliche Haltung seines Vaters, der im übrigen als "der klügste Mann im Dorf"(4 : 296) gilt, in dieser Situation vorbildhaft für ihn und seine Einstellung zu abergläubischen Elementen. Gleichwohl geht Hauke unverzüglich auf den Deich hinaus, um zu einer eigenen Einstellung zu dieser Frage zu gelangen : "[. . .] sobald er konnte, schlich er auf den Deich hinaus; es war nicht zu sagen, wollte er noch nach weiteren Toten suchen, oder zog ihn nur das Grauen, das noch auf den jetzt verlassenen Stellen brüten mußte."(4 : 261) An diesem Tag kommt er unverrichteter Dinge wieder nach Hause, aber an einem der folgenden Abende hat er eine Begegnung mit Erscheinungen abergläubischer Natur: ". . . Hauke sah mit starren Augen darauf hin; denn in dem Nebel schritten dunkle Gestalten auf und ab, sie schienen ihm so groß wie Menschen. Würdevoll, aber mit seltsamen, erschreckenden Gebärden; mit langen Nasen und Hälsen sah er sie fern an den rauchenden Spalten auf und ab spazieren; plötzlich begannen sie wie Narren unheimlich auf und ab zu springen; die großen über die kleinen und die kleinen über die großen; dann bereiteten sie sich aus und verloren alle Form."(4 : 262) Hauke fragt sich, ob es sich bei diesen Gestalten um die Geister der Ertrunkenen handelt und erinnert sich dann an eine alte Seemannserzählung von furchtbaren norwegischen Seegespenstern, die anstelle des Gesichtes einen Ballen Seegras auf dem Hals tragen. Diese Erinnerung jagt ihm einen Schrecken ein, jedoch reagiert er äußerst ruhig und besonnen: "[. . .] aber er lief nicht fort, sondern bohrte die Hacken seiner Stiefel fest in den Klei des Deiches und sah starr dem possenhaften Unwesen zu, das in der einfallenden Dämmerung vor seinen Augen fortspielte. " 'Seid ihr auch hier bei uns ?' sprach er mit harter Stimme; 'ihr sollt mich nicht vertreiben !' " (4 : 262) Dieser Vorfall schildert beispielhaft, wie tradierte 'Schein-Erscheinungen' die Wahrnehmung des Einzelnen beeinflussen können. Hauke hat von den Seegespenstern gehört und nimmt daher an, daß es sich bei der Kombination von Vögeln, Wind und Luftspiegelungen, die er sieht, um solche handelt. Mehr als zwanzig Jahre später, als er als Erwachsener einem ähnlichen Phänomen beiwohnt, erklärt er es als solches : "Erst viele Jahre später hat er sein blödes Mädchen, womit später der Herrgott ihn belastete, um dieselbe Tages- und Jahreszeit mit sich auf den Deich hinausgenommen, und dasselbe Wesen soll sich derzeit draußen auf den Watten gezeigt haben; aber er hat ihr gesagt, sie solle sich nicht fürchten, das seien nur die Fischreiher und die Krähen, die im Nebel so groß und fürchterlich erschienen; die holten sich die Fische aus den offenen Spalten."(4 : 262) Diese Erklärung gibt er als Erwachsener seiner kleinen Tochter. Als Jugendlicher aber, als er allein einer solchen Begegnung mit abergläubischen Elementen ausgesetzt ist, hält auch er sie für die Geister von Ertrunkenen, d.h. er hält es für möglich, daß Elemente des Aberglaubens real vorhanden und erfahrbar sind.

Wichtig jedoch ist seine Reaktion darauf. Er gerät nicht in Panik, er läuft nicht weg, sondern "[. . .] bohrte die Hacken seiner Stiefel fest in den Klei des Deiches [. . .]"(ebd.), sieht sich auf dem Nachhauseweg auch nicht um, noch geht er schneller als gewöhnlich und vor allem spricht er mit niemandem über sein Erlebnis, d.h. er lehnt es ab, zu einer weiteren Verbreitung von derlei Geschichten beizutragen.

Hieraus wird ersichtlich, in welch starkem Maße Hauke schon als ganz junger Mensch, wohl angeleitet durch das Vorbild seines Vaters, rational bestimmt ist, buchstäblich mit beiden Beinen fest auf der Erde steht und sich weigert, abergläubischem Denken oder abergläubischen Erscheinungen Macht über sich zuzugestehen und sei sie auch noch so unerheblich. Auch an einer Weiterverbreitung von Geschichten abergläubischen Inhalts beteiligt er sich nicht und verhindert damit, daß diese möglicherweise über andere Menschen Macht gewinnen können.

Eine nächste Begegnung mit dem Aberglauben ereignet sich für Hauke in der Konfrontation mit Trin' Jans, nachdem er deren Kater erschlagen hat. Trin' ist in solchem Maße entsetzt und verletzt, daß sie Hauke verflucht: " 'Tot!' rief sie, 'tot!' und erhob dräuend ihren mageren

Arm gegen ihn: 'Du sollst verflucht sein ! Du hast ihn totgeschlagen, du nichtsnutziger Strandläufer; du warst nicht wert, ihm seinen Schwanz zu bürsten !' (4 : 265) Diesem Fluch kommt besonderer Stellenwert zu durch die Art und Weise, in der die Figur der Trin' Jans in die Erzählung eingeführt wurde. Ihre Lebensumstände sind derart, daß sie, äußerst ungewöhnlich für eine Frau ihrer Zeit, allein lebt und darüberhinaus weit abgesondert von der übrigen Dorfgemeinschaft draußen am Deich. Sie ist bis zu der fatalen Begebenheit immer in Begleitung einer Katze. Zusammengenommen kommt sie daher dem Erscheinungsbild einer Hexe sehr nah, dies wird verstärkt dadurch, daß mehrfach ihre "funkelnden Augen"bzw. das "seltsame Funkeln"(4 : 266 und 267) in ihren Augen erwähnt wird. Es fragt sich daher, wie Hauke auf eine Verfluchung durch ausgerechnet diese Frau reagiert.

Zunächst verspricht er ihr Wiedergutmachung in Form einer neuen Katze, dann entfernt er sich : "Darauf ging er, scheinbar auf nichts mehr achtend, fürbaß. Aber die tote Katze mußte ihm im Kopfe doch Wirrsal machen, denn er ging, als er zu den Häusern gekommen war, auch dem seines Vaters und auch den übrigen vorbei und eine weite Strecke noch nach Süden auf dem Deich der Stadt zu."(4 : 265) Es wird deutlich, daß Hauke durch den Vorfall irritiert ist und erst mit sich ins Reine kommen muß, bevor er nach Hause gehen kann. Nicht klar wird jedoch, ob es ein Schuldgefühl ist, das ihn umtreibt oder die Beunruhigung, die Trins Fluch in ihm ausgelöst haben mag. Der Text legt eine Annahme des ersteren nahe, denn es heißt, es sei die tote Katze, die ihm 'Wirrsal in Kopfe' mache, nicht der Fluch der Trin'. Auch wird gesagt, daß Hauke sich schämt, als er von seinem Vater später zur Rede gestellt wird: "Dem Jungen schoß es doch heiß ins Gesicht: "Ist denn Trin' Jans mit ihrem Kater hier gewesen ?"(4 : 268) Bei einer anderen Gelegenheit und mehr als ein Jahr später wird Hauke erneut an seine Tat erinnert und wieder verursacht sie ihm Unbehagen: "Hauke fiel es aufs Herz, daß er die Alte mit ihren jungen Enten den Ratten sollte preisgegeben haben, und er ließ sich mit dem Einwand abfinden."(4 : 276) Es scheint daher eher so zu sein, daß Hauke von seinem Schuldgefühl umgetrieben wird als von seiner Sorge bezüglich Trins Fluch, wenn er nicht gleich nach Hause gehen kann. Verstärkt wird diese Annahme auf dem Hintergrund von Haukes erster unmittelbarer Begegnung mit Inhalten des Aberglaubens, als er ebenso klar entschied, diesen keine Macht über sich selbst einzuräumen. Es ist also nicht der Fluch der Trin', der ihn beunruhigt, er hält ihn für wirkungslos und zeigt damit schon als Junge auch hier seine überlegene geistige Haltung.

Wie hervorgehoben wurde, macht Hauke als Dreizehn- und als

Vierzehnjähriger seine ersten entscheidenden Erfahrungen mit dem Aberglauben. Beide Male zeigt er eine rational bestimmte Haltung, die ihn in deutliche Distanz rückt zum Aberglauben und der Macht, die dieser unter Umständen über den Menschen gewinnen kann. Es liegt daher eine große Ironie darin, daß es ausgerechnet der Aberglaube ist, von dem Hauke sich von Beginn an so entschieden fernhält, der in seinem späteren Leben eine so große Rolle spielt und entscheidend zu seiner Isolierung und letztendlich seinem Untergang beiträgt.

Haukes nächste Begegnung mit einer Erscheinung des Aberglaubens findet viele Jahre später in einem Gespräch mit seiner Frau statt. Das Ehepaar diskutiert Haukes ehrgeizigen Plan des neuen Deiches, und Elke erwähnt in diesem Zusammenhang, daß es eine abergläubische Sitte von Deichbauern früherer Generationen sei, 'was Lebigs', in der Regel ein Kind, mit in den Deich zu verdämmen. Hauke zeigt in seiner Reaktion sowohl seine eigene Einstellung zu dieser Sitte als auch seine diesbezügliche realistische Einschätzung der Dorfleute: "Hauke schüttelte den Kopf: 'Da ist es gut, daß wir keine Kinder haben, sie würden es sonst noch schier von uns verlangen!' "(4 : 310) In dieser Szene liegt eine Vorausdeutung auf den zukünftigen Vorfall am Deich, bei dem Haukes kompromißlose Ablehnung dieses alten abergläubischen Brauches für einen Moment die erfolgreiche Fertigstellung des ganzen Projekts gefährdet.

Die Geringschätzung alles Abergläubischen zeigt sich auch in Haukes nächsten Handlungen, die abergläubische Elemente involvieren. Die Art und Weise, in der er seiner Frau den Kauf des Schimmels und die Person des Verkäufers schildert, zeigt deutlich, daß er über allem steht, was auf den ersten Blick damit zu tun haben könnte. Er beschreibt den Verkäufer des Pferdes als einen Mann mit einer braunen Hand, "die fast wie eine Klaue aussah"(4 : 320), der "lachte wie ein Teufel"(ebd). Der Teufel wird kurz darauf erneut erwähnt, als der Knecht Iven sich weigert, das Pferd zu reiten und sagt: "Nein, Herr, es geht noch, aber den Schimmel, den reit der Teufel."(4 : 321), worauf Hauke lachend erwidert : "Und ich !"(ebd)

Mit seiner Darstellung des Pferdekaufs wie auch mit seiner Antwort an seinen Knecht zeigt Hauke seine Geringschätzung und Furchtlosigkeit all jenem gegenüber, was seine Mitmenschen als abergläubische Elemente in ihr Leben einbeziehen. Über das teuflische Lachen des seltsamen Pferdeverkäufers wundert er sich nur, er fürchtet sich nicht, und ebenso lehnt er Ivens Furcht vor dem Teufel ab, indem er sich ihm gleichsetzt bezüglich der Macht über den Schimmel.

Diese zwei Episoden bilden die beiden weiteren Glieder einer Kette von konsistentem Verhalten Haukes gegenüber dem Aberglauben: er nimmt ihn nicht ernst, er duldet ihn bei anderen, lehnt ihn aber für sich persönlich konsequent ab.

Anläßlich des Deichbaus kommt es zu schärferen Konfrontationen zwischen Hauke und seinen Anhängern einerseits und den Gegnern des Projekts auf der anderen Seite. Für die Haltung von Haukes Gegnern spielt der Aberglaube dabei eine ganz entscheidende Rolle. Diese sind inzwischen fest überzeugt, daß Hauke mit dem Teufel im Bunde steht. Es ist zum einen seine ganze Erscheinung auf dem Schimmel: "[. . .] wie aus seinem hageren Gesicht die Augen starrten, wie sein Mantel flog und wie der Schimmel sprühte !"(4 : 331), zum anderen der Schimmel selbst, der die Phantasie der Dorfbewohner bewegt. Dieser ist nach deren Überzeugung eine Reinkarnation des Pferdegerippes von der Jevershallig und als solches eindeutig Produkt und Werkzeug des Teufels. Daß ausschließlich Hauke ihn füttert und reitet und beim Reiten darüberhinaus auch nahezu körperlich mit ihm verwachsen ist, sind zusätzliche Elemente, die die abergläubische Haltung der Dorfbewohner verstärken und ihre Gegnerschaft zu Hauke manifestieren. Hauke jedoch weiß von all dem nichts: "Von dem unheimlichen Glanze freilich, mit dem sein früherer Dienstjunge den Schimmelreiter bekleidet hatte, wußte er selber nichts."(4 : 331) Er hat daher auch keinerlei Möglichkeit, diesen destruktiven Gerüchten im Dorf entgegenzutreten.

Bei anderer Gelegenheit dagegen demonstriert er öffentlich seine Stellung zum Aberglauben und dessen Auswüchsen. Als der neue Deich kurz vor der Vollendung steht, werfen die Arbeiter einen herrenlosen kleinen Hund zwischen die Erdmassen, um diesen entsprechend der traditionellen abergläubischen Sitte lebendig einzugraben. Hauke verhindert das ausschließlich durch sein herrisches, befehlsgewaltiges Auftreten, nicht durch Verhandeln und Überzeugen und nennt diesen alten Brauch dabei eine "Heidenlehre". (4 : 339). Er sieht, wie gespannt die Situation ist und ihm wird auch klar, daß sie ohne das Eingreifen des alten Harke Jens wohl anders ausgegangen wäre, dennoch aber ist er unfähig, einzulenken, auch nicht auf Harkes Zureden hin. Es ist möglich, daß es schlicht seine tiefe Überzeugung ist, herrührend aus seinem klaren, rationalen, intellektbetonten Denken, die ihm das ihm von Harke nahegelegte Nachgeben unmöglich macht. Denkbar ist jedoch auch, daß zu dieser vorhandenen Überzeugung allem Abergläubischen gegenüber, die er ja schon bei mehreren anderen Gelegenheiten klar gezeigt hatte, noch ein anderer Faktor hinzukommt. Die Schilderung der Reaktion Haukes, als er den Hund in den Erdmassen sieht, sagt: "Eine jähe Zornesröte stieg ihm ins Gesicht"(4

: 338) Sie erinnert damit an seine Reaktion anläßlich der Ermordung von Trin' Jans Kater, wo es heißt: "Ein Grimm, wie gleichfalls eines Raubtiers, flog dem jungen Menschen ins Blut, [. . .] "(4 : 264). An beiden Stellen wird Haukes Neigung zum Jähzorn hervorgehoben. Beide Male handelt er, im Sinne einer Rücksichtnahme auf die Bedürfnisse anderer Menschen, falsch. Das erste Mal bringt er ein Tier um, beim zweiten Mal setzt er alles daran, ein Tier zu retten. Es konnte gezeigt werden, daß er nach der Ermordung von Trin' Jans Kater an Schuldgefühlen litt ihr gegenüber, sodaß es, unterstützt durch die Schilderung seiner sehr ähnlichen Reaktion in beiden Situationen, möglich scheint, daß Hauke mit der Rettung des Hundes nicht nur dem Aberglauben eine Absage erteilt, sondern auch eine Art Wiedergutmachung an Trin' bzw. an einer von ihm ermordeten unschuldigen Kreatur leistet. Tragisch daran ist, daß diese Wiedergutmachung, so sie eine ist, nicht dazu beiträgt, ihn in größere Nähe zu rücken zu Menschen, denen gegenüber er als der Stärkere auftritt, sondern ganz das Gegenteil bewirkt.

Mit Trin' hat Hauke noch zwei weitere Erlebnisse in bezug auf abergläubische Erscheinungen. Das erste ereignet sich, als die alte Frau, die jetzt in seinem Hause lebt, seiner kleinen Tochter die Geschichte von der Wasserfrau erzählt. Hauke verbietet ihr das, ohne ihr Gründe zu nennen. Denkbar wäre, daß seine generelle Abneigung gegen alles, was mit dem Aberglauben zu tun hat, ihn dazu veranlaßt, dafür zu sorgen, daß in seinem Hause derlei Geschichten nicht weiter verbreitet werden, d.h. sein rational bestimmtes Menschenbild kann in seinem persönlichen Wirkungskreis kein irrational gesteuertes Verhalten dulden oder gar fördern. Oder aber es ist die Liebe zu der kleinen schwachsinnigen Wienke, die verhindern möchte, daß diese sich womöglich ängstigt aufgrund der ihr von Trin' erzählten Geschichten. Daß das kleine Mädchen tatsächlich sehr ängstlich ist, zeigt sich anläßlich eines Spaziergangs im Anschluß an das Gespräch mit Trin'. Hier zeigt sich Wienke sehr eingeschüchtert von den "Seeteufeln"(4 : 351), die sie im Watt sieht und die sie eigentlich nur aufgrund von Trins Geschichten als solche benennen kann. Denn Hauke erklärt ihr diese Erscheinung wie schon bei früherer Gelegenheit als natürliches Phänomen und tritt auch damit wieder einer abergläubischen Deutung dieser Art Erscheinungen entgegen.

Ein zweites und letztes Erlebnis mit Trin' zeigt dann allerdings einen anderen Hauke. Bei allen früheren Gelegenheiten, die ihn mit dem Aberglauben in Kontakt brachten, hat Hauke stets distanziert und klar ablehnend reagiert. Dies hat, wie gezeigt werden konnte, angefangen in seinem dreizehnten Lebensjahr und sich erstreckt bis zu dem diesbezüglichen Höhepunkt anläßlich der versuchten Vergrabung des kleinen Hundes im Deich. Immer hat sein klar rational bestimmtes Denken verhindert, daß er Erscheinungen oder Inhalte des Aberglaubens ernstlich in Erwägung gezogen hätte. Das ist anders, als er an Trins Sterbelager Zeuge einer Halluzination oder Vision der alten Frau wird: "Aber die Alte rührte noch einmal die Lippen: 'Jins! Jins!' Und kreischend, wie ein Notschrei, brach es hervor, und ihre knöchenen Arme streckten sich gegen die draußen flimmernde Meeresspiegelung. 'Hölp mi! Hölp mi ! Du bist ja bawen Water [. . .] Gott gnad de annern!' (4 : 358). Nachdem Trin' gestorben ist, wird Hauke von diesen Worten verfolgt: "In Haukes Innerm aber klang schwer die letzte Rede der Sterbenden. 'Gott gnad de annern!' Sprach es leis in ihm. 'Was wollte die alte Hexe ? Sind denn die Sterbenden Propheten—- ?' "(4 : 359) Hier wird deutlich, daß Hauke für möglich hält, daß Trin' die Zukunft sehen kann und er fragt sich, was es bedeuten könne, wenn sie 'de annern' der Gnade Gottes empfiehlt. Auch nennt er die alte Trin' zum ersten und einzigen Mal eine Hexe. Dieser Vorfall ereignet sich kurz vor der katastrophalen Sturmflut, der Hauke und seine Familie zum Opfer fallen und ist somit als Vorausdeutung zu betrachten. Im Hinblick auf Hauke und seine Haltung dem Aberglauben gegenüber ist festzustellen, daß Hauke hier im Gegensatz zu seiner früheren sehr klaren Position schwankend erscheint. Er fragt sich, ob Trin' das Zweite Gesicht hat und nennt sie überdies eine Hexe. Im Hinblick auf den strukturellen Aufbau der Novelle liegt darin natürlich eine Verstärkung der von Trin' geäußerten Vorausdeutung.

Für die Figur des Hauke an sich bzw. für ihre Entwicklung im Laufe der Erzählung muß festgehalten werden, daß dieser Vorfall sich nach seiner Krankheit ereignet, aus der er mit einer anhaltenden Schwäche hervorgegangen ist. Diese Schwäche manifestiert sich auf mehreren Ebenen wie seiner gesundheitlichen Befindlichkeit, seinem Auftreten gegenüber Ole Peters und dessen Anhängern und auch, wie erwiesen wurde, in einer früher nicht gezeigten Anfälligkeit bezüglich abergläubischer Vorstellungen. Daraus kann der Schluß gezogen werden, daß eine derart starke Persönlichkeit wie Hauke Haien der Rechner, der Denker, der Rationalist, der unter normalen Umständen die größte Distanz wahrt zum Aberglauben, nur durch anhaltende physische und psychische Schwäche dazu verleitet werden kann, sich diesem zuzuneigen. Storm verfolgt mit der diesbezüglichen Zeichnung der Figur des Hauke konsequent die Linie, die er auch in anderen Novellen gezeigt hat, in denen er den Aberglauben selbst als Schwäche bezeichnet oder aber die abergläubischen Personen schwache Charaktere sind. Parallelen finden sich beispielsweise in der Figur des alten Hansen in *In St. Jürgen* oder in der des Josias in *Renate*.

Zusammenfassend muß festgehalten werden, daß Haukes Haltung dem Aberglauben gegenüber mit Ausnahme einer Situation kurz vor seinem Untergang sehr gradlinig ist. Er lehnt ihn in allen seinen Erscheinungsformen konsequent ab und weigert sich darüberhinaus, zu seiner weiteren Verbreitung beizutragen.

Von ähnlicher Konsequenz, wenn auch modifizierter bezüglich der Inhalte, ist seine Stellung zum christlichen Glauben. Er geht regelmäßig am Sonntag in die Kirche und betet darüberhinaus im Verlauf der Erzählung mehrmals, gewöhnlich in Krisensituationen. Eines dieser Gebete wird ihm in gewisser Weise zum Verhängnis, denn es trägt dazu bei, daß er in der Dorfbevölkerung weiter an Rückhalt verliert. In diesem Gebet, das er anläßlich der ernsten Krankheit seiner Frau spricht, zweifelt er die Allmacht Gottes an. Dies wird von der anwesenden Magd Ann Grete weitergetragen in die Konventikel und die Gemeinde. Daraus resultiert zum einen eine wachsende generelle Entfremdung zwischen ihm und den Dorfleuten, denen er zunehmend unheimlicher wird : "Aber freilich über ihn schwieg man nicht; seine Gebetsworte liefen von Haus zu Haus: er hatte Gottes Allmacht bestritten; was war ein Gott ohne Allmacht ? Er war ein Gottesleugner; die Sache mit dem Teufelspferde mochte auch am Ende richtig sein !"(4 : 333) Zum anderen verliert Hauke aber darüberhinaus durch dieses Gebet auch an Autorität, in der spezifischen Situation der Autorität in Glaubensfragen, die er in der späteren Auseinandersetzung um den zu opfernden Hund so dringend braucht. Diese untergrabene Autorität führt dann zu dem Höhepunkt der Auseinandersetzung zwischen Haukes Anhängern und seinen Gegnern, an dem ein Stillstand oder gar Abbruch der Arbeiten am Deich droht.

Die Infragestellung der Allmacht Gottes, wie sie von Hauke in seinem Gebet formuliert wird : "Ich weiß ja wohl, du kannst nicht allezeit, wie du willst, auch du nicht [. . .]"(4 : 332) zeigt starke Affinität zur Feuerbachschen Religionskritik.[80] An anderer Stelle dagegen äußert Hauke eine pantheistische Gottesvorstellung, wie sie von Spinoza entwickelt wurde: "Ja, Kind, das alles ist lebig, so wie wir; es gibt nichts anderes; aber der liebe Gott ist überall." (4 : 352)

Abgesehen von diesen beiden Äußerungen, die Haukes modifizierte Gottesvorstellung belegen, bewegt sich seine übrige religiöse Einstellung streng im Rahmen des von der protestantischen Kirche vertretenen Christentums. Da diese beiden Auffassungen jedoch eindeutig aufklärerisches Gedankengut reflektieren, liegt ihre Funktion vermutlich in dem Nachweis dessen, wie sehr Hauke auch in diesem Bereich seinen Zeitgenossen überlegen und voraus ist. Diese Sicht wird unterstützt durch Haukes allgemeine Toleranz in Glaubensfragen, wie sie von der Aufklärung vertreten wird. Als Elke ihre Besorgnis äußert bezüglich des Konventikelunwesens, an dem auch ihre Bediensteten teilnehmen, lehnt er es ab, zu intervenieren: "Freilich hatte Elke ihre Bedenken darüber gegen Hauke nicht zurückgehalten; aber er hatte gemeint, in Glaubenssachen solle man keinem dreinreden: das schade niemandem und besser dort noch als im Schnapskrug!"(4 : 333)

Im übrigen erweist er sich, wie erwähnt, als kirchenkonformer Christ. Seine diesbezüglichen Äußerungen zeigen ihn als durchschnittlichen Christen, der an die Güte, Vorsehung und Weisheit Gottes glaubt und auf sie vertraut. Als er mit seiner Frau die wagemutigen Pläne für den Deichbau bespricht, sagt er: "Ja, Frau, [...] hart wird's hergehen; aber dazu, denk ich, hat der Herrgott uns zusammengebracht! "(4 : 319) Auch als das Ehepaar über seine Kinderlosigkeit spricht und Elke ihrer Hoffnungslosigkeit Ausdruck verleiht, zeigt Hauke sein Gottvertrauen, wenn er erwidert: "'Das überlassen wir dem Herrgott,' sagte er; 'jetzt aber und auch dann noch sind wir jung genug, um uns der Früchte unserer Arbeit selbst zu freuen.' "(4 : 319) Als Elke später mit Kindbettfieber nahezu im Sterben liegt, vertraut Hauke der Hilfe Gottes mehr, als der des Arztes, wenn er, den Arzt betrachtend, denkt: "Der hilft nicht; nur Gott kann helfen!"(4 : 332) und er betet gleich darauf: "[...] du bist allweise; du mußt nach deiner Weisheit tun – o Herr, sprich nur durch einen Hauch zu mir!"(ebd)

Nachdem Hauke und Elke einander eingestanden haben, daß sie um die Schwachsinngkeit ihrer kleinen Tochter wissen, beschließt Hauke das Gespräch mit den Worten: "Ja, Elke, das hab ich freilich auch gefragt, den, der allein es wissen kann; aber du weißt ja auch, der Allmächtige gibt den Menschen keine Antwort – vielleicht, weil wir sie nicht begreifen würden." (4 : 348/49)

Auch in bezug auf ein Leben nach dem Tode und auf das Jüngste Gericht teilt Hauke die Auffassungen des evangelischen Christentums. In der Nacht der Katastrophe wird er von Zweifeln heimgesucht: "[...] in seinem Kopfe wühlten die Gedanken: Was hatte er für Schuld vor Gottes Thron zu tragen?"[...] 'Herr Gott, ja, ich bekenn es', rief er plötzlich laut in den Sturm hinaus,' ich habe meines Amtes schlecht gewartet!' "(4 : 368)

Seine letzten Worte sind ebenfalls Gebete. Zunächst bittet er darum, daß alle von der Sturmflut Bedrohten gerettet werden und verspricht, dem christlichen Ideal der Vergebung gemäß: "Wir müssen's tragen, und ich will helfen, auch denen, die mir ein Leids getan; nur, Herr, mein Gott, sei gnädig mit uns Menschen!"(4 : 368) Diese Bitte reduziert er dann zu einer um die Rettung der anderen, wenn er, dem christlichen Opfergedanken gemäß, sich selbst Gott als Tribut anbietet: "Herr Gott, nimm mich; verschon die andern!"(4 : 370)

Zusammenfassend muß festgehalten werden, daß in der Figur des Hauke nicht, wie in der Forschung vielfach angenommen, ein Vertreter des Nietzscheschen Übermenschen gesehen werden kann.[81] Die Ambivalenz, mit der Persönlichkeit und Charakter Haukes gesehen werden muß, ist von Hermand umfassend dargestellt worden. Im Zusammenhang der vorliegenden Arbeit ist Haukes Verhältnis zu Christentum bzw. Aberglauben von Interesse. Es muß daher festgehalten werden, daß Hauke Haien als gläubiger Christ auftritt, der seiner Religiosität mehrfach und wiederholt Ausdruck verleiht. Seine Glaubenshaltung reflektiert Gedankengut der Aufklärung, bewegt sich aber im allgemeinen Rahmen des von der evangelischen Amtskirche vertretenen Christentums. Auch wenn nicht bestritten werden soll, daß er einen Hang zur Hybris zeigt, so muß doch darauf hingewiesen werden, daß er gleichzeitig Züge von Bescheidenheit aufweist. Das zeigt sich beispielsweise in einem Gespräch mit seiner kleinen Tochter, die ihn für allmächtig hält: " 'Es tut mir nichts', sagte sie zitternd; 'nein, sag, daß es mir nichts tun soll; du kannst das, und dann tut es uns auch nichts!' 'Nicht ich kann das, Kind', entgegnete Hauke ernst [. . .]". (4 : 347)

Auch als Hauke während der Sturmflut erkennt, daß sein Versagen zum Eindringen der Fluten hinter den Deich beigetragen hat, ist er bereit, dies einzugestehen und die Folgen auf sich zu nehmen. Er will sich vor "Gottes Thron" dafür verantworten. Auch mit seinen letzten Worten vor seinem Sturz in den Deichbruch zeigt er noch einmal, daß er sich in den Bahnen der christlichen Überlieferung bewegt, in diesem konkreten Fall, daß ihm der christliche Gedankengang des stellvertretenden Opfers, wie ihn die Christologie ausführt, vertraut ist. Zusammenfassend muß daher gesagt werden, daß er ein Christ ist, der, obgleich er "[. . .] sich sein eigen Christentum zurechtgerechnet [. . .]" hat (4 : 332), d.h. von der Aufklärung beeinflußt ist, im wesentlichen mit den Auffassungen der Amtskirche seiner Zeit übereinstimmt. Er ist Christ, der an eine höhere Autorität glaubt und zu ihr betet.

Elke

Der Name Elke oder Elka ist die vornehmlich in Norddeutschland und Skandinavien gebräuchliche niederdeutsche Kurzform des mittelhochdeutschen Adelheid = "die edel Geartete" oder "die edel Gestaltete".

Über Elkes Gestalt finden sich, abgesehen von einer Bemerkung über Augen und Haare, keine Angaben in der Erzählung. Viel wichtiger als ihre äußere Erscheinung ist daher ihre Persönlichkeit und ihr Charakter, dies ist auch für Hauke der Fall, der sie nicht um ihrer äußeren Gestalt willen liebt. Elkes Verbindung mit ihrem Mann ist so eng und von so großer Übereinstimmung in Charakter, Persönlichkeit und genereller Lebensauffassung, daß Storm dies sogar in der Wahl der Namen deutlich macht. Beide haben einen sehr kurzen Namen, der sich nur in seiner ersten Silbe von dem des anderen unterscheidet. Die zweite Silbe ihrer zweisilbigen Namen ist identisch. Auch damit wird die große Ähnlichkeit der Persönlichkeiten von Hauke und Elke zum Ausdruck gebracht.

Diese Übereinstimmung erstreckt sich auf alle Lebensbereiche des Paares und findet sich auch in seiner Haltung gegenüber Glauben und Aberglauben. Auch Elke ist Christin und Kirchgängerin, auch sie betet regelmäßig, vornehmlich in Krisensituationen. Dies ist der Fall anläßlich der Beerdigung ihres Vaters und vor allem in der Nacht der Katastrophe, als sie Gott bittet: "Herr Gott und du mein Jesus, laß uns nicht Witwe und Waise werden ! Schütz ihn, o lieber Gott; nur du und ich, wir kennen ihn allein !"(4 : 363)

Wie Hauke glaubt sie an die Weisheit und Vorsehung des christlichen Gottes, wie sie von der protestantischen Kirche vertreten werden. In den bereits erwähnten Gesprächen des Ehepaares kommt das klar zum Ausdruck. Darüberhinaus glaubt sie offenbar, daß die Schwachsinnigkeit ihrer kleinen Tochter eine Strafe Gottes sei, d.h. sie glaubt an ein direktes Eingreifen Gottes in ihr Leben: "Die Frau [Elke] sah finster vor sich hin. 'Aber warum ?' sprach sie; 'was hab ich arme Mutter denn verschuldet ?' "(4 : 348)

Auch ihre Haltung gegenüber dem Aberglauben deckt sich mit der Haukes. Sie tritt ihm entgegen, wo immer sie ihm begegnet und duldet eine Weiterverbreitung abergläubischer Geschichten in ihrem Haushalt nicht. Das wird besonders deutlich, als Ann Grete und die anderen Mägde aufgebracht die Gerüchte von unheimlichen Erscheinungen als Vorboten eines kommenden Unglücks erörtern, wie die im Nachbardorf aufgetretenen Landplagen oder die vom Pastor gefundenen fünf erbsengroßen Totenköpfe. Elke kommt dazu, als die Mägde diese abergläubischen Schauergeschichten austauschen und verbietet ihnen, weiter darüber zu sprechen: "So fand im Hause des Deichgrafen das abergläubische Geschwätz bei der Herrschaft keinen Anhalt; aber in die übrigen Häuser, und je länger die Abende wurden, um desto leichter, drang es mehr und mehr hinein."(4 : 360) Wie Hauke der alten Trin' verboten hat, in seinem Hause abergläubische Geschichten zu erzählen, so verbietet Elke es den Mägden.

Jedoch hat auch Elke, ebenso wie Hauke, einen unsicheren Moment, in dem sie zu erkennen gibt, daß sie nicht gänzlich gefeit ist gegen abergläubisches Gedankengut. Dies zeigt sich, als Hauke ihr von dem Verkäufer des Schimmels erzählt, der ihn in Erscheinung und Verhalten an den Teufel erinnert hat: " 'Pfui,' rief Elke, 'wenn der Schimmel nur nichts von seinem alten Herrn dir zubringt !' "(4 : 320) damit äußert sie die Auffassung des Aberglaubens, daß bestimmte Eigenschaften, Verhaltensweisen oder aber die ganze Aura eines Menschen auf einen anderen übertragen werden können anhand von gewissen Dingen, die von dem Besitz des einen in den des anderen übergehen. Hier handelt es sich um eine orendistische Variante des Aberglaubens. Der Orendismus, wie Pfister ausführlich darstellt, geht davon aus, daß die Kraft, die einem Wesen – Pflanze, Tier, Mensch – innewohnt, auf ein anderes Wesen übergehen kann, indem ein Teil dieses Wesens wie beispielsweise der Ast eines Baumes, die Pfote eines Hasen oder der Finger eines Menschen von diesem abgetrennt wird und auf ein anderes Wesen übertragen wird. Auch kann die Kraft eines Wesens als Ganzes als 'Überträger' auf ein neues übergehen.

Abgesehen von diesem Vorfall zeigt Elke die gleiche Haltung gegenüber dem christlichen Glauben und dem Aberglauben wie Hauke.

Die Anhänger Haukes

Abgesehen von Elke finden sich eine ganze Reihe von Leuten, die auf Seiten Haukes stehen und ihn unterstützen. Es sind dies sowohl sein eigener Vater als auch der Elkes, es ist der Deichgevollmächtigte Jewe Manners und der Vetreter der nächsthöheren Instanz, der Oberdeichgraf. Im Bereich der Dorfgemeinschaft sind es diejenigen, die einsichtig genug sind, um Haukes Pläne und damit verbundenen Forderungen der Unterstützung wert zu finden: "[Es] waren zwar ernste Männer zugegen, die mit Ehrerbietung diesen gewissenhaften Fleiß betrachteten und sich nach ruhiger Überlegung den billigen Ansätzen ihres Deichgrafen unterwarfen; [. . .]"(4 : 328) . Diese Gruppe hat Hauke schon in früherer Zeit, als er noch als Knecht des alten Deichgrafen im Verborgenen die Deichgeschäfte führte, unterstützt: "[. . .] die andern aber, welche nicht getroffen waren oder denen es um die Sache selbst

zu tun war, lachten und hatten ihre Freude, daß der Junge den Alten
doch einmal etwas in Trab gebracht habe. 'Schade nur', sagten sie, 'daß
der Bengel nicht den gehörigen Klei unter den Füßen hat; das gäbe sonst
später einmal wieder einen Deichgrafen, wie vordem sie dagewesen
sind; [. . .] "(4 : 278) Die Gruppe dieser Männer wird angeführt von Jewe
Manners, der Hauke nach Kräften unterstützt.

Dabei scheut er sich nicht, den versammelten Männern und vor
allem den Gegnern des Vorhabens deutlich zu machen, daß nach
seiner Ansicht sowohl das Projekt wie auch Hauke selber unter dem
besonderen Schutz Gottes stehen: "Ich, meine Freunde, bin ein Greis;
ich habe Deiche bauen und brechen sehen; aber der Deich, den Hauke
Haien nach ihm von Gott verliehener Einsicht projektiert und bei der
Herrschaft für euch durchgesetzt hat, den wird niemand von euch Lebenden brechen sehen [. . .]"(4 : 325) Bei einer anderen Versammlung
wiederholt Jewe diese Auffassung: "Von einem kleinen Teil der versammelten Männer ging ein Beifallsmurmeln aus, und der alte Jewe
Manners, der dazwischenstand, rief laut: 'Bravo, Hauke Haien ! Unser
Herrgott wird dir dein Werk gelingen lassen !' "(4 : 329) Jewe ist Elkes
Pate und hat als solcher stellvertretend für ihren verstorbenen Vater
schon sein Einverständnis zu der Ehe mit Hauke gegeben, als er vom
Pastor des Dorfes dazu aufgefordert wurde: " 'Unser Herrgott gebe seinen Segen!' sagte er andächtig."(4 : 304) Diese eheliche Verbindung
wird auch von der Frau des Pastors gefördert. Diese beiden Figuren, der
Pastor und seine Frau, treten außerhalb ihres eigentlichen Wirkungs-
kreises der Kirche auf, jedoch anläßlich eines christlichen
Begräbnisses. Sie sind daher nicht expressis verbis Vertreter des Christentums, wohl aber doch durch das Amt, das sie vertreten und
repräsentieren.

Auch die Väter von Hauke und Elke machen wiederholt Äußerungen, die ihre Nähe zum christlichen Glauben erkennen lassen. So sagt
der alte Deichgraf beispielsweise zu Haukes Vater: "Ihr wisset, Tede,
[. . .] unser Herrgott hat mir einen Sohn versagt!"(4 : 272) oder zum
Oberdeichgraf: "Ja, Gott sei Dank, ich bin noch allezeit frisch und
munter! [. . .] So hoffe ich zu Gott, noch meines Amtes ein paar Jahre in
Segen warten zu können." (4 : 278)

Auch das Weltbild von Haukes Vater schließt die Vorstellung eines
Gottes ein, wie sie die christliche Kirche vertritt: " 'Nun, Gott tröste
dich, Junge,' sagte der Alte, da sie eben das Haus verlassen hatten,
'wenn der dir die Welt klar machen soll !' "(4 : 273) Und als Tede Haien
im Sterben liegt, ruft er seinen Sohn zu sich: " 'Setz dich zu mir, mein

Kind,' sagte der Alte mit matter Stimme, 'dicht zu mir! Du brauchst
dich nicht zu fürchten; wer bei mir ist, das ist der dunkle Engel des
Herrn, der mich zu rufen kommt.' "(4 : 292)

Bezüglich der Stellung der beiden Väter zum Aberglauben finden sich
keine Anhaltspunkte im Text. Haukes Vater wird lediglich in einer Situation geschildert, die u.U. Affinität zum Aberglauben haben könnte: als
Trin' Jans ihm den toten Angorakater auf den Tisch legt, untersagt er
ihr, dies im Dorf zu erwähnen. Es wird jedoch aus dem Kontext nicht
deutlich, ob er dies aus abergläubischen oder nur aus hygienischen
Gründen tut. Weitere mögliche abergläubische Elemente finden sich
nicht bei den beiden Vätern.

Diese Feststellung gilt ebenso für die anderen Personen auf Haukes
Seite wie das Pastorenehepaar, Jewe Manners, Harke Jens und den Teil
der Dorfleute, der sein Vorhaben unterstützt. Von letzteren wie auch
von Harke Jens wird jedoch ebensowenig ausgeführt, in welcher Beziehung sie zum Christentum stehen. Harke Jens spielt im Hinblick auf
den Aberglauben insofern eine etwas modifiziertere Rolle, als er derjenige ist, der Hauke zuredet, dem Willen der Deicharbeiter nachzugeben
und sie den Hund lebendig begraben zu lassen: "Eine Hand schlug sanft
auf seine Schulter, als wäre es die Hand des alten Jewe Manners; doch
als er umsah, war es nur ein Freund des Alten. 'Nehmt Euch in acht,
Deichgraf!' raunte der ihm zu, 'Ihr habt nicht Freunde unter diesen
Leuten; laßt es mit dem Hunde gehen!' "(4 : 338) Diese Handlungsweise ist jedoch eher politischer Natur und als Aufforderung zu einer
versöhnlichen Geste gegenüber den abergläubischen Dorfleuten zu verstehen denn als Ausdruck der abergläubischen Überzeugung des Harke
Jens. Harke übernimmt in abgeschwächter Form die Position des Jewe
Manners nach dessen Tod, seine Funktion liegt in der Vermittlung
zwischen den beiden Lagern im Dorf, den Anhängern und den Gegnern
Haukes. Insofern ist nicht seine eigene Haltung dem Glauben und
Aberglauben gegenüber von Belang, sondern ob und wie es ihm gelingt,
im Interesse der Sache auf beiden Seiten Verständnis für die andere zu
erwecken. Mit Hauke gelingt ihm das nicht, denn der läßt ein Vergraben des lebendigen Hundes nicht zu. Auf der Seite der Arbeiter ist er er-
folgreicher: "Und als er [Hauke] nun den Blick nach unten richtete, sah
er wieder den Freund des alten Jewe Manners; der ging dort zwischen
den Arbeitern, sprach zu dem und jenem, lachte hier einem zu, klopfte
dort mit freundlichem Gesicht einem auf die Schulter, und einer nach
dem andern faßte wieder seinen Spaten; noch einige Augenblicke, und
die Arbeit war wieder in vollem Gange."(4 : 339/40)

In der Gesamtbetrachtung des Lagers von Hauke und seinen Anhängern ergibt sich demzufolge, daß Hauke und Elke entschieden auf Seiten des Christentums und gegen den Aberglauben sind, die Väter, das Pastorenehepaar und Jewe Manners ebenfalls auf Seiten des Christentums stehen, jedoch ohne eine irgendwie beschriebene Haltung dem Aberglauben gegenüber und der Oberdeichgraf wie auch die wohlwollenden Leute des Dorfes keine Neigung nach der einen oder der anderen Seite erkennen lassen. Harke Jens bildet insofern eine Ausnahme, als er selbst zwar auch als weder dem Christentum noch dem Aberglauben hingeneigt beschrieben wird, es aber unternimmt, bei Hauke um Verständnis und Toleranz zu werben gegenüber abergläubischen Praktiken während des Deichbaus.

Die Gegner Haukes

Das Lager von Haukes Gegnern wird angeführt von Ole Peters, dessen Rivalität zu Hauke aus den ersten Tagen ihrer Bekanntschaft herrührt, als Ole Großknecht auf dem Hof des alten Deichgrafen ist und der wesentlich jüngere Hauke ihm gegenüber bevorzugt behandelt wird. Ole wird geschildert als körperlich Überlegener, geistig jedoch weit Unterlegener: "Einer freilich war im Hause, für den er [Hauke] nicht der Rechte zu sein schien; das war der Großknecht Ole Peters, ein tüchtiger Arbeiter und ein maulfauler Geselle. Ihm war der träge, aber dumme und stämmige Kleinknecht von vorhin besser nach seinem Sinn gewesen, dem er ruhig eine Tonne Hafer auf den Rücken hatte laden und ihn nach Herzenslust hatte herumstoßen können. Dem noch stilleren, aber ihn geistig überragenden Hauke vermochte er in solcher Weise nicht beizukommen; er hatte eine gar zu eigene Art, ihn anzublicken."(4 : 273/74)

Die Abneigung Oles gegen Hauke setzt sich fort und vertieft sich, als Hauke zur rechten Hand des alten Deichgrafen avanciert und obwohl er versucht, seine Pflichten in Stall und Hof darüber nicht zu vernachlässigen. Ole ist ebenso besitzlos wie Hauke und gewinnt später durch Einheirat den Hof der Vollina Harders. Insofern wäre es möglich, daß Ole auf eine Heirat mit Elke spekuliert hat und sich durch Hauke aus dem Feld geschlagen sieht. Diese Möglichkeit als Ursache für die Rivalität der beiden Männer sei dahingestellt. Im vorliegenden Zusammenhang ist von Interesse, wo Ole als Führer von Haukes Gegnern eingeordnet werden muß im Hinblick auf Glauben und Aberglauben. Hier ist der Text völlig unergiebig. Weder nach der einen noch der anderen Seite werden Angaben gemacht bezüglich Oles Glaubenshaltung. Es muß daher davon ausgegangen werden, daß diese neutraler Natur ist und keine Rolle spielt in der Gegnerschaft zu Hauke. Bezüglich seiner Frau Vollina liegt der Fall etwas anders. Sie ist eine Anhängerin abergläubischer Geschichten und trägt wesentlich dazu bei, daß diese im Dorf verbreitet werden.

Anders verhält es sich auch mit Haukes späteren Knechten und Hausgenossen. Es sind sein Knecht Iven und sein Dienstjunge Carsten, die das Erlebnis mit dem Auftauchen und Verschwinden des grasenden Schimmels auf der Jevershallig haben, und es ist Carsten, der seine daran anschließenden abergläubischen Vermutungen ins Dorf trägt. Iven beteiligt sich nicht daran, er hält die Erscheinung für eine, die sein Fassungsvermögen übersteigt und möchte Stillschweigen bewahren : "[...] von hier aus geht's wie lebig, und drüben liegen nur die Knochen – das ist mehr, als du und ich begreifen können. Schweig aber still davon, man darf dergleichen nicht verreden!" (4 : 317) Carsten jedoch kommt immer mehr zu der Überzeugung, daß der Teufel in dem Schimmel stecke und verbreitet dies auch im Dorf: "So tat er sich denn heimlich nach einem neuen Dienste um, kündigte und trat um Allerheiligen als Knecht bei Ole Peters ein. Hier fand er andächtige Zuhörer für seine Geschichte von dem Teufelspferd des Deichgrafen; die dicke Frau Vollina und deren geistesstumpfer Vater, der frühere Deichgevollmächtigte Jeß Harders, hörten in behaglichem Gruseln zu und erzählten sie später allen, die gegen den Deichgrafen einen Groll im Herzen oder die an derart Dingen ihren Gefallen hatten. "(4 : 323) Durch Carsten, der direkt vom Hause des Deichgrafen in das seines Gegners Ole Peters wechselt, kommt somit ein vermeintliches 'Wissen aus erster Hand' unter die Leute, und der im Dorf latent vorhandene Aberglaube wird wirkungsvoll aktiviert. Mit der Annahme von Carsten, Vollina und dann weiteren Dorfleuten, daß es sich bei dem Schimmel Haukes um ein Teufelstier handele und sein Besitzer daher mit dem Satan im Bunde sein müsse, bekommt ihr Unbehagen an Hauke und seinem Auftreten eine Wendung ins Unheimliche. Durch die Verbreitung dieser Geschichten im Dorf wird zum einen die ohnehin vorhandene Distanz zwischen diesem und Hauke noch vergrößert, zum anderen bekommt das Bedürfnis der Dorfleute nach Dämonisierung Haukes neue Nahrung.

Eine ganz ähnliche Rolle wie der Knecht Carsten spielen die Mägde im Hause des Deichgrafen unter der Führung von Ann Grete. Sie ist diejenige, die überzeugt ist, daß die Geschichten der alten Mariken vom

Ziegelhof wahr sind und ein Vorzeichen auf ein drohendes großes Unglück über Nordfriesland. Als diese abergläubischen Schauermärchen weitererzählt werden, beteiligt sich nun auch Iven daran, der inzwischen seine Meinung geändert hat: "'[. . .] und Iven Johns sagte auch, 'das gibt ein Unglück!' sagte er; 'ein Unglück über ganz Nordfriesland; glaub mir's, Ann Gret' ! Und'—sie dämpfte ihre Stimme—'mit des Deichgrafs Schimmel ist's am Ende auch nicht richtig!' "(4 : 360)

Diese Erzählungen der Ann Grete finden großen Widerhall unter den übrigen Mägden und können nur durch das energische Auftreten Elkes vorläufig beendet werden.

Ann Grete ist auch die Person, die Haukes Gebet an Elkes Krankenbett mithört und daraufhin seine vermeintlichen Zweifel an der Allmacht Gottes in den Konventikeln verbreitet. Diese werden beschrieben als Art Sekten, in denen unter anderem all diejenigen sich zusammenfinden, die am Rande oder außerhalb der Gesellschaft leben und die durch ihre Mitgliedschaft neue Aufwertung erfahren, da bei den Versammlungen "jeder den Priester spielen konnte."(4 : 333) : "Das damals stark im Schwange gehende separatistische Konventikelwesen hatte auch unter den Friesen seine Blüten getrieben; heruntergekommene Handwerker oder wegen Trunkes abgesetzte Schulmeister spielten darin die Hauptrolle, und die Dirnen, junge und alte Weiber, Faulenzer und einsame Menschen liefen eifrig in die heimlichen Versammlungen [. . .]"(ebd)

Bei einer dieser Zusammenkünfte predigt ein "vom Deichgrafen aus der Arbeit gejagter Pantoffelmacher"(4 : 334) über die Allmacht Gottes und die, die diese anzweifeln. Er macht den Anwesenden klar, daß ein Zweifler an der Allmacht Gottes ein Feind Gottes sei, der, da der Mensch nun mal irgendeinen Halt brauche, daher zwingend mit dem Teufel im Bunde sei. "Auch das lief von Haus zu Haus."(4 : 334) Die Konventikler, die sich von der offiziellen Kirche absondern, weil sie sich für die besseren Christen halten, sind fundamental dem Aberglauben verhaftet und tragen dadurch wesentlich zu der stets größer werdenden Kluft zwischen Hauke und seinen Gegnern bei.

Diese Kluft verbreitet sich zusehends und der Aberglaube trägt ganz wesentlich dazu bei. Dies ist der Fall, obgleich eine andere Figur der Erzählung, die zunächst mit Hauke verfeindet war und diesen sogar verflucht hat, Frieden mit ihm schließt und gegen Ende der Novelle sogar in sein Haus übersiedelt. Sie unternimmt damit eine gegenläufige Bewegung zu Carsten, der, wie erwähnt, aus Haukes Haus in das seines Gegners Ole überwechselt. Trin' Jans wird eingeführt als alte Frau, die in Lebensumständen lebt, die gemeinhin mit denen einer Hexe assoziiert werden. Zu diesem Bild trägt der Fluch, den sie über Hauke ausstößt, nicht unwesentlich bei. Nach ihrer Versöhnung mit Hauke jedoch, zu der im übrigen sie die Initiative ergriff, und nach ihrer Übersiedelung in den Haushalt der Haiens ändert sich dieses Bild. Trin' wird als Frau geschildert, die der kleinen Wienke große Zuneigung entgegenbringt und in ihrem Leben die Rolle einer Großmutter einnimmt. Ihre warme Ausstrahlung wie auch ihr großer Vorrat an Geschichten sind von großer Anziehungskraft für das kleine Mädchen. Trins Geschichten allerdings sind zuweilen ein Stein des Anstoßes für Hauke, der die abergläubischen Elemente darin ablehnt und Trin' das Erzählen untersagt. Trin' selbst zeigt in dieser Phase der Erzählung sowohl Komponenten des Aberglaubens wie auch solche des christlichen Glaubens, wobei letztere jedoch überwiegen. Eine Art Vermengung von beiden stellt beispielsweise ihre Auffassung dar, die Schwachsinnigkeit der kleinen Wienke sei eine Strafe Gottes an Hauke: " 'Du strafst, ihn, Gott der Herr ! Ja, ja, du strafst ihn !' murmelte sie, aber ein Erbarmen mit dem Kinde schien sie doch zu überkommen [. . .] (4 : 345) Es ist jedoch verfehlt, hier anzunehmen, wie Peischl[82] es tut, Trin' halte die Schwachsinnigkeit der kleinen Wienke für eine Folge ihres früheren Fluches über Hauke, der damit in Erfüllung gegangen wäre.

Trin' glaubt im christlichen Sinn an ein Leben nach dem Tode: "Aber ich will doch sehen, wo mein Jung derzeit ist zu Gott gegangen!"(4 : 344) Anläßlich ihres Sterbens ist ihre letzte Äußerung, das 'Zweite Gesicht', der Anstoß für Hauke, seine eigene so entschieden ablehnende Haltung gegenüber dem Aberglauben zu überdenken und sich, wie erwähnt, zu fragen: "Sind denn die Sterbenden Propheten – ?"(4 : 359)

Bei einer Übersicht über das Lager von Haukes Gegnern muß demzufolge festgehalten werden, daß diese in bezug auf ihre Glaubenshaltung überwiegend dem Aberglauben anhängen. Ole ist neutral, seine Frau gehört mit dem Knecht Carsten und der Magd Ann Grete zu denen, die die abergläubischen Geschichten über den Deichgrafen weiterverbreiten. Dazu tragen auch die Konventikel bei, die trotz ihrer christlichen Selbsteinschätzung abergläubisches Gedankengut pflegen. Über die übrigen Dorfbewohner werden keine expliziten Angaben gemacht, jedoch legen die Geschichten, die, wie erwähnt, 'von Haus zu Haus' laufen, eine Bereitschaft in der Bevölkerung nahe, abergläubische Erzählungen zu hören und weiterzutragen. Diese Erzählungen sind, wie gezeigt wurde, nicht derart, daß sie Haukes Stellung im Dorf verstärkt hätten. Es muß daher der Schluß gezogen werden, daß die Mehrzahl der Dorfleute auf Seiten des Aberglaubens und damit in einer Gegnerschaft zu Hauke anzusiedeln ist.

Weitere Elemente des Glaubens und Aberglaubens

Das herausragendste Element des Aberglaubens ist selbstredend der Schimmel des Deichgrafen. Obgleich Storm als Quelle seiner Novelle nicht eine Sage aus Nordfriesland sondern aus dem Gebiet der Weichsel angibt, ist der Schimmel als 'Gespensterpferd' doch auch im äußersten Norden Deutschlands bekannt. Die von Müllenhoff gesammelten Sagen, zu denen auch Storm einige beigetragen hat, erwähnen den Schimmel mehrfach in dieser Bedeutung.[83] Aus der germanischen Mythologie ist Wotans achtbeiniger Schimmel zu erwähnen, aber auch in der persischen, indischen und griechischen Mythologie nehmen weißfarbige Pferde eine Sonderstellung ein.[84] Dabei wurde das Pferd zunächst mit der Gottheit bzw. mit Glück assoziiert; die Wendung zu Unglück, Tod bzw. Teufel erfolgte erst nach dem Einfließen der Wotansmythe in die verschiedenen Gestalten der Volkssagen.[85] Storm vermengt mehrere Varianten aus diesen Sagen wie beispielsweise die Vorstellung, der Tod als Personifikation komme auf einem Schimmel reitend daher, der Teufel stecke in der Gestalt des Schimmels oder aber der Schimmel selbst sei ein spuk- und gespensterhaftes Tier, dem zu begegnen mit bestimmten negativen Folgen verbunden sei. Der Gedanke vom Schimmel als Opfertier, in der Mythologie schon seit Herodot bekannt, wird von Storm verwendet im Hinblick auf Haukes letzter Tat, der 'Opferung' seiner selbst und des Schimmels.

Aber auch das Motiv des Wiedergängers, d.h. des Umgehens eines Toten, klingt an im Rahmen, der davon erzählt, daß noch ca. hundert Jahre nach dem Tod Hauke Haiens die Gestalt des Schimmelreiters umgeht und auf kommendes Unglück hinweist.

Mit dem Schimmel bzw. der Figur des Schimmelreiters wählt Storm daher ein sehr kraftvolles und in mehrfachen Schichten wirkendes Bild aus der Welt des Aberglaubens. Die kunstvolle doppelte Verwendung in den Rahmen und der Binnenerzählung sorgt dabei für eine nochmals gesteigerte Wirkung auf den Leser. Nur am Rande sei die Ironie erwähnt, die darin liegt, daß Hauke, der Zeit seines Lebens ein ebenso konsequenter wie vehementer Gegner des Aberglaubens war, nach seinem Tode selbst zu einer eindrucksvollen und immer wiederkehrenden Figur des Aberglaubens wird. Selbst der Schulmeister, ein Vertreter des Rationalismus, läßt sich in der Rahmenerzählung, also ca. hundert Jahre nach den Ereignissen um Hauke Haien, zu einer abergläubischen Äußerung hinreißen, wenn er sagt: "Ihr braucht Euch nicht zu fürchten, Deichgraf! [. . .].ich habe ihn [den Schimmelreiter] nicht geschmäht und hab auch dessen keine Ursach."(4 : 263)

Eine ähnlich starke Variante aus der Welt des Aberglaubens findet sich in der Szene am Deich, in der die Arbeiter den kleinen Hund lebendig begraben wollen und Hauke dies verhindert. Hier wird die abergläubische Tradition des Bauopfers geschildert, bei der das Opfer die Aufgabe hat, den entsprechenden Erd- oder Wassergeist zu beschwichtigen und günstig zu stimmen. Dabei war in früherer Zeit das Menschenopfer üblich und sehr verbreitet und erst in jüngerer Zeit, wie es auch in der Novelle selbst mehrfach erzählt wird, traten Tiere an die Stelle von Menschen.[86]

Dadurch, daß Hauke ein Begraben des lebenden Hundes verhindert, verstößt er gegen diese uralte Tradition und macht sich in den Augen der Deicharbeiter schuldig: "Euere Schuld, Deichgraf !"schrie eine Stimme aus dem Haufen. "Euere Schuld! [. . .]"(4 : 367)

Ein weiterer abergläubischer Vorstellungskreis bewegt sich um alles, was mit dem Tod zusammenhängt. Hier weist die Novelle mehrere Erscheinungen auf neben der des bereits erwähnten Wiedergängers, der in seinem Grabe keine Ruhe findet und unter den Lebenden immer dann auftaucht, wenn ein Unglück droht. Auch Menschen, die eines unnatürlichen Todes sterben, werden bevorzugt von abergläubischen Vorstellungen umgeben. Die des Wiedergängers ist in dieser Erzählung die eine, eine andere kommt zum Ausdruck in dem ungeheuren Unwetter der Sturmflut, das den Tod Haukes umgibt. Hierbei handelt es sich nach Stapelberg[87] um die alte Annahme des Aberglaubens, gewaltsamer Tod stehe in enger Verbindung zu den Naturgewalten. Dieser Auffassung gibt Storm in zahlreichen seiner anderen Novellen ebenfalls Ausdruck, sodaß die Annahme, es handele sich bei dieser Verwobenheit von Elementargewalten und gewaltsamem Tod lediglich um ein stilistisches, die dramatische Wirkung erhöhendes Mittel, zu kurz gegriffen scheint.[88]

Eine andere abergläubische Vorstellung wird wiedergegeben mit der Schilderung des Hauses Volkerts nach dem Tode des alten Deichgrafen: "Die Festtafel stand so still und einsam; der Spiegel zwischen den Fenstern war mit weißen Tüchern zugesteckt und ebenso die Messingknöpfe an dem Beilegeofen; es blinkte nichts mehr in der Stube."(4 : 300) Hier wird die aus dem Aberglauben herrührende Sitte geschildert, bei einem Todesfall alle Spiegel oder Bilder im Hause zu verhängen. Diese Tradition beruht auf der Vorstellung, ein Spiegel könne die Seele des Toten daran hindern, das Haus zu verlassen, und ihn zwingen, später als Geist zurückkehren, oder aber der Tote könne beim Hinausgetragenwerden in den Spiegel sehen und das darin reflektierte Bild eines Lebenden mitnehmen, d.h. einen weiteren Todesfall nach sich ziehen.[89] Auch im Rahmen der Novelle findet sich eine mit dem Tod zusammenhängende abergläubische Vorstellung, der, wie bereits erwähnt, der rationalistisch denkende Rahmenerzähler anhängt: " 'Ihr braucht Euch nicht zu fürchten, Deichgraf !' erwiderte der kleine Erzähler, 'ich habe ihn nicht geschmäht und hab auch dessen keine Ursach.' " (4 : 263) Mit diesen Worten des Schulmeisters bringt Storm in diesem spezifischen Kontext eine doppelte abergläubische Furcht zum Ausdruck. Zum einen ist danach das Sprechen und vor allem das negativer Natur im Zusammenhang mit Verstorbenen generell unklug, weil es diese in ihrer Totenruhe stört. Hier liegt auch der Ursprung für das "selig"das, wenn denn von Toten gesprochen werden muß, deren Namen automatisch beigefügt wird, um die negative Wirkung des Aussprechens des Namens zu neutralisieren.[90] Zum anderen klingt an dieser Stelle des Rahmens durch die Warnung des Deichgrafen: "Wart Er ein wenig, Schulmeister!"(4 : 263) auch die abergläubische Befürchtung an, man könne durch das Sprechen über einen Toten diesen herbeirufen.

Neben der erwähnten Vorstellung vom Wiedergänger, der drohendes Unglück ankündigt, findet sich in der Erzählung ein anderes abergläubisches Element mit dieser Funktion. Die Magd Ann Grete berichtet von Blutregen, Geschmeiß und in Massen auftretenden Raupenwürmern, die als Vorboten eines kommenden Unheils gedeutet werden. Storm übernimmt diese Phänomene aus Heimreichs "Nordfriesische Chronik", die die Sturmflut von 1655 schildert wie auch das vom Himmel fallende Geschmeiß erwähnt.[91] Freund[92] weist darauf hin, daß es sich bei diesen Vorkommnissen tatsächlich um natürliche Phänomene handelt, die sich ohne weiteres mit der Wirklichkeit in Einklang bringen lassen und nur durch Unkenntnis als Vorspuk gedeutet werden können. Daraus ist dann leicht nachzuvollziehen, wie abergläubische Vorstellungen als Folge und Produkt zurückgebliebener, unaufgeklärter und unwissender Bewußtseinslagen entstehen und weitergetragen werden. Erhärtet wird diese Sicht dadurch, daß in der Novelle die Mägde diejenigen sind, die diesen Vorstellungen verfallen und Elke als die Aufgeklärtere ihnen Einhalt gebietet. Hier liegt einer der Kristallisationspunkte der Novelle, an dem die Polaritäten von Aberglaube = unaufgeklärt = Gegner Haukes einerseits und Glaube bzw. Aufklärung = Hauke/Elke und Anhänger andererseits klar hervortreten.

Die Erzählung weist noch verschiedene andere abergläubische Elemente auf, die jedoch überwiegend der allgemeinen Darstellung von Atmosphäre dienen. Hierzu gehören die Möwen, die sich mit ihrem Schreien nahezu leitmotivisch durch die gesamte Novelle ziehen und vom Aberglauben als Reinkarnation der Seelen von Toten betrachtet werden. Besonders zu erwähnen ist da Trin' Jans Möwe Klaus, in der die Seele ihres verstorbenen Sohnes Jens gesehen werden könnte.

Hier müssen auch die Seegespenster und die Wasserfrau erwähnt werden, in denen entweder Wassergeister im abergläubischen Sinne oder aber wiedergehende Tote von gewaltsam ums Leben Gekommenen, in diesem Fall Ertrunkenen gesehen werden müssen.

Auch die große Esche vor dem Hause von Elke und Hauke hat eine abergläubische Bedeutung. Sie ist das Symbol des Familienglücks und ist dementsprechend in Gefahr, als der Untergang der Familie bevorsteht: "Elke war mit ihrem Mann hinausgegangen; die alte Esche knarrte, als ob sie auseinanderstürzen solle."(4 : 363)

Ein weiteres abergläubisches Element findet sich in der Erwähnung der Hebamme, die das Schreien des neugeborenen Kindes entsprechend der ihr vom Aberglauben zugeschriebenen hellseherischen Fähigkeit als schlechtes Omen deutet: "[. . .] nur sein Geschrei war wunderlich verhohlen und hatte der Wehmutter nicht gefallen wollen"(4 : 331)

Abschließend seien noch einige der weiterhin auftretenden abergläubischen Gebräuche erwähnt, die aber im Laufe der Erzählung keine große Rolle spielen wie beispielsweise das Daumendrücken des Oberdeichgrafen, der Abwehrzauber, der dem Peitschenknallen zugeschrieben wird und dessen sich Carsten auf der Jevershallig bedient oder aber der schon erwähnte Fluch der Trin' Jans, der eine Variante des Schadenszaubers in Form des Wortzaubers darstellt.

Gegenüber den sehr zahlreich vertretenen Elementen des Aberglaubens finden sich in der Novelle nahezu keine auf der Seite des Glaubens. Es wird lediglich zweimal die Kirche als Gebäude erwähnt, einmal wird gesagt, daß Hauke und Elke sonntags in den Gottesdienst gehen und dann wird von der Beerdigung des alten Deichgrafen gesprochen, die, da der Pastor anwesend ist, wohl eine christliche ist. Damit sind die christlichen Elemente abgesehen von den vorab anläßlich der Charakterisierung der Personen erwähnten erschöpft.

Die Dynamik zwischen Glauben und Aberglauben als destruktives Instrument

Bei der vorstehenden Schilderung der Personen, die die Lager der Anhänger und der Gegner Hauke Haiens bilden, ist deutlich geworden, in welchem Maße es Glaube und Aberglaube sind, die zu dieser Polarität im sozialen Umfeld des Deichgrafen beitragen. Die fortschrittlichen, aufgeklärten, zukunftsorientierten Figuren der Novelle finden sich ausnahmslos auf der Seite Haukes. Von diesen sind es dann er selbst, Elke, die beiden Väter, Jewe Manners und das Pastorenehepaar, die darüberhinaus dem christlichen Glauben nahestehen und dies zum Ausdruck bringen. Von den übrigen Anhängern Haukes ist keine Glaubensrichtung bekannt.

Ganz das Gegenteil ist der Fall bezüglich der Gegner des Deichgrafen. Von deren Anführer Ole Peters wird keine Neigung in die eine oder die andere Richtung erwähnt. Alle anderen aber, die Haukes kühnen Plänen wie auch seiner ganzen Person entgegenstehen, sind Anhänger abergläubischer Vorstellungen. Aus dieser Nähe zum Aberglauben erwächst dann die Dämonisierung Haukes, der in der Vorstellung der Dorfleute mit dem Teufel im Bunde oder gar dieser selber ist. Aus dieser Dämonisierung entsteht dann über die "abergläubische Furcht vor ihm "(4 : 339) die Distanz, die die große Kluft hervorruft zwischen Dorf und Deichgraf und ein Zusammengehen unmöglich macht. Höhepunkt dieser Entwicklung ist die Hundeszene am Deich, in der die Gegnerschaft der Arbeiter in aller Schärfe hevortritt. Hier spielt mit dem Vorwurf des falschen Christentums auch die Macht der Konventikler eine Rolle in der Verschärfung des Konflikts. Wenn ein Deicharbeiter Hauke vorwirft: "[. . .] das haben unsere Großväter schon gewußt, die sich mit Euch im Christentum wohl messen durften!"(4 : 339) wird dadurch erinnert an die Theorie der Konventikelmitglieder, die Hauke aufgrund seiner angeblichen Zweifel an der Allmacht Gottes zu einem Partner des Teufels macht.

Durch diese Frontenbildung wird vertrauensvolle Zusammenarbeit von vorneherein unmöglich gemacht. Es ist richtig, für diese Abneigung der Dorfleute gegen Hauke vornehmlich dessen Hang zu Arroganz und Hybris ursächlich verantwortlich zu machen, wie es die Sekundärliteratur generell tut, auch wenn diese Wesenszüge Haukes zu einem großen Teil nicht unbedingt angeboren sondern im Wechselspiel zwischen ihm und den anderen mit Ole an der Spitze entstanden und gewachsen sind. Die Dynamik zwischen den beiden Glaubenshaltungen jedoch, die sich so offensichtlich klar ansiedeln lassen im Lager der Anhänger einerseits und dem der Gegner andererseits, trägt ganz entscheidend dazu bei, daß Vertrauensbildung nicht entstehen kann und damit der Grund gelegt wird dafür, daß die Katastrophe des Deichbruchs entstehen kann. Diese Dynamik fungiert daher als destruktives Instrument.

KAPITEL IV

Das Spannungsverhältnis zwischen Glauben und Aberglauben als destruktives Strukturelement

Die fünf Novellen im Vergleich

Zunächst ist festzuhalten, daß es sehr schwierig ist, eine klare Abgrenzung vorzunehmen zwischen den zwei Glaubenshaltungen. Die Grenzen verschwimmen bzw. greifen ineinander über und machen eine eindeutige Identifikation oft unmöglich. Der Grund für diese Schwierigkeit liegt in der geschichtlichen Entwicklung des Verhältnisses von Glauben und Aberglauben. Wie eingangs dieser Arbeit ausgeführt wurde, haben sowohl die Religion des Christentums als auch die spätere Institution der Amtskirche Elemente aus verschiedenen Mythologien, anderen Religionen mit magischem Weltverständnis oder einfach tradierten Volksbräuchen übernommen und absorbiert. Das allein macht eine saubere Trennung nahezu unmöglich. Darüberhinausgehend jedoch hat die christliche Amtskirche in ihrem späteren Kampf gegen den Aberglauben zum Teil auch selbst vehement dessen Inhalten angehangen, d.h. an sie geglaubt, um sie als Unglauben bekämpfen zu können.

Dieses Paradoxon schlägt sich auch in den hier untersuchten Novellen Storms nieder. Besonders in *Renate* wird an der Person des Josias deutlich, welche Macht der Aberglaube entwickeln kann, wenn er im Gewand des Christentums auftritt. Es ist Josias subjektive Überzeugung, als Christ zu handeln, wenn er an die Existenz von Hexen und an ihre Identifizierbarkeit aufgrund bestimmer Charakteristika glaubt, die ihn dazu veranlaßt, sich von Renate zu trennen. Sein vermeintliches Christsein wird verstärkt dadurch, daß er es als Beruf ausübt, d.h. beansprucht, über besondere Kenntnisse auf diesem Gebiet zu verfügen. Diese Verstärkung wird dann noch einmal intensiviert durch die Figuren seines Vaters und des Petrus Goldschmidt, die auch beide als Theologen besondere Autorität in Glaubensfragen in Anspruch nehmen. An allen drei Figuren ist ablesbar, in welcher Weise das Christentum als Legitimation dient für fanatische Gefolgschaft im Aberglauben.

Eine diesen drei Theologen vergleichbare Figur findet sich in der Novelle *Aquis submersus*. Auch dieser Pastor tritt als Anhänger des Hexenglaubens auf, auch er beeinflußt seine Gemeindeglieder, hier in der Weise, daß er sie zwingt, an der Verbrennung der vermeintlichen Hexe teilzunehmen und dadurch selbst abergläubisches Gedankengut zu demonstrieren.

Den beiden Novellen *Renate* und *Aquis submersus* ist daher gemeinsam, daß sie beide Vertreter des Aberglaubens aufweisen, die berufsmäßige, d.h. mit Autorität in dieser Frage ausgestattete Christen sind. Alle vier Pastoren dieser Novellen zeigen in ihrem Hexen- und Teufelsglauben Merkmale des Fanatismus, der, da er sich die Autorität ihres Amtes zunutze macht, eine ungleich stärkere Potenz entwickelt als der eines durchschnittlichen abergläubischen Dorfbewohners. In *Renate* findet sich darüberhinaus ein fünfter Theologe in der Rolle einer Nebenfigur in der Rahmenerzählung. Dieser ist Kollege und Verwandter von Josias und teilt dessen Einstellung zum Aberglauben. Die zersetzende Macht des Aberglaubens verbirgt sich, wie anhand dieser Beispiele nachgewiesen werden konnte, wirkungsvoll in der absurden Verschmelzung mit dem Christentum.

Auch die übrigen drei Novellen weisen dieses Muster auf, allerdings in modifizierter Form und daher weniger deutlich. Eine abgeschwächte Variante dieser abergläubischen, jedoch christlich vermäntelten Verhaltensweisen findet sich in *Der Schimmelreiter*, wie auch in *In St. Jürgen* und *Im Brauerhause*. Die stärkere Variante liegt in *Der Schimmelreiter* vor. Hier sind es die Konventikelmitglieder, die ihrer Selbsteinschätzung nach nicht nur gute Christen sind, sondern im Vergleich mit den Mitgliedern der Amtskirche sogar die besseren. Sie halten sich für Autoritäten auf dem Gebiet von Glauben und Aberglauben, sind jedoch dafür weder mit einer theologischen Ausbildung wie die Pastoren in *Renate* und *Aquis submersus*, noch auch mit anderweitiger höherer Bildung ausgestattet. Die Mitglieder der Konventikel rekrutieren sich im Gegenteil aus den ungebildeten Unterschichten und Randgruppen der Bevölkerung. Daraus ergibt sich aber keineswegs, daß sie weniger einflußreich wären. Ihr Machtbereich deckt offenbar nahezu die gesamte Unterschicht einschließlich der Bediensteten im Hause Haien ab und ist dadurch rein zahlenmäßig im Vorteil gegenüber Hauke und den wenigen Gebildeten im Dorf. Ihr Bedürfnis nach Dämonisierung des Deichgrafen wird wesentlich genährt durch ihre subjektive Annahme, aus christlicher Sicht und Überzeugung zu handeln. Somit liegt nahezu das gleiche Bild vor wie in *Renate* und *Aquis submersus*.

Ähnlich verhält es sich in den beiden übrigen Novellen *In St. Jürgen* und *Im Brauerhause*. Auch hier gehen der alte Hansen bzw. Lorenz von der Auffassung aus, ihre abergläubischen Ansichten und Verhaltensweisen stellten keinen Widerspruch zu ihrer christlichen Überzeugung dar. Bei diesen beiden Figuren handelt es sich jedoch, abweichend von denen in den übrigen drei Novellen, nicht um solche, die mit Amtsautorität oder aber der Rückendeckung durch eine Sekte ausgestattet sind. Sie sind vielmehr Einzelgestalten, deren individuelle Überzeugung im Gegensatz zu der ihres sozialen Umfeldes steht. Der alte Hansen mit seiner persönlichen Variante des Glaubens/Aberglaubens wird Agnes und Harre gegenübergestellt, die beide eindeutige Christen sind. Lorenz mit seiner Form des Christentums, das gewisse abergläubische Praktiken toleriert, wird kontrastiert mit dem aufgeklärt-christlichen Ehepaar Ohrtmann.

Lorenz und Ohrtmann in *Im Brauerhause* und der alte Hansen in *In St. Jürgen* finden 'nichts Gottloses' an ihren abergläubischen Verhaltensweisen und werden dadurch dazu verleitet, deren destruktive Macht zu unterschätzen. Alle drei halten, aus der Stärke ihrer christlichen Überzeugung heraus, den Aberglauben für im Grunde harmlos und unschädlich, bis sie eines besseren belehrt werden.

Auch Hauke in *Der Schimmelreiter* schätzt das konstitutive Element des Aberglaubens in der Abneigung der Deichbauer gegen ihn falsch ein und begeht darum den Fehler, in der entscheidenden Situation nicht nachzugeben. Er ist der Vertreter des Christentums, das sich mit Elementen der Aufklärung arrangiert hat und derart atavistische abergläubische Verhaltensweisen wie das Begraben eines lebendigen Tieres zum Zwecke der Haltbarmachung des Deiches nicht dulden kann. Auch er unterschätzt daher das destruktive Potential, das sich im Aberglauben verbirgt.

Anders liegt der Fall in *Renate*. Hier ist nahezu das Gegenteil der Fall. Dem Aberglauben wird von Seiten der christlichen Kirche derart viel Beachtung geschenkt, daß er nur und gerade dadurch seine ganze negative Kraft entfalten kann. Hätte Josias dem abergläubischen Gerede der Dorfleute aus der gelassenen Sicherheit seiner christlichen Überlegenheit heraus gleichgültig gegenübergestanden, so hätte dies keine Macht über ihn gewinnen können. Auch hier ist es daher nicht der Aberglaube an sich, der destruktiv wirkt, sondern sein ihm vom Christentum verliehener Stellenwert im sozialen Gefüge der Dorfgemeinschaft.

Zusammenfassend kann daher festgestellt werden, daß es sich in allen fünf Novellen um eine Fehleinschätzung des Aberglaubens handelt, dreimal um Unterschätzungen—in *In St. Jürgen, Im Brauerhause* und *Der Schimmelreiter*—und zweimal um Überschätzungen—in *Renate* und *Aquis submersus*. Niemals aber liegt eine realistische Einschätzung vor, die in einer per se vorhandenen gelassenen Überlegenheit der christlichen Position ihre Fundierung hätte. Im Gegenteil fungiert das Christentum als Ursache und auslösender Faktor in der Fehlbeurteilung des Aberglaubens und setzt eben dadurch dessen destruktives Potential frei.

Dieses instrumentalisierte Spannungsverhältnis von Glauben und Aberglauben wird von Storm in zweifacher Weise benutzt und eingesetzt. Zum einen dient es ihm als strukturelles Element im Gesamtaufbau der Novellen, zum anderen als integraler Bestandteil bei der Entwicklung der verschiedenen Personen in den Novellen.

Besonders deutlich wird dies in *Renate*. Hier ist es Josias, der durch seine Unfähigkeit, Glauben und Aberglauben zu trennen, in dreifacher Weise ruiniert wird. Er verliert sein Lebensglück, seine Gesundheit und seinen Beruf, weil er aus seiner vermeintlichen christlichen Überzeugung heraus dem Aberglauben zuviel Raum gibt. Als Produkt der theologischen Erziehung und Prägung durch seinen Vater und Petrus Goldschmidt wird er Zeit seines Lebens von der Vorstellung beherrscht, den Aberglauben in jedweder Form bekämpfen zu müssen. Die Entwicklung seiner Persönlichkeit fußt zu wesentlichen Teilen auf der Dynamik der beiden Glaubenshaltungen, d.h. auf seinem steten Bemühen, ein guter Christ zu sein und sich gegen den Aberglauben abzugrenzen. Das beginnt in seinem vierzehnten Lebensjahr und endet erst kurz vor seinem Tode, als er fähig ist, Renate ohne Schuldgefühle zu treffen. Allerdings tut er auch dies heimlich und zeigt daher auch hier nicht die Stärke und Souveränität, gegen seinen abergläubischen Verwandten und Amtsbruder aufzutreten. Da der Konflikt in dieser Novelle innerhalb der Person des Josias liegt, ist damit auch folgerichtig ihre Gesamtstruktur wesentlich bestimmt durch das Verhältnis von Glauben und Aberglauben. Zwischen diesen beiden Polen spielen sämtliche Ereignisse der Erzählung und bekommen dadurch ihr charakteristisches Gepräge. Daraus ist ersichtlich, daß auch der Aufbau der Novelle essentiell auf dem Spannungsverhältnis zwischen Glauben und Aberglauben basiert.

Auch in *Der Schimmelreiter* trägt dieses Spannungsverhältnis wesentlich sowohl zum strukturellen Aufbau der Novelle bei als auch zu dem des Protagonisten Hauke Haien. Es ist der Aberglaube, der die Ursache ist für die zunehmende Dämonisierung des Deichgrafen und daraus folgend dann für die stetig sich vergrößernde Distanz zwischen ihm und der Dorfbevölkerung. Auf Seiten Haukes ist es sein klar rationales und zukunftsorientiertes Denken wie auch sein aufgeklärtes Christentum, das keinerlei Verständnis aufbringen kann für die abergläubischen Ansichten und Praktiken seiner Umgebung. Er wird in seiner Haltung unterstützt und gestärkt durch sein 'alter ego' Elke, das sowohl seine Intelligenz als auch seine Abneigung gegen alles Abergläubische teilt. Storm benutzt bei der Charakterisierung dieser beiden Figuren ganz wesentlich ihre Einstellung zu Christentum und Aberglauben. Selbstverständlich soll durch diese Feststellung die durchgängige Auffassung der Forschung nicht in Frage gestellt werden, daß vornehmlich Haukes Hang zur Hybris einerseits und die Rückständigkeit der Dorfbevölkerung andererseits Grund und Ursache sind für den Ausgang der Erzählung. Jedoch ist, wie nachgewiesen werden konnte, sowohl für die Beschreibung von Haukes Hybris als auch für die des atavistischen Verhaltens der Dorfleute das Spannungsverhältnis zwischen Glauben und Aberglauben ein wesentliches konstitutives Strukturelement.

In den Novellen *Im Brauerhause* und *In St. Jürgen* kann nicht so eindeutig von einem konstitutiven Strukturelement gesprochen werden. Gleichwohl trägt auch hier die Unvereinbarkeit der beiden Glaubenshaltungen wesentlich zu Entwicklung und Ausgang der Erzählungen bei. In *Im Brauerhause* ist es die Unfähigkeit von Lorenz, und in abgeschwächter Form, auch die des alten Ohrtmann, die Unvereinbarkeit von Christentum und Aberglauben zu erkennen. Durch dieses Unvermögen wird, wie es auch die Erzählerin der Binnenerzählung selbst zum Ausdruck bringt, eine klare Grenzziehung in der Bevölkerung unmöglich gemacht und damit Raum gegeben für die abergläubischen Vermutungen der Leute im Dorf. Diese sind dann die Ursache für den geschäftlichen Ruin der Brauerei. Auch hier wird also das destruktive Moment, das in der spannungsvollen Beziehung von Glauben und Aberglauben liegt, von Storm als Mittel eingesetzt für den strukturellen Aufbau der Novelle. Auch bei der Ausformung der Rolle des Lorenz benutzt Storm diese potentiell destruktive Dynamik. Dies wird besonders deutlich an Lorenz späterer Geisteskrankheit. Sie bricht aus, nachdem er gehört hat, daß Frau Ohrtmann ihn und seine abergläubischen Praktiken, die er aus seiner christlichen Überzeugung heraus für harmlos hielt, für den geschäftlichen Niedergang des Hauses Ohrtmann verantwortlich macht. Auch daran ist erkennbar, wie zerstörerisch die ungeklärte und unabgegrenzte Beziehung zwischen Glauben und Aberglauben sich auswirken kann.

In der Novelle *In St. Jürgen* liegt der Fall im Hinblick auf den Auslöser der Katastrophe ähnlich. Auch hier ist der alte Hansen nicht in der Lage, eine klare Grenzziehung zwischen christlichen und abergläubischen Verhaltensweisen vorzunehmen. Durch diese Fehleinschätzung, die in der Abwesenheit der sehr christlich eingestellten Agnes bei den Grabungen im Brunnen ihren Höhepunkt findet, verliert Hansen sein Vermögen wie auch das seines Mündels an den Spökenkieker, er verliert seine geschäftliche und gesellschaftliche Reputation, seine Gesundheit und er zerstört Agnes' und Harres Lebensglück. Wiederum entfaltet also das Verhältnis von Glauben und Aberglauben eine ungeheuer dynamische Destruktivität, die der Novelle in struktureller Hinsicht bezüglich des Aufbaus der Charaktere wie auch der Ausrichtung der gesamten Erzählung ein ganz eigenes Gepräge verleiht.

In der Novelle *Aquis submersus* dagegen spielt das Verhältnis von Glauben und Aberglauben eine wesentlich kleinere Rolle. Wieder ist es jedoch die Vermengung dieser beiden prinzipiell unvereinbaren Glaubenshaltungen, die entscheidenden Anteil hat am katastrophalen Ausgang der Erzählung. Nur dadurch, daß der Pastor in seinem abergläubischen Eifer an der Hexenverbrennung teilnimmt, wogegen Johannes in seiner aufgeklärteren christlichen Einstellung dieser gezielt aus dem Wege geht, wird der Weg zu einem Treffen mit Katharina frei. Diese Begegnung ist dann Anlaß für den Ertrinkungstod des kleinen Johannes. In dieser Arbeit Storms hat das Verhältnis von Glauben und Aberglauben keinen wesentlichen Anteil an der Zeichnung der Charaktere. Auch kommt der strukturelle Gesamtaufbau der Novelle zum überwiegenden Teil ohne dieses aus. Zum Ausgang der Erzählung trägt jedoch auch hier die destruktive Dynamik, die im Verhältnis der beiden Glaubenshaltungen liegt, in unverzichtbarer Weise bei.

Allen fünf Novellen ist gemeinsam, daß in dem Spannungsverhältnis zwischen Glauben und Aberglauben bzw. des darin verborgenen destruktiven Potentials ein integraler Bestandteil des strukturellen Aufbaus zu sehen ist, der sich in unterschiedlicher Intensität sowohl auf die Gesamtgestaltung der Novellen als auch auf die Ausformung der verschiedenen Charaktere erstreckt.

Letztere variiert auch im Hinblick auf den Umfang der Rollen, die die betreffenden Personen in den einzelnen Erzählungen innehaben.

Die am wenigsten bedeutende Rolle im Hinblick auf die Gesamtdarstellung in der jeweiligen Novelle nimmt der Pastor in *Aquis submersus* ein. Weder seine Bedeutung im Gesamtgeschehen noch die Ausgestaltung seines spezifischen Verhältnisses zu Glauben und Aberglauben nimmt großen Raum ein.

Das ist anders bei den Novellen *Im Brauerhause* und *In St. Jürgen* . Hier sind die Figuren des Lorenz und des alten Hansen Träger größerer Rollen und ihrer besonderen Einstellung zu Christentum und Aberglauben, die in beiden Gestalten eine sehr ähnliche ist, wird mehr Raum gegeben.

Eine weitere Steigerung findet sich dann diesbezüglich in *Der Schimmelreiter*. Hier ist Hauke Haien die herausragende Figur, der eine breit angelegte Beschreibung ihres Charakters und ihrer Persönlichkeit zuteil wird. Hierbei wird dann auch der Ausformung ihrer Einstellung zu Christentum und Aberglauben besonderes Augenmerk geschenkt.

Eine nochmalige Steigerung findet sich schließlich in *Renate* in der Person des Josias. Hier wird nicht nur die Figur des Protagonisten und Ich-Erzählers Josias in seinem Konflikt um Glauben und Unglauben geschildert. Dieser Konflikt innerhalb seiner Person ist gleichzeitig, wie erwähnt, der der Erzählung, daher nimmt die Dynamik im Verhältnis der beiden Glaubenshaltungen dann naturgemäß den größten Raum ein im Verlauf der Gesamtgestaltung der Novelle.

Ein Vergleich der Novellen im Hinblick auf den Umfang und die Ausgestaltung der einzelnen Rollen ergibt also bezüglich des Verhältnisses von Glauben und Aberglauben, daß dieses in unterschiedlicher Breite als auch Intensität dargestellt wird. Ebenso unterscheiden sich die Rollen hinsichtlich ihrer Wichtigkeit oder ihres Bedeutungsgehaltes im Gesamtgefüge der Erzählungen. Allen gemeinsam ist jedoch, daß Glaube und Aberglaube in ihrer jeweiligen prinzipiellen Ausschließlichkeit einen entscheidenden Beitrag leisten bei der Ausgestaltung der einzelnen Figuren, ohne den diese nicht gedacht werden können. Dies gilt ebenso für die Entwicklung der Gesamtdarstellung der Erzählungen.

Zusammenfassend kann demnach festgehalten werden, daß das Spannungsverhältnis zwischen Glauben und Aberglauben in allen fünf Novellen als destruktives Strukturelement auftritt, das sowohl für den Aufbau der Erzählung als auch für den der einzelnen Personen unerläßlich ist. Keine dieser fünf Novellen läßt sich ohne die in dieser Form spezifisch genutzte destruktive Dynamik denken, die diesen beiden Glaubenshaltungen aufgrund ihrer prinzipiellen Ausschließlichkeit innewohnt. Wie ausgeführt, trifft diese Feststellung in unterschiedlicher Stärke zu. In *Aquis submersus* ist sie am wenigsten deutlich, wenngleich zweifelsohne vorhanden; in *Im Brauerhause* und *In St. Jürgen* tritt sie stärker zutage, in *Der Schimmelreiter* spielt sie eine ganz entscheidende Rolle und in *Renate* nimmt sie einen völlig umfassenden Raum ein.

Inwieweit sich hier eine Entwicklung ablesen läßt, muß dahingestellt bleiben. Die Entstehungszeit dieser fünf Novellen erstreckt sich über einen Zeitraum von zwei Jahrzehnten; *In St. Jürgen* entstand im Jahre 1867, *Aquis submersus* 1875/76, *Renate* 1877/78, *Im Brauerhause* 1878/79 und *Der Schimmelreiter* schließlich im Jahre 1888. Daraus ist abzulesen, daß Storm sie nicht aufeinanderfolgend schreibt, sondern in den zeitlichen Zwischenräumen andere Werke schafft. Gleichzeitig soll daran erinnert werden, daß in der überwiegenden Mehrzahl der übrigen Stormschen Novellen Glauben und Aberglauben in einer Weise dargestellt werden, die nicht von Konflikt oder Spannung gekennzeichnet ist.

Insofern kann nicht davon ausgegangen werden, daß Storm ein kontinuierlich zu- oder abnehmendes Interesse hat an der Gestaltung von Novellen, die dem latent oder potentiell destruktiven Verhältnis von Christentum und Aberglauben in besonderer Weise Rechnung tragen. Vielmehr stattet er fast alle seine Erzählungen mit Elementen von Glauben und Aberglauben aus, ohne daß diese in Konflikt miteinander geraten. Die fünf hier analysierten Novellen sind diejenigen, die sich über einen Zeitraum von ca. zwanzig Jahren hinweg insbesondere mit dem destruktiven Potential im Verhältnis dieser beiden Glaubenshaltungen auseinandersetzen.

Was die Entstehungszeit dieser Novellen betrifft, läßt sich demnach keine Tendenz feststellen bezüglich der Intensität, mit der Storm das Thema behandelt. Anders verhält es sich allerdings hinsichtlich des zeitlichen Hintergrundes innerhalb der Erzählungen. Hier ist durchaus eine Entwicklung zu konstatieren. *Aquis submersus* spielt um die Mitte des 17. Jahrhunderts, in dieser Erzählung wird eine Hexe verbrannt. In *Renate* wird eine junge Frau als Hexe verleumdet und verfolgt, aber nicht offiziell angeklagt und verurteilt oder gar verbrannt, die Stimmung in der Bevölkerung ist jedoch noch stark geprägt von der Macht des Aberglaubens über den Menschen. Diese Novelle spielt zwischen 1700 und 1725. *Der Schimmelreiter* behandelt die Zeit um 1750, auch hier hat der Aberglaube noch großen Stellenwert innerhalb der Dorfbevölkerung. Der Held dieser Novelle unterscheidet sich jedoch markant von dem in *Renate*. Hauke ist nicht wie Josias Teil der abergläubischen Stimmungsmache im Dorf, sondern ihr diametral entgegengesetzt. Auch stellt er einen Helden dar, dessen unabhängige Intelligenz sowohl seine eigene Lebensführung prägt als auch sein Verhältnis zu dem spezifischen Aberglauben seiner Umgebung. Josias dagegen bleibt ein unentschlossener und vor allem unmündiger Held, dessen zweifellos vorhandene Intelligenz im Verlauf der Geschichte nicht sonderlich zum Tragen kommt. Darauf ist zurückzuführen, daß er sich allenthalben von einer abergläubisch durchsetzten Welt umgeben sieht wie auch, daß er dem Aberglauben zugesteht, sein eigenes Leben so wesentlich zu bestimmen.

Weitere achtzig Jahre später hat der Einflußbereich des Aberglaubens wiederum abgenommen. Sowohl in *In St. Jürgen* als auch in *Im Brauerhause*—beide spielen um das Jahr 1830—handelt es sich nur mehr um Einzelpersonen, die dem Aberglauben anheimfallen, in beiden Fällen werden sie mit christlich denkenden Menschen kontrastiert. Diese zeigen eine eindeutig christliche Haltung, obgleich sie sich nicht, wie Hauke in *Der Schimmelreiter* durch herausragende Intelligenz oder ähnliches auszeichnen, sondern eher durchschnittliche mittelständische Bürger sind. Die Novelle *Im Brauerhause* weist hier eine Modifizierung auf insofern, als zwar die Haltung von Lorenz und Ohrtmann nur leichte Affinität zum Aberglauben zeigt, die allgemeine Atmosphäre im Dorf jedoch ganz wesentlich von ihm bestimmt wird. Allerdings treten die Dorfleute, abgesehen von vereinzelten Vetretern, in ihrer Gesamtheit personell nicht in Erscheinung noch auch werden sie als Träger des Aberglaubens ausdrücklich erwähnt.

Anhand dieses Vergleiches wird deutlich, daß und in welcher Weise Storm der Tatsache Rechnung trägt, daß der Aberglaube zwischen 1650 und 1830 bzw. ca.1880, der Zeit der Rahmenhandlungen in *In St. Jürgen* und *Im Brauerhause,* zurückgedrängt wird und an Einfluß und Macht verliert. Verstärkt wird diese Beobachtung durch insbesondere die Rahmenerzählung in *Im Brauerhause.* Hier wird dezidiert Abstand genommen zu allem, was mit dem Aberglauben zusammenhängt. Dies trifft auf nahezu alle Zuhörer von Nane zu, der Erzählerin der Binnenhandlung. Lediglich der junge Theologe bildet eine Ausnahme, indem er wiederholt zu Bemerkungen ansetzt, die ihm jedoch von Nane nicht gestattet werden. Da nur vermutet werden kann, was der junge Mann sagen möchte, liegt hier wiederum ein Unsicherheitsfaktor im Hinblick auf die Stellung der Kirche zum Aberglauben. Inwieweit das in Storms Absicht liegt und sich möglicherweise mit seiner eigenen kritischen Haltung der Amtskirche gegenüber deckt, muß dahingestellt bleiben. Jedoch kommt in diesem Rahmen von *Im Brauerhause* wie auch in denen von *Der Schimmelreiter*, also den der zuletzt geschriebenen Novellen, Storms Auffassung hinsichtlich jeder Glaubenshaltung klar zum Ausdruck: der Mensch emanzipiert sich gegenüber sowohl Aberglauben als auch Amtskirche und wird frei von jeder religiösen oder ideologischen Bevormundung.

Neben den in der vorliegenden Arbeit untersuchten Novellen findet Storm in einem seiner letzten Gedichte eine sehr schöne Formulierung für diese Sicht:

Grösser werden die Menschen nicht

Größer werden die Menschen nicht;
Doch unter den Menschen
Größer und größer wächst
Die Welt des Gedankens.
Strengeres fordert jeglicher Tag
Von den Lebenden.
Und so sehen es alle,
Die zu sehen verstehn,
Aus dem seligen Glauben des Kreuzes
Bricht ein andrer hervor,
Selbstloser und größer.
Dessen Gebot wird sein:
Edel lebe und schön,
Ohne Hoffnung künftigen Seins
Und ohne Vergeltung,
Nur um der Schönheit des Lebens willen.[93]

Anmerkungen

1. Stellvertretend seien hier die Arbeiten von Boll, Ferré, Jackson, Quandt, Stapelberg oder Stuckert angeführt. Vgl. dazu die Bibliographie.
2. W. Pfeifer (Hrsg), "glauben", *Etymologisches Wörterbuch des Deutschen* (München: Deutscher Taschenbuchverlag, 1995) 454
3. "Gläubiger" im Sinne von "Person, die aus einem Vertragsverhältnis Geldforderungen hat, Kreditgeber" ist die Übersetzung des lateinischen c r e d i t o r , das ebenfalls eine Substantivierung des Adjektivs g l ä u b i g darstellt, aber die festgewordene Flexionsendung *–er* aufweist und semantisch anknüpft an "glauben"im Sinne von "jemandem etwas anvertrauen, borgen".
4. Exodus 20, 3
5. H. Fagerberg, "Luthertum", *Die Religion in Geschichte und Gegenwart (RGG)* (Tübingen: J.C.B. Mohr (Paul Siebeck),1960) Band 4, 530ff.
6. K.N. Micskey, "Teufel", *Taschenlexikon Religion und Theologie* (Göttingen: Vandenhoeck und Ruprecht, 1974) Band 4, 146.
7. Als herausragendes Beispiel sei hier Papst Johannes XXII (1316–1334) angeführt, der extrem abergläubisch war und den Bischof seiner Heimatstadt Cahors verbrennen ließ, weil er sich von ihm verzaubert fühlte.
8. K.D. Sievers, "Aberglaube in der Sicht der protestantischen Orthodoxie und der Aufklärung", *Kieler Blätter zur Volkskunde* 13 (1981): 30.
9. Zur näheren Unterscheidung der Begriffe vgl. besonders D. Harmening "Superstition – 'Aberglaube' "in D.-R. Moser, *Glaube im Abseits. Beiträge zur Erforschung des Aberglaubens* (Darmstadt: Wissenschaftliche Buchgesellschaft, 1992) 368ff.
10. L. Röhrich, "Aberglaube" *Die Religion in Geschichte und Gegenwart (RGG)* (Tübingen: J.C.B. Mohr (Paul Siebeck), 1957) Band 1, 57.
11. P.R. Kuh(Hgb), "Briefwechsel zwischen Theodor Storm und Paul Kuh", *Westermanns Monatshefte* 67 (1889–90): 272
12. T. Storm, Lena Wies, *Sämtliche Werke in 4 Bänden* (Berlin und Weimar: Aufbau, 1982) Band 4, 401.
13. T. Storm, ebd., 409.
14. E.O. Wooley, *Studies in Theodor Storm* (Bloomington: University of Indiana Press, 1941) 63.
15. T. Storm, Zwei Kuchenesser der alten Zeit. *Sämtliche Werke in 4 Bänden* (Berlin und Weimar: Aufbau, 1982) 447.
16. P.R. Kuh (Hgb), "Briefwechsel zwischen Theodor Storm und Paul Kuh", *Westermanns Monatshefte* 67 (1889- 90) 272.
17. E.O. Wooley, *Studies*, 65.

18. E.O. Wooley,ebd., 40.
19. W. Quandt, *Theodor Storm und das evangelische Pfarrhaus.* (Heide in Holstein: Westholsteinische Verlagsdruckerei Boyens & Co, 1955)
20. G. Storm (Hgb), *Theodor Storm. Briefe an seine Braut* (Braunschweig: Westermann Verlag, 1916) 289f.
21. L. Feuerbach, *Das Wesen des Christentums* (Köln: Hegner, 1967)
22. F. Stuckert, "Storms Religiosität". *Deutsche Vierteljahrsschrift für Literaturwissenschaft und Geistesgeschichte* 19 (1941): 183–207. Stuckert stützt sich auf die Ansichten verschiedener Kirchengeschichtler, die davon ausgehen, daß Schleswig-Holstein als deutsch-germanisches Kerngebiet das Christentum am spätesten angenommen habe. Daher habe es nie vergleichbar tiefe Wurzeln gefaßt wie andere Gebiete Deutschlands. Die Bekehrung dieses Teiles Deutschland hat erst Mitte des 9.Jahrhunderts mit Ansgar begonnen und sei nur sehr schwerfällig vollzogen worden. Wirklich innerlich dem Christentum zugewendet habe sich das Land erst durch die Reformation, aber auch da sei es eher das Werk der Fürsten als eine breite Volksbewegung gewesen. Darauf sei die liberale Einstellung der Holsteiner in religiösen Fragen zurückzuführen, die sich auch bei Storm findet.
23. Storm lenkt ein bezüglich der Mitwirkung eines Geistlichen bei seiner Hochzeit, vermutlich aus Rücksicht auf seine Schwiegereltern, vielleicht auch auf Constanze. Bei späteren Gelegenheiten jedoch, der Beisetzung Constanzes 1864 wie auch der Vorsorge für seine eigene, besteht er auf der Respektierung seines Wunsches, keinen Pastoren die Beerdigungszeremonien durchführen zu lassen.
24. G. Storm (Hgb), *Theodor Storm: Briefe an seine Freunde, Hartmuth Brinkmann und Wilhelm Petersen* (Braunschweig: Westermann Verlag, 1917) 95.
25. G. Storm (Hgb), *Theodor Storms Briefe in die Heimat aus den Jahren 1853–64* (Berlin: Curtius Verlag, 1907)

26.   Min Oogen will ick sluten,
                 De Welt lat ick dabuten;
                 Und dat ick nich alleene si,
                 Min leeve Gott, komm Du to mi !

T. Storm, Nachtgebet *Sämtliche Werke in 4 Bänden* (Berlin und Weimar: Aufbau, 1982) Band 1, 297.
27. G. Storm (Hgb), *Theodor Storm. Briefe an seine Frau.* (Braunschweig: Westermann , 1916) 75.
28. L. Feurbach, *Gedanken über Unsterblichkeit und Tod.* (Nürnberg: Stein , 1830)
29. P. Westra, "Theodor Storm en Ludwig Feuerbach" *De Gids: nieuwe vaderlandsche letteroefeningen* (1950): 269 – 287.
30. Stapelberg listet den Bestand der Stormschen Bibliothek in Hademarschen. M.M. Stapelberg, a.a.O., 26ff.
31. G.Storm (Hgb), *Briefe in die Heimat aus den Jahren 1853–64.* (Berlin: Curtius, 1914) 180.
32. Vgl. die Gedichte

                 Ein Sterbender
                 Crucifixus
                 Im Zeichen des Todes
                 Wie wenn das Leben wär nichts andres
                 Tiefe Schatten 1–6
                 O bleibe treu den Toten

T. Storm. Sämtliche Werke in vier Bänden (Berlin und Weimar: Aufbau, 1982) Band. 1, 178, 166, 161, 285, 185, 136.

33. G. Storm (Hgb), *Theodor Storms Briefe in die Heimat aus den Jahren 1853 – 64* (Berlin: Curtius, 1907) 196.

34. H. W. Rath (Hgb) *Briefwechsel zwischen Theodor Storm und Eduard Mörike* (Stuttgart: Hoffmann , 1919) 111.

35. E.O. Wooley, *Studies*, 71.

36. Diese hatte ihn ja schon zu dem schweren Schritt veranlaßt, seine Heimat auf-zugeben und in einer Umgebung zu leben, in der er sich ganz und gar nicht wohl fühlte. Storms absolute Ehrlichkeit und Integrität wird von allen Storm-Kennern als wesentliches Persönlichkeitsmerkmal hervorgehoben

37. E. Esmarch, "Aus den Briefen Theodor Storms. Ein Beitrag zu seinem Leben und seinen Schriften." *Monatsblätter für deutsche Literatur* 7 (1902/03): 63.

38. F. Stuckert, Storms Religiosität. *Deutsche Vierteljahrsschrift für Literaturwissenschaft und Geistesgeschichte* 19 (1941): 184f.

39. P. Westra, "Theodor Storm en Ludwig Feuerbach". *De Gids: nieuwe vaderlandsche letteroefeningen* (1950): 269.

40. G. Storm, *Vergilbte Blätter aus der grauen Stadt*. (Regensburg-Leipzig: Habbel und Naumann, 1922) 45 ff. Die Glaubwürdigkeit Gertrud Storms wird allerdings, wie in der Forschung durchgängig festgestellt, bisweilen durch ihre Verehrung des Vaters beeinträchtigt.

41. D.R. Moser, *Glaube im Abseits. Beiträge zur Erforschung des Aberglaubens* (Darmstadt: Wissenschaftliche Buchgesellschaft, 1992) 139.

42. A. Köster (Hgb), *Storm – Keller Briefwechsel* (Berlin: Paetel, 1924) 108.

43. M.M. Stapelberg, a. a. O.

44. So für die Sammlung Müllenhoffs, zu der Storm 24 Nummern beiträgt. K. Müllenhoff (Hgb), Sagen, Märchen und Lieder der Herzogtümer Schleswig, Holstein und Lauenburg. Schleswig: Bergas, 1921)

45. T. Storm, Ein Doppelgänger *Sämtliche Werke in vier Bänden* (Berlin und Weimar: Aufbau, 1982) Band 4, 146.

46. T. Storm, Ein Bekenntnis *Sämtliche Werke in vier Bänden* (Berlin und Weimar: Aufbau, 1982) Band 4, 218.

47. Für eine erschöpfende Darstellung aller abergläubischen Elemente in den Novellen Storms siehe M.M. Stapelberg, a. a. O.

48. K.E. Laage. *Theodor Storm – Gottfried Keller. Briefwechsel*. Kritische Ausgabe (Berlin: Schmidt, 1992)92.

49. K. Schmeing. *Das "Zweite Gesicht" in Niederdeutschland* (Leipzig: Barth, 1937)

50. Zur Realismusdebatte vgl. besonders J.M. Ritchie, "Theodor Storm und der sogcnannte Realsimus" S*chriften der Theodor-Storm-Gesellschaft* 43 (1985): 21–39.

51. Jackson vertritt auf die Lyrik bezogen eine wesentlich weitergehende These. Anhand eines nie veröffentlichten und durch Wasserschaden stark beschädigten Manuskripts der Kieler Landesbibliothek versucht er nachzuweisen, daß Storm ein ganz entschiedener Gegner der christlichen Religion war. Jacksons Interpretation des allerdings unvollständigen Gedichtes legt nahe, daß Storm Jesus nicht nur das Gottsein sondern darüberhinaus auch ein wirkliches Menschsein abspricht. Da Jesus nie verheiratet gewesen sei oder Kinder gehabt hätte, fehlten ihm grundlegende Erfahrungen des Menschseins, die ihn gewissermaßen zu einer Art Rumpfmenschen machten.
    D. Jackson, "Storm at the Foot of the Cross" The Germanic Review 59 (1984): 82–89.

52. F. Pfister, *Deutsches Volkstum in Glauben und Aberglauben* (Berlin und Leipzig: de Gruyter, 1936) 32.

53. H. Bächthold-Stäubli, *Handwörterbuch des deutschen Aberglaubens* (Berlin und New York: de Gruyter, 1927/1987) Band 4, 264ff.

54. Dies sind *Draußen im Heidedorf* und *Aquis submersus.*

55. F. Rückert, *Gedichte* (Frankfurt: Sauerländer, 1886) 291f.

56. So in Briefen an seinen Sohn Otto und seine Freunde Ludwig Pietsch und Klaus Groth.
    T. Storm, Sämtliche Werke in 4 Bänden (Berlin und Weimar: Aufbau, 1982) Band 2, 733

57. Ebd.

58. H. Bächthold-Stäubli, a. a. O., Band 1, 1764.

59. K. Müllenhoff, *Sagen, Märchen und Lieder der Herzogtümer Schleswig, Holstein und Lauenburg* Schleswig: Bergas, 1921)

60. Diese finden sich auf den Seiten 669 und 695. T. Storm, *Sämtliche Werke in 4 Bänden* (Berlin und Weimar: Aufbau, 1982)
    Die Frage einer möglichen Schuld des Johannes (und der Katharina) im Hinblick auf das christliche 7. Gebot, den Ehebruch, wird von dieser Feststellung nicht berührt. Im Zusammenhang der vorliegenden Arbeit ist sie auch nicht von Interesse, da lediglich die Einstellung des Johannes zu Christentum versus Aberglauben untersucht wird.

61. Josua 1, 7–9.

62. Diese Ausführungen bezüglich der Auseinandersetzungen innerhalb der protestantischen Theologenschaft lassen sich aus dem eigentlichen Text der Novelle nicht ableiten, sie werden als Hintergrundwissen belegt durch die Forschungen von u.a. Sander.
    K. Sander, Aberglauben im Spiegel schleswig-holsteinischer Quellen des 16. – 18. Jahrhunderts (Neumünster: Wachholtz, 1991)

63. Storms Angaben decken sich hier mit den historischen Ereignissen um Goldschmidt, Thomasius und Bekker.

64. J.U. Terpstra, "Storms Novelle 'Renate' und der Würzburger Hexenprozeß der Renata Singer im Jahre 1749", *Schriften der Theodor-Storm-Gesellschaft* 23 (1974): 47–54.

65. Terpstra deutet die Abendmahlsszene theologisch. Er nimmt an, daß Renates Erziehung im Hause des Husumer Calvinisten verantwortlich ist für ihre Unfähigkeit oder ihren Unwillen, das Abendmahl in einer lutherischen Kirche einzunehmen. Diese Deutung scheint aus zwei Gründen sehr weit hergeholt.
    Zum einen nehmen Calvinisten wie Lutheraner das Abendmahl ein, auch wenn sie im Sinne der Transsubstantiationslehre unterschiedliche Auffassungen damit verbinden. Das bedeutet, daß Renate, auch wenn sie Calvinistin wäre, am Abendmahl teilnähme. Dies wird gestützt durch die Tatsache, daß sie von der Empore herunter und zum Altar kommt, was sie doch wohl nicht täte, wenn die lutherische Auslegung ihr als Calvinistin von vornherein unmöglich machte, das Abendmahl in dieser Form einzunehmen. Zum anderen gibt ihre spätere Antwort auf Josias' Verdächtigung, der Husumer "Atheist" sei Schuld an ihrer Geisteshaltung (S. 113) zu erkennen, daß sie sich mit theologischen Termini und Auseinandersetzungen nicht befaßt hat. Die Deutung dieser Szene ist wesentlich weniger kompliziert und liegt schlicht in Renates fortschrittlicher Auffassung von Hygiene und Sauberkeit. D.h. der Schlüssel für die Interpretation der Abendmahlsszene findet sich in der Hochzeitsszene (S. 86ff). Diese hat offensichtlich drei Funktionen: 1) Wiedersehen Josias – Renate, 2.) Schilderung ihres distanzierten Verhältnisses zu den Dorfleuten und 3.) Schilderung ihrer Einstellung zur Sauberkeit. Es ist nicht zu erkennen, aus welchem anderen Zweck die zweifache Erwähnung der Tat-

sache hervorgehoben wird, daß sie nicht aus dem gleichen Glas trinken kann wie vor ihr ein anderer.

Dies dient ausschließlich der Vorbereitung auf die Abendmahlsszene, in der genau das von ihr verlangt wird. Es ist die Hygiene, die sie hindert, nicht die Theologie oder der Aberglaube. Sie selbst gibt diese Erklärung, und es besteht kein Grund dafür, daß der Leser, anders als Josias, ihr nicht glauben sollte.

Gleichzeitig bezeichnet sie ihre Achtlosigkeit in Bezug auf ihren Umgang mit der Hostie als Sünde. Dies täte sie weder als Hexe, als die Josias sie sieht, noch auch als Calvinistin, als die Terpstra sie sieht. Die Lösung ist einfacher, liegt in ihrem Verhältnis zur Sauberkeit und wird von ihr selbst geliefert, einmal verbal auf Josias' Befragen hin nach dem Abendmahl und einmal in ihrem lange zurückliegenden Verhalten auf der Hochzeit.

J.U. Terpstra, "Storms Novelle 'Renate' und der Würzburger Hexenprozeß der Renata Singer im Jahre 1749", Schriften der Theodor-Storm-Gesellschaft 23 (1974): 47–54.

66. Ein Teil der abergläubischen Konnotationen, die mit dem Schimmel bzw. Schimmelreiter verbunden werden, kommt in Storms Novelle *Der Schimmelreiter* zum Tragen.
Vgl. dazu die Untersuchungen in der vorliegenden Arbeit Kapitel III, 5.

67. H. Bächthold-Stäubli, a. a. O., Band 6, 1470.

68. H. Bächthold-Stäubli, a. a. O., Band 7, 1458.

69. K. Müllenhoff, *Die Schwarze Schule Sagen, Märchen und Lieder der Herzogtümer Schleswig, Holstein und Lauenburg* (Schleswig: Bergas, 1921) Nr. 302.

70. Siehe dazu u.a. H. Jung, *Bier, Kunst und Brauchtum* (Dortmund: Schropp, 1970).

71. H. Bächthold-Stäubli, a.a.O., Band 8, 627f.

72. I. Langer, "Volksaberglaube und paranormales Geschehen in einigen Szenen des 'Schimmelreiters' " *Schriften der Theodor-Storm-Gesellschaft* 24 (1975): 90–97.

73. H. Bächthold-Stäubli, a. a. O., Band 2, 174.

74. H. Bächthold-Stäubli, a. a. O., Band 2, 176

75. J.v. Negelein, *Die Idee des Aberglaubens. Sein Wachsen und Werden* (Berlin und New York: de Gruyter, 1931) 87.

76. K.F. Boll "Mytische Relikte und Aberglauben in Storms Erzählung ' Im Brauerhause' ". *Nordfriesisches Jahrbuch* 11 (1975): 83f.

77. Ebd.

78. Die Novelle beruht auf wirklichen Vorkommnissen. Die Bibliothek des Landesmuseums Dithmarschen in Meldorf verfügt über das Manuskript eines Wilhelm Johnson, der 1927 unter dem Titel "Der Finger vom Galgenberg" die Geschehnisse von 1795/96 in Meldorf aufgezeichnet hat. Die "Dithmarscher Landeszeitung" vom 25. August 1927 hat einen Artikel von Johnson veröffentlicht, in dem er auf die engen Zusammenhänge des Verbrechens und der Hinrichtung in Meldorf und Storms Novelle *Im Brauerhause* aufmerksam macht. Das umfangreiche Manuskript selbst ist mit großer Wahrscheinlichkeit nicht veröffentlicht worden.
Sehr hilfsbereit ist der derzeitige Bibliothekar, Herr Karsten Schrum.

79. Vgl. stellvertretend F. Stuckert, *Der Dichter in seinem Werk* (Tübingen: Niemeyer, 1952) 106ff.

80. Hier läge dann ein Anachronismus vor, da *Der Schimmelreiter* um das Jahr 1750 spielt, Feuerbach seine diesbezüglichen Gedanken aber erst in den Heidelberger Vorlesungen von 1848 der Öffentlichkeit zugänglich gemacht hat. Zur Frage eines möglichen Einflusses Feuerbachs auf Storm siehe Kapitel II "Storm und Feuerbach" der vorliegenden Arbeit.

81. Vgl. stellvertretend M. Peischl, "The Persistent Pagan in Theodor Storm's *Der Schimmelreiter*"*Seminar* A Journal of German Studies 22 (1986): 112–125.
82. "Important in this episode is the curse that Trin' Jans consequently puts on Hauke. Years later when his only child turns out to be feeble-minded, Trin' Jans attributes his misfortune to her earlier curse." M. Peischl, a. a. O., 117.
83. K. Müllenhoff, *Sagen, Märchen und Lieder der Herzogtümer Schleswig, Holstein und Lauenburg* (Schleswig: Bergas 1921) Nr.41, Nr. 134, Nr. 155.
84. M.M. Stapelberg, a. a. O., 120.
85. H. Bächthold-Stäubli, a. a. O., Band 6, 1636.
86. H. Bächthold-Stäubli, ebd., Band 1, 962f.
87. M.M. Stapelberg, a. a. O., 118f.
88. Vgl. in diesem Zusammenhang *Carsten Curator, Chronik von Grieshuus, Draußen im Heidedorf, Der Doppelgänger, Hans und Heinz Kirch, Auf der Universität.*
89. M.M. Stapelberg, a.a.O., 132.
90. Diese abergläubische Praxis findet sich u.a. auch in *Renate* und in *Im Brauerhause.*
91. M.A.Heimreich nach H. Wagener (Hgb), *Theodor Storm. Der Schimmelreiter.* Erläuterungen und Dokumente (Stuttgart: Reclam, 1986) 53ff.
    Heimreichs Chronik stammt aus dem Jahre 1688 und ist nicht mehr zu bekommen; daher wird hier verwiesen auf Wagener.
92. W. Freund, *Theodor Storm. Der Schimmelreiter. Glanz und Elend des Bürgers* (Paderborn: Schöningh, 1984) 58f.
93. T. Storm, Größer werden die Menschen nicht *Sämtliche Werke in 4 Bänden* (Berlin und Weimar: Aufbau, 1992) Band 1, 296.

Literaturverzeichnis

Alt, Thilo. *Theodor Storm*. New York: Twayne, 1973
——. "Flucht und Verwandlung – Theodor Storms Verhältnis zur Wirklichkeit." *Schriften der Theodor-Storm-Gesellschaft* 25 (1979): 9–24
Amlinger, Lore M. "Von 'Immensee' zum 'Schimmelreiter'. Zur Entwicklung des Stormschen Helden". *Schriften der Theodor-Storm-Gesellschaft* 38 (1989): 63 – 72
Artiss, David S. "Theodor Storm: Studies in Ambivalence." *German Language and Literature Monographs* V (1978): 1–196
Bächthold-Stäubli, Hanns (Hrsg). *Handwörterbuch des deutschen Aberglaubens.*10 Bände. Berlin und New York: de Gruyter,1927, unveränderter photomechanischer Nachdruck 1987
Barz, Paul. *Der wahre Schimmelreiter. Die Geschichte einer Landschaft und ihres Dichters*. Frankfurt: Ullstein, 1985
Baßler, Moritz. "Die ins Haus heimgeholte Transzendenz." Theodor Storms Liebesauffassung vor dem Hintergrund der Philosophie Ludwig Feuerbachs." *Schriften der Theodor-Storm-Gesellschaft* 36 (1987): 43–60
Bausinger, Hermann. "Aufklärung und Aberglaube". *Deutsche Vierteljahrsschrift für Literaturwissenschaft und Geistesgeschichte* 37 (1963) : 345–362
Bernd, Clifford A. *Theodor Storm's Craft of Fiction*. Chapel Hill: The University of North Carolina Press, 1963
——. "Das Verhältnis von erlittenem und überwundenem Schuldgefühl in Theodor Storms Erzählhaltung." *Schriften der Theodor-Storm-Gesellschaft* 9 (1960): 32–38
Boll, Karl Friedrich. *Die Weltanschauung Theodor Storms*. Berlin: Junker und Dünnhaupt,1940
——. "Quellen der Storm-Erzählung 'Im Braucrhause'." *Schriften der Theodor-Storm- Gesellschaft* 20 (1971): 40–50
——. "Mythische Relikte und Aberglauben in Storms Erzählung 'Im Brauerhause'." *Nordfriesisches Jahrbuch* 11 (1975): 73–90
——. "Spuk, Ahnungen und Gesichte bei Theodor Storm." *Schriften der Theodor-Storm-Gesellschaft* 9 (1960): 9–23
Borchling, Conrad und Muuss, Rudolf (Hrsg). *Die Friesen*. Breslau: Hirt, 1931

Brandt, Otto. *Geistesleben und Politik in Schleswig-Holstein um die Wende des 18. Jahrhunderts.* Stuttgart, Berlin und Leipzig: Deutsche Verlagsanstalt, 1925

Brecht, Walter. "Storm und die Geschichte". *Deutsche Vierteljahrsschrift für Literaturwissenschaft und Geistesgeschichte* 3 (1925): 446–462

Browne, Christine Geffers. "Calvinismus oder schlicht Hygiene ? Zu einigen Aspekten der Novelle ‚Renate'". *Schriften der Theodor-Storm-Gesellschaft* 49 (2000): 65–69

Browning, Robert M. "The Use and the Significance of the Supernatural in the 'Novellen´ of Theodor Storm". Diss. Princeton University, 1947

Bruhn, E. "Heimat und Jugend Theodor Storms als psychologischer Hintergrund seiner Dichtungen."*Neue Christoterpe* 18 (1917): 81–108

Coupe, W.A. "Der Doppelsinn des Lebens – die Doppeldeutigkeit in der Novellistik Theodor Storms." *Schriften der Theodor-Storm-Gesellschaft* 26 (1977): 9–21

Dülmen, Richard von (Hrsg). *Hexenwelten. Magie und Imagination.* Frankfurt/Main: Fischer, 1987

Esmarch, Ernst. "Aus den Briefen Theodor Storms. Ein Beitrag zu seinem Leben und seinen Schriften."*Monatsblätter für deutsche Literatur* 7 Berlin (1902/03): 63ff

Fahlbusch, Erwin (Hrsg). *Taschenlexikon Religion und Theologie.* 4 Bände. Göttingen: Vandenhoeck und Ruprecht, 1974

Fasold, Regina. "Zu einigen Aspekten von Theodor Storms Weltbild". *Weimarer Beiträge* 36 (1990): 100–117

Ferré, Margaret Victoria. "Religion in the Works of Theodor Storm."Diss. University of Pennsylvania, 1974

Feuerbach, Ludwig. *Gedanken über Tod und Unsterblichkeit.* Nürnberg: Stein, 1830

———. *Das Wesen der Religion.* Köln: Hegner, 1967

Frenssen, Gustav. *Der Glaube des Nordens.* Stuttgart und Berlin: Truckenmüller, 1936

Freund, Winfried. *Theodor Storm Der Schimmelreiter. Glanz und Elend des Bürgers.* Paderborn: Schöningh, 1984

———. "Die natürliche Offenbarung der Liebe – Theodor Storms religiöses Erleben."*Neue deutsche Hefte* 36 (1989): 3–23

Frommel, Otto. *Neuere deutsche Dichter in ihrer religiösen Stellung.* Berlin: Paetel, 1902

Gaese, Heinrich et al. *Deutsche Novellen des 19. Jahrhunderts.* Frankfurt: Diesterweg, 1961

Galling, Kurt et al. (Hrsg). *Die Religion in Geschichte und Gegenwart.* 6 Bände. Tübingen: Mohr (Siebeck) 3. Auflage 1957

Goldammer, Peter. "Zu einigen neueren Publikationen über Theodor Storm."*Weimarer Beiträge* 4 (1955): 557–566

Goldschmidt, Peter. *Höllische Historien.* Husum: Druck- und Verlagsgesellschaft, 1987

Gratopp, Karl. *Volkspoesie und Volksglauben in den Dichtungen Theodor Storms.* Rostock: Langmaak, 1914

Harmening, Dieter et al. (Hrsg). *Volkskultur und Geschichte*. Festgabe für Josef Dünninger zum 65. Geburtstag. Berlin: Schmidt, 1970

Hermand, Jost. "Hauke Haien. Kritik oder Ideal des gründerzeitlichen Übermenschen?"*Von Mainz nach Weimar (1793–1919)*. Studien zur deutschen Literatur.Stuttgart: Metzler, 1969, 250–268

Hirata, Tatsuji. "Storms Novelle ´Aquis submersus´. Eine Betrachtung über Motive und Struktur des Werkes". *Schriften der Theodor-Storm-Gesellschaft* 27 (1978): 57–60

Jackson, David. *Theodor Storm: The Life and Works of a Democratic Humanitarian*. New York: Berg, 1992

——. "Die Überwindung der Schuld in der Novelle 'Aquis submersus´."*Schriften der Theodor- Storm-Gesellschaft* 21 (1972): 45–56

——. "Storm at the Foot of the Cross". *The Germanic Review* 59 (1984): 82–89

——. "Perspektiven der Storm – Forschung. Rückblick und Ausblick."*Schriften der Theodor- Storm-Gesellschaft* 43 (1993): 23–34

Jennings, Lee Byron. " 'Shadows from the Void´ in Theodor Storm's Novellen". *Germanic Review* 37 (1962): 174–189

Johnson, Wilhelm. *Der Finger vom Galgenberg*. Unveröffentlichtes Manuskript 1927. Landesmuseum Dithmarschen, Meldorf.

Jung, Hermann. *Bier – Kunst und Brauchtum*. Dortmund: Schropp, 1970

Kayser, Wolfgang. *Bürgerlichkeit und Stammestum in Theodor Storms Novellendichtung*. Berlin: Junker und Dünnhaupt, 1938

Köster, Albert (Hrsg). *Der Briefwechsel zwischen Theodor Storm und Gottfried Keller*. Berlin: Paetel, 1924

Kuh, Paul (Hrsg). "Briefwechsel zwischen Theodor Storm und Emil Kuh."*Westermanns Monatshefte* 67 (1889/90): 99–104, 264–274, 363–378, 541–554)

Laage, Karl Ernst. *Theodor Storm. Studien zu seinem Leben und Werk mit einem Handschriftenkatalog*. Berlin: Schmidt, 1985

——. *Theodor Storm – Gottfried Keller. Briefwechsel. Kritische Ausgabe*. Berlin: Schmidt, 1992

——, "Der ursprüngliche Schluß der Stormschen 'Schimmelreiter´ Novelle."*Schriften der Theodor-Storm-Gesellschaft* 30 (1981): 57–67

——. "Gertrud Storm. Ein Leben für den Vater. Zu ihrem 50. Todestag."*Schriften der Theodor-Storm-Gesellschaft* 36 (1987):61–67

Lampe, W. "Vornamen und ihre Bedeutung"– *Stammbuch der Familie*. Frankfurt und Berlin: Verlag für Standesamtswesen, 1921

Langer, Ilse. "Volksaberglaube und paranormales Geschehen in einigen Szenen des 'Schimmelreiters´."*Schriften der Theodor-Storm-Gesellschaft* 24 (1975): 90–97

Lersch, Philipp. *Der Aufbau des Charakters*. Leipzig: Barth, 1948

Lübbing, Hermann. *Stedinger, Friesen, Dithmarscher. Freiheitskämpfe niederdeutscher Bauern*. Jena: Diederichs, 1929

McCormick, E. Allen. *Theodor Storm's Novellen. Essays on Literary Technique*. Chapel Hill: University of North Carolina, 1964

Mann, Thomas. *Leiden und Größe der Meister*. Berlin: Fischer, 1935

Martini, Fritz. *Deutsche Literatur im bürgerlichen Realismus.* Stuttgart: Metzler, 1962

Meyer, Elard. *Mythologie der Germanen.* Straßburg: Trübner, 1903

Meyer, Gustav F. (Hrsg). *Schleswig-Holsteiner-Sagen.* Jena: Diederichs, 1929

Michelsen, A.L.J. *Schleswig-Holsteiner Kirchengeschichte.* Nach hinterlassenen Handschriften von H.N.A. Jensen. Kiel: Homann, 1870

Moser, Dietz-Rüdiger (Hrsg). *Glaube im Abseits.* Beiträge zur Erforschung des Aberglaubens. Darmstadt: Wissenschaftliche Buchgesellschaft, 1992

Müllenhoff, Karl (Hrsg). *Sagen, Märchen und Lieder der Herzogtümer Schleswig, Holstein und Lauenburg.* Schleswig: Bergas, 1921

Negelein, J. von. *Die Idee des Aberglaubens.Sein Wachsen und Werden* Berlin und Leipzig: de Gruyter, 1931

Peischl, Margaret. "The Persistent Pagan in Theodor Storm's 'Der Schimmelreiter'." *Seminar.* 22 (1986): 112–125

Pfeifer, Wolfgang (Hrsg). *Etymologisches Wörterbuch des Deutschen.* Berlin: Deutscher Taschenbuchverlag, 1995

Pfister, Friedrich. *Deutsches Volkstum in Glauben und Aberglauben.* Berlin und Leipzig: de Gruyter, 1936

Quandt, Willy. *Theodor Storm und das Evangelische Pfarrhaus.* Heide/Holstein: Westholsteinische Verlagsdruckerei, 1955

Rath, Hanns Wolfgang (Hrsg). *Briefwechsel zwischen Theodor Storm und Eduard Mörike.* Stuttgart: Hoffmann, 1919

Ritchie, J.M. "Theodor Storm und der sogenannte Realismus." *Schriften der Theodor-Storm-Gesellschaft* 43 (1985): 21–39

Rückert, Friedrich. *Gedichte.* Frankfurt: Sauerländer, 1886

Sander, Kirsten. *Aberglauben im Spiegel schleswig-holsteinischer Quellen des 16. bis 18. Jahrhunderts.* Neumünster: Wachholtz, 1991

Schmeing, Karl. *Das "Zweite Gesicht" in Niederdeutschland.* Leipzig: Barth, 1937

Schormann, Gerhard. *Hexenprozesse in Deutschland.* Göttingen: Vandenhoeck und Ruprecht, 1981

Schubert, Hans von. *Kirchengeschichte Schleswig-Holsteins.* Kiel: Cordes, 1907

Schumann, Willy. "The Technique Of Characterization In The Late Novellas Of Theodor Storm." Diss. Columbia University, 1959

Schütze, Johann Friedrich. *Holsteinisches Idiotikon.* Hamburg: Villaume, 1800

Schütze, Paul. *Theodor Storm. Sein Leben und seine Dichtung.* Berlin: Paetel, 1887

Sievers, Harry. "Gedanken über Unsterblichkeit und Tod in ihrem inneren Zusammenhang." *Schriften der Theodor-Storm-Gesellschaft* 3 (1956): 18–42

Sievers, Kai Detlev. "Aberglaube in der Sicht der protestantischen Orthodoxie und der Aufklärung". *Kieler Blätter zur Volkskunde* 13 (1981): 27–54

Silz, Walter. "*Realism and Reality: Studies in the German Novelle of Poetic Realism*", Studies in the Germanic Languages and Literatures 11 (1962): 117–136

Stapelberg, Monica–Maria."Der Aberglaube im Erzählwerk Theodor Storms." Diss. University of Pretoria, 1994

Storm, Gertrud. *Vergilbte Blätter aus der grauen Stadt.* Regensburg und Leipzig: Habbel und Naumann, 1922

——. *Theodor Storm. Ein Bild seines Lebens.* Berlin: Curtius, 1912

——(Hrsg). *Theodor Storm. Briefe an seine Frau.* Braunschweig: Westermann, 1916

——(Hrsg). *Theodor Storm. Briefe an seine Freunde Hartmuth Brinkmann und Wilhelm Petersen.* Braunschweig: Westermann, 1917

——(Hrsg) *Theodor Storm. Briefe in die Heimat.* Berlin: Paetel, 1907

Storm, Theodor. *Sämtliche Werke.* 4 Bände.Berlin und Weimar: Aufbau, 1982

——. *Am grauen Meer.* Gesammelte Werke. Gütersloh: Bertelsmann, 1962

Stuckert, Franz. *Theodor Storm. Sein Leben und seine Welt.* Bremen: Schünemann,1955

——. *Theodor Storm. Der Dichter in seinem Werk.* Tübingen: Niemeyer, 1952

——. "Storms Religiosität."*Deutsche Vierteljahrsschrift für Literatur und Geistesgeschichte* 19 (1941):183–207

Terpstra, Jan Ulbe. "Storms Novelle 'Renate´ und der Würzburger Hexenprozeß der Renata Singer im Jahre 1749."*Schriften der Theodor-Storm-Gesellschaft* 23 (1974): 47–54

Tönnies, Ferdinand. *Theodor Storm zum 14. September 1917. Gedenkblätter.* Berlin: Curtius, 1917

Vinçon, Hartmut. *Theodor Storm.* Stuttgart: Metzler, 1973

Wagener, Hans (Hrsg). *Theodor Storm. Der Schimmelreiter.* Erläuterungen und Dokumente. Stuttgart: Reclam, 1986

Wagner, Kurt. *Aberglaube, Volksglaube und Erfahrung.* Halle: Niemeyer, 1941

Ward, Mark G. "Narrative and Ideological Tension in the Works of Theodor Storm."*Deutsche Vierteljahrsschrift für Literaturwissenschaft und Geistesgeschichte* 50 (1985): 445–473

Wedberg, Lloyd Warren. *The Theme of Loneliness in Theodor Storm's Novellen.* London: The Hague und Paris: Mouton, 1964

Westra, Piet. "Theodor Storm en Ludwig Feuerbach."*De Gids: nieuwe vaderlandsche letterofeningen* 113 (1950): 269–287

White, Alfred D. "Society, Progress and Reaction in 'Der Schimmelreiter´. *New German Studies* 12 (1984): 151–153

Wiese, Benno von. *Die deutsche Novelle von Goethe bis Kafka.* Düsseldorf: Bagel, 1962

Wooley, Elmar Otto. *Studies in Theodor Storm.* Bloomington: Indiana University Press, 1943

——. *Theodor Storm's World in Pictures.* Bloomington: Indiana University Press, 1954

Wuttke, Adolf. *Der deutsche Volksaberglaube der Gegenwart.* Berlin: Wiegandt und Grieben, 1900

Ye, Fang-xian. "Ahnung und Mahnung: Eine Zentralerfahrung des Untergangs in Storms Novelle 'Aquis Submersus´. *Michigan Germanic Studies* 18, no.1 (1992, i.e. 1994): 19–28

Zucker, Konrad. *Psychologie des Aberglaubens.* Heidelberg: Scherer, 1948

NORTH AMERICAN STUDIES IN 19TH-CENTURY GERMAN LITERATURE

This series of monographs is about post-Romantic literature during the nineteenth century in German-speaking lands. The series endeavors to embrace studies in criticism, literary history, the symbiosis with other national literatures, as well as the social and political dimensions of literature. Our aim is to offer contributions by American scholars, to renovate the reformation of the canon, the rediscovery of once significant authors, the reevaluation of texts and their contexts, and a renewed understanding and appreciation of a body of literature that was acknowledged as internationally important in the nineteenth century.

For additional information about this series or for the submission of manuscripts, please contact:

Peter Lang Publishing
P.O. Box 1246
Bel Air, MD 21014-1246

To order other books in this series, please contact our Customer Service Department:

(800) 770-LANG (within the U.S.)
(212) 647-7706 (outside the U.S.)
(212) 647-7707 FAX

Or browse online by series at:
www.peterlangusa.com